山西社会科学院基础研究丛书　丛书主编　李中元

山西煤炭产业政策研究

韩东娥　主编

山西出版传媒集团

山西人民出版社

图书在版编目（CIP）数据

山西煤炭产业政策研究 / 韩东娥主编 . —太原：山西人民出版社，2018.1

ISBN 978-7-203-10073-7

Ⅰ.①山… Ⅱ.①韩… Ⅲ.①煤炭工业 – 产业政策 – 研究 – 山西 Ⅳ.① F426.21

中国版本图书馆 CIP 数据核字（2017）第 195356 号

山西煤炭产业政策研究

主　　编：韩东娥
责任编辑：李建业
复　　审：武　静
终　　审：张文颖
装帧设计：谢　成　郝彦红

出 版 者：山西出版传媒集团·山西人民出版社
地　　址：太原市建设南路 21 号
邮　　编：030012
发行营销：0351 – 4922220　4955996　4956039　4922127（传真）
天猫官网：http://sxrmcbs.tmall.com　电话：0351 – 4922159
E — mail：sxskcb@163.com　发行部
　　　　　sxskcb@126.com　总编室
网　　址：www.sxskcb.com

经 销 者：山西出版传媒集团·山西人民出版社
承 印 者：山西出版传媒集团·山西新华印业有限公司

开　　本：720mm×1010mm　　1/16
印　　张：24.75
字　　数：300 千字
印　　数：1—2000 册
版　　次：2018 年 1 月　第 1 版
印　　次：2018 年 1 月　第 1 次印刷
书　　号：ISBN 978-7-203-10073-7
定　　价：73.00 元

如有印装质量问题请与本社联系调换

写在前面的话

　　《山西省社会科学院基础研究丛书》是山西省社会科学院深入贯彻落实习近平总书记系列重要讲话特别是在哲学社会科学工作座谈会上的讲话精神，着力构建中国特色哲学社会科学学科体系、学术体系、话语体系的具体实践，是充分发挥智库功能，服务决策、服务社会、服务人民，同时强化基础研究、提高基本能力的集中体现。这套丛书从2015年底开始着手策划、设计，到2017年5月全部交稿，历时一年多。全院各所、中心结合自身学科方向和研究实际，分别从全面建成小康社会、马克思主义中国化在山西的理论和实践、煤炭产业政策、山西百年史学、地方立法理论和山西实践、晋商学、汉语语汇的变异与规范、哲学视野下的教育理论等集中开展研究，最终形成了展现在各位读者面前的多部著作。

　　基础研究是构建中国特色哲学社会科学的重要内容，是哲学社会科学工作者的基本功，也是一切应用研究的基础。没有良好的基础研究功力和水平，应用研究只能是水月镜花、空中楼阁。2010年以来特别是2014年9月以来，山西省社会科学院作为山西省委、省政府思想库、智囊团，按照山西省委、省政府安排部署，紧紧围绕中心工作，为构建良好政治生态、不断塑造美好形象、逐步实现振兴崛起提出了许多决策建议，多次得到山西省委、省政府主要领导的批示，有的还被相关部门采用。在服务决策过程中我们发现，打造一支对党忠诚、学养深厚、反应快捷、建言有效的社会科学研究队伍，离开基础研究、没有良好的基本功底是无法达到目的的。为此，院里安排专门经费，要求全院各所、中心按照各自学科方向形成基础研究课题，出版《山西省社会科学院基础研究丛书》。

　　《丛书》的策划、写作、出版始终得到省委宣传部的大力支持，得到山西出版传媒集团特别是山西人民出版社的大力支持，在此一并致谢。我们相信，《丛书》将会为山西省哲学社会科学学术殿堂添砖加瓦，也将为中国特色哲学社会科学学科体系建设贡献一点力量。

不负历史使命　加快智库建设

——《山西省社会科学院基础研究丛书》代序

山西省社会科学院党组书记、院长　李中元

2016 年 5 月 17 日，习近平总书记在哲学社会科学座谈会上发表的重要讲话，站在人类文明进步的高度、党和国家事业发展全局的高度、中华民族伟大复兴的高度，深刻阐述了什么是中国特色哲学社会科学、怎样发展中国特色哲学社会科学、广大哲学社会科学工作者"为了谁、依靠谁、我是谁"的问题，明确提出中国特色哲学社会科学体系的历史使命、指导思想、根本要求和主要任务，深刻阐明事关哲学社会科学性质、方向和前途的一系列重大问题，是推动当代中国哲学社会科学繁荣发展的纲领性文件，是做好哲学社会科学工作的根本遵循和行动指南。

总书记重要讲话发表一年来，我们反复认真学习，深刻领会其思想精髓、精神内涵和重大意义，深刻感受到作为哲学社会科学工作者的光荣使命和时代担当，更加激发了推动哲学社会科学繁荣发展、加快现代新型智库建设的决心和信心。

一、加快智库建设是贯彻落实习总书记讲话精神、发挥地方社科院职能的有力抓手

习近平总书记在哲学社会科学工作座谈会上指出，要"建设一批国家急需、特色鲜明、制度创新、引领发展的高端智库，重点围绕国家重大战略需求开展前瞻性、针对性、储备性政策研究"。当代世界，依靠技术、资本推动发展正在逐步为依靠智慧推动发展所取代，智库已成为社会发展的一支重要力量。中共中央办公厅、国务院办公厅 2015 年 1 月下发《关于加强中国特色新型智库建设的意见》，明确了中国特色新型智库的发展目标、发展方向和发展要求，是指导现代新型智库建设的根本指南。

作为我省最大的哲学社会科学研究机构，我院多年来始终坚持高举旗帜、围绕中心、服务大局，积极发挥省委、省政府思想库、智囊团职能，在服务政府、服务社会、服务人民上搞研究，为推动全省经济社会发展、传承人类文明成果作贡献。2016 年以来，我们注重全院智库功能建设，加快实施哲学社会科学创新工程和智库建设步伐，取得明显成效。

从 2015 年开始，我们牵头发起倡议，组建山西省智库发展协会（三晋智库联盟）。经过一年多的筹备，2017 年 1 月 7 日，山西省智库发展协会（三晋智库联盟）成立。作为全国首家省级智库团体，协会成立以来，已与中国与全球化治理（CCG）、国研智库、北京大学、清华大学等十多家国内著名智库建立了战略合作关系，聘请了王伟光、谢克昌、郑永年、梁鹤年等国内外知名学者为智库高级学术顾问，整合山西省内智库资源开展了国企国资改革调研，与山西综改示范区达成了"智本+"孵化器入区协议等。

二、加快智库建设是贯彻落实习总书记讲话精神、创新社科研究体制机制的有效平台

习近平总书记强调指出：要统筹国家层面研究和地方层面研究，优化科研布局，合理配置资源，处理好投入和效益、数量和质量、规模和结构

的关系，增强哲学社会科学发展能力。加快智库建设，重在学科创新和体制机制创新。2017年以来，我们结合"两学一做"学习教育制度化、常态化和"两提一创"大讨论活动要求，研究制定了《山西省社会科学院哲学社会科学创新工程行动方案（2017）》，努力破解制约科研生产力提高和智库功能发挥的体制机制障碍，着力推进学术理论创新、学科体系创新、科研体制机制创新，激发科研活力，促进社科研究水平和服务决策能力全面提升，努力把我院建成省级一流、国内知名的思想库、智囊团和特色新型智库。我们将不断加大学科建设和人才建设力度，按照体现继承性、民族性、原创性、时代性、系统性、专业性的目标要求，构建与新型智库需求相适应的学科、人才支撑体系。以问题和需求为导向，进一步优化学科资源，调整学科布局，发展优特学科，加大新兴、交叉学科的扶持和培育力度，逐步形成目标明确、重点突出、特色鲜明的学科体系。大力推进创新工程，确定一批重点学科和学术带头人，打造一支对党忠诚、学养深厚、反应快捷、建言有效的人才队伍。不断加大体制机制改革力度，搭建省情调研平台、跨界科研平台、开放合作平台等多种平台，通过改革创新形成多平台运转模式，发挥多边效应，推动智库发展。

三、加快智库建设是贯彻落实习总书记讲话精神、推动哲学社会科学繁荣发展的根本方向

习近平总书记深刻指出：坚持以马克思主义为指导，是当代中国哲学社会科学区别于其他哲学社会科学的根本标志，必须旗帜鲜明加以坚持。我院既是我省重要的学术殿堂，也是研究传播马克思主义的重要阵地。我们始终坚持守土有责、守土负责、守土尽责，牢牢掌握马克思主义在社科研究领域的领导权，把坚持以马克思主义为指导贯穿社科研究全过程。面对新形势、新征程，我们一定要把深入学习贯彻落实习近平总书记重要讲话精神作为一项长远的重大任务，真学真懂、真信真用、真抓真做，把讲话精神转化为加快智库建设、更好为地方党委政府决策服务的自觉行动，紧密围绕省委、省政府重大战略决策需求，围绕全省经济社会发展的热点、难点问题和人民群众普遍关心的重大理论和实际问题，开展具有前瞻性、针对性、储备性政策研究，不断推出水平较高、质量较好的优秀成果，不断提升服务决策、服务社会、服务人民的能力，以充沛的热情、严谨的精神、科学的态度、求实的学风为全省经济社会发展提供智力支持和决策服务，为我省哲学社会科学事业繁荣发展贡献力量。

前　言

2017年10月18日，党的十九大胜利召开，习近平总书记在党的十九大报告中明确指出，我国经济已由高速增长阶段转向高质量发展阶段，正处在转变发展方式、优化经济结构、转换增长动力的攻关期。当前转变发展方式已经成为我国现阶段经济社会的基本特征，并将成为国家制定政策的战略重点。煤炭行业是国家的基础能源行业，是国民经济的重要组成部分，完善煤炭产业发展相关政策，是转变煤炭产业发展方式，实现科学安全绿色开采、清洁高效智能利用的重要途径，是建设美丽中国，实现全面小康的重要举措。

2012年以来，世界经济跌宕起伏，前景不容乐观；我国经济增速放缓，实体经济发展错综复杂。在国际宏观经济低迷、国内经济下行压力增大的背景下，我国煤炭经济形势发生逆转。煤炭需求回落，价格一路下跌，市场进入整体低迷，煤炭行业10年快速发展走到了拐点。在多变的市场面前，煤炭行业如何破解困境、应对危机，如何转变发展方式，实现产业的转型升级和可持续发展，是当前我国煤炭产业制定政策的战略重点。

煤炭是我国主体能源。我国富煤贫油少气的能源资源条件，决定了在今后较长一段时期内，以煤炭为主的能源格局很难改变；现阶段我国仍处于工业化、城镇化加速发展阶段，能源需求将继续保持增长，煤炭总量仍将保持适度增加；权威机构分析预测，到 2035 年，煤炭在我国一次能源消费结构中仍占 50%以上，煤炭工业仍将具有较大的发展空间。

党和政府高度重视煤炭工业健康可持续发展。党的十八大以来，以习近平同志为核心的党中央，准确把握全球能源供需宽松化、能源供给低碳化、能源系统智能化、能源治理复杂化、能源安全多元化的发展大势，做出了推动能源革命的重大战略部署。2014 年 6 月 13 日，习近平总书记主持召开中央财经领导小组第六次会议，研究我国能源安全战略时指出：推动能源消费革命，抑制不合理能源消费；推动能源供给革命，建立多元供应体系。大力推进煤炭清洁高效利用，着力发展非煤能源，形成煤、油、气、核、新能源、可再生能源多轮驱动的能源供应体系。推动能源技术革命，带动产业升级；推动能源体制革命，打通能源发展快车道；全方位加强国际合作，实现开放条件下能源安全。

长期以来，为促进煤炭工业可持续发展，国家制定出台了诸多政策。20 世纪末到 21 世纪初，煤炭行业曾出现过全行业亏损的局面，煤炭市场疲软，煤价一路走低，关井压产成为必然。经过几年结构调整，从 2001 年下半年开始，煤炭价格止跌反弹，市场日渐繁荣，并由此开始了新的快速发展期。尤其是随着新的产业政策措施的实施，特别是《国务院关于促进煤炭产业健康发展的若干意见》（国发【2005】18 号）的出台，煤炭产业开始步入健康发展轨道，连续数 10 年维持在高增长水平，煤炭行业进入"黄金十年"发展期。2012 年，煤炭经济形势发生骤变，国际经济增速减缓，市场需求疲软，国内产能集中释放，进口煤炭挤压，煤炭供给出现相对过剩，企业经营困难加大，10年辉煌不复存在，暴露出我国煤炭产业发展靠投资、做大靠产量、盈利靠高价的"三靠"发展方式不可持续。2012年以来，为深入推动煤炭行业健康发展，按照党中央、国务院决策部署，国家发展改革委、国家能源局、国家煤监局等有关部门，先后制定出台了一系列政策措施，在煤炭行业化解过剩产能、脱困发展和转型升级的进程中，发挥了重要的推动作用。2012年12月，国务院印发《关于深化电煤市场化改革的指导意见》（国办发【2012】57号），放开电煤市场价格，推动建立煤炭市场交易体系。2013年11月，国务院印发《关于促进煤炭行业平稳运行的意见》（国办发【2013】104号），提出了"坚决遏制煤炭产量无序增长、切实减轻煤炭企业税费负担、加强煤炭进出口环节管理、提高煤炭企业生产经营水平、营造煤炭企业良好发展环境"等应对煤炭经济下行的具体政策措施。

山西作为全国的煤炭生产大省、外调大省，煤炭外调量占全国外调量的80%。新中国成立以来到2015年底，山西累计生产原煤160多亿吨，外输煤炭110多亿吨，为我国经济社会发展和保障国家能源安全做出了贡献。在全国煤炭经济低迷形势下，煤炭大省也不可能独善其身。2012年以来，山西煤炭产量下降、价格大幅下跌，企业贷款回收困难，企业经营亏损严重，煤炭产业面临严峻复杂局面，山西"陷入经济发展最困难时期"。

山西煤炭工业发展历程并非一帆风顺，周期性波动十分明显。近30年来，随着煤炭市场的动荡起伏，山西经济呈现"三起三落"特征，几乎每10年一个轮回。近20年，全球经济发生的两次较大的危机，对以煤炭供应为主的山西经济影响较大。2009年山西GDP增速仅为6%，为全国最低；2014 年中国经济进入新常态，山西省的 GDP 从 2013 年的 8.9% 下滑到 2014 年的 4.9%，增速在全国再次垫底，2015 年增速仅为 3.1%，排在全国倒数第二位。2016 年，面对错综复杂形势和艰巨繁重任务，全省上下深入贯彻落实省委"一个指引、两手硬"的重大思路和要求，坚定不移推进供给侧结构性改革，坚定不移实施创新驱动、转型升级战略，2016 年 GDP 增长 4.5%，比 2015 年提高 1.4 个百分点，但增速仍排全国倒数第二，"一煤独大"的经济结构受煤炭市场冲击很大，抵御市场风险能力低。尤其是近几年，山西经济再次跟随煤价的过山车，起起伏伏。

长期以来，为促进煤炭产业持续健康发展，煤炭大省山西也制定出台了一系列相关政策。新中国成立初期，为迅速扩大生产，保障能源供给，山西煤炭工业建立起煤炭产、运、销上的"统一投资、统一供应、统一调配、统一价格、统一补贴"的"五统一"管理体制。能源基地建设时期，制定出台了"两个一起上""条块结合的管理体制""地方煤炭销售政策"等一系列尽快扩大煤炭产能的政策。在市场化改革时期，山西煤炭产业政策的重心从保障全国能源供应转向深化改革时期，出台了推进煤炭企业进入市场、煤矿全面清理整顿、强化安全管理水平、走集团化、打破条块分割管理体制等市场化改革政策。煤炭产业快速发展和转型期，随着煤炭产业的超常规快速发展，山西制定了煤矿安全生产、煤炭资源有偿使用、煤炭工业可持续发展试点、煤矿兼并重组等政策，山西煤炭产业政策实现了向规范化、系统化方向演进。煤炭"黄金十年"结束后，山西煤炭产业进入最困难的时期，2012 年以来，为促进煤炭产业平稳健康发展，山西省委、省政府认真贯彻落实中央宏观调控政策和各项决策部署，立足山西具体实际，密集出台了一系列政策文件："煤炭 20 条""低热值煤发电 20 条""煤层气 20 条"和《关于深化煤炭管理体制改革意见》等。

正当山西逐步完善煤炭产业政策，促进煤炭产业转型升级的关键时期，2017 年，《国务院关于支持山西省进一步深化改革促进资源型经济转型发展的意见》（国发【2017】42 号，简称《意见》）发布，山西资源型经济转型已经全面上升为国家战略，国家支持山西资源型经济转型发展全面破题、走在前列。《意见》通篇贯穿了以改革促转型的鲜明导向，支持性政策涉及转型发展各类支撑要素，有很多重大突破。《意见》对推进煤炭产能减量置换和减量重组、提高晋电外送能力、提高煤层气产业发展自主权、加大采煤沉陷区综合治理专项支持力度和提高生态建设中央预算内投资补助标准等方面都提出了支持政策，需要山西准确把握、狠抓落实，做好配套政策措施，使之尽快落地见效。

为全面、系统地总结和阐述新中国成立以来，山西省委、省政府及相关部门依据国家政策，制定出台的促进山西煤炭产业发展的政策、建议和意见，山西省社会科学院能源经济研究所借助我院基础理论研究这个平台，组织全所科研骨干，认真编写了《山西煤炭产业政策研究》一书。如何有利于读者在最短时间内准确而系统地把握山西煤炭产业政策体系是本书在结构安排上重点考虑的。本书主要安排为五章：第一章，在阐述产业政策和煤炭产业政策及其变迁内涵的基础上，对我国煤炭产业政策演进及政策内容进行了详细阐述，使读者对煤炭产业政策的内涵和体系有一个基本的认识。第二章，对山西煤炭产业发展历程、发展特点及对山西经济发展的影响进行了回顾和阐述，为读者进一步充分了解山西煤炭产业政策提供了重要背景和依据。第三章，主要阐述新中国成立到煤炭行业"黄金十年"山西煤炭产业政策的变迁，共分计划经济时期、能源基地确立时期、煤炭产业市场化改革时期、煤炭产业快速发展时期五个阶段进行详细梳理和评价。第四章，重点阐述 2012 年以来，山西煤炭产业进入最困难时期，山西省委、省政府出台的促进煤炭产业平稳发展的政策。本章在阐述山西煤炭产业面临的国际国内形势基础上，对新常态下山西出台的各类煤炭产业政策进行了详细阐述和梳理，包括严格控制煤炭产能、煤电联营协调发展、低热值煤发电、大力发展煤层气产业、煤炭产业清洁高效发展、煤炭工业现代化发展、煤炭管理体制改革、煤炭行业化解过剩产能政策，等等。同时，对相关产业政策的实施效果进行了评述，分析了山西煤炭产业发展存在的问题，为进一步完善山西煤炭产业政策提供了依据。第五章，在认真阐述国际、国内及山西煤炭产业面临的形势基础上，针对存在的问题，提出了新常态下完善山西煤炭产业政策的制度设计，包括：深化煤炭管理体制改革、煤炭资源市场化配置、完善煤炭税费、深入化解过剩产能、深化国有企业改革、完善煤炭产业组织、煤炭产业技术创新、促进煤炭清洁利用、健全矿区生态环境补偿和进一步完善煤炭安全等政策，对山西进一步制定完善的煤炭产业政策提供了重要的决策参考。

资源型经济如何转型发展是世界性难题，是我省一道绕不开的坎。但过去，山西常常陷于煤价低的时候，没钱转；煤价高的时候，又不想转的怪圈。山西经济发展到今天，正处于一个重大历史拐点，到了经济结构全面转型升级的新阶段。当前，煤炭资源价格正处于回升的时期，正是抓煤炭产业转型的好时机。完善山西煤炭产业政策研究，是落实《国务院关于支持山西省进一步深化改革促进资源型经济转型发展的意见》重要举措，是贯彻党的十九大关于支持资源型地区经济转型发展精神的具体行动。开展山西煤炭产业政策研究，对于推进煤炭产业转型升级、打造全国能源革命排头兵，具有重大而深远的现实意义。我们相信，在全省人民的共同努力下，以推动能源供给革命为契机，以能源供给结构转型为重点，努力提高煤炭科学产能比重，大力推动煤炭绿色安全开采，清洁高效利用，提高煤层气规模化开发水平，大力发展可再生清洁能源，大幅增加清洁能源供应，优化能源供给结构，不久的将来，山西将形成多元、安全可持续的能源供给体系，开启低碳能源供应新时代，为山西经济持续健康发展提供不竭动力，一个富强美丽的新山西定能在三晋大地变成现实。

山西省社会科学院能源经济研究所所长

韩东娥

2017 年 10 月 30 日

目 录

CONTENTS

第一章 煤炭产业政策理论和国内外实践

煤炭是支撑我国能源消费需求的主体，是我国经济持续发展的物质基础，煤炭产业的健康持续发展离不开煤炭产业政策的支持。掌握煤炭产业政策的内涵、了解政策变迁，对科学制定煤炭产业政策、保障我国能源供给安全，具有重要意义。

第一节　煤炭产业政策及变迁的内涵

煤炭产业政策的理论和实践，既有深刻的时代背景也有不断的理论探索，首先表现在产业政策的研究方面。

一、产业政策和煤炭产业政策的概念

产业政策的概念产生于第二次世界大战之后，但在此之前产业政策的思想及其实践就已经出现了。19 世纪 40 年代，德国历史学派的代表李斯特（F.Liszt）发表了他的名著《政治经济学的国民体系》，从历史的角度对各国的经济与政策进行了比较分析，并特别对比了英国的

自由贸易政策与海外扩张政策，以及美国的关税保护与产业扶植政策，提出国家应在经济发展的不同时期采取不同的经济政策。日本是世界公认的提出并实施产业政策卓有成效的国家。日本在第二次世界大战中惨遭失败，战后日本经济危机重重，人民生活极端贫困，日本政府面临着恢复经济的考验。通过实施产业复兴政策与产业合理化政策，日本成功实现了钢铁、煤炭、海运、电力、合成纤维等许多工业部门产业重建与经济复兴的目的。1955 年以后，日本经济开始振兴并迅速接近欧美发达国家水平。这一时期的产业政策主要是规划产业结构高度化目标和发展序列，确定战略产业并通过政府的经济计划、经济立法、经济措施扶植战略产业成长，带动整个经济起飞。由于产业政策的有效作用，日本经济在 20 世纪六七十年代获得高速增长，一跃成为世界经济强国。

随着日本经济奇迹的出现，产业政策越来越引起各国实业界与经济理论界的广泛关注。1970—1972 年，联合国经济合作与发展组织（OECD）曾经编写其 14 个成员国有关产业政策的系列研究报告，使产业政策第一次在世界范围内被普遍接受。当时日本经济学界为了给产业政策的制定与实施提供理论依据，对产业经济理论进行了广泛而深入的研究，取得了大量成果，如小宫隆太郎的《日本的产业政策》、筱原三代平的《产业结构论》、宫泽健一的《产业经济学》等。日本学者将以往的西方产业经济理论高度概括为一个新的理论体系，编撰出第一本《产业经济学》著作，这标志着一个新的经济学分支——产业经济学的诞生。

"产业政策"一词在我国官方文献中作为一种成体系的政府政策，最早出现在 1986 年制定的《我国国民经济和社会发展的第七个五年计划》中，之后"产业政策"一词更多地出现在人们的视野中。国内学者对于产业政策的认识经历了由窄到宽的演进。20 世纪 80 年代，对于产业政策的认识倾向于产业结构状况的政策，如杨治（1985 年）认为，产业政策是以产业结构政策为核心，由其他诸政策与之相适应，共同构成的经济发展目标与手段体系①。周数莲（1987 年）认为，产业政策是一定时期内产业结构变化趋势和目标的设想，同时规定各个产业部门在社会经济发展中的地位和作用，并提出实现这些设想的政策措施②。周林（1987 年）认为，产业政策就是政府将宏观管理深入到社会再生产过程之内，对以市场机制为基础的产业结构变化进行定向干预的一系列政策的总称③。张曙光（1987 年）认为，产业政策就是指产业发展方向、规划产业发展目标、调节各个产业之间的相互关系及其结构变化的措施、手段的总和，是整个经济政策体系中一个非常重要的组成部分。20 世纪 90 年代以后，学界对产业政策的理解更为宽泛，将不是针对产业结构状况的政策也包括在内。陈树勋（1989 年）认为，产业政策是根据国家社会经济科技发展的纲领，对资源在产业部门之间、企业之间和地区之间的配置进行干预，对企业组织、技术结构进行合理引导的经济政策④。李伯溪（1990 年）认为，产业政策是一整套以发展为目标，以改革作保证，协调价格、税收、金融、财政、外贸、外汇以及计划等调控手段的综合政策体系⑤。江小涓（1996 年）认为，

---

① 杨冶：《产业经济学导论》，北京：中国人民大学出版社，1985 年。

② 周叔莲，杨沐：《国外产业政策研究》，北京：经济管理出版社，1988 年。

③ 朱崇实，陈振明：《公共政策——转轨时期我国经济社会政策研究》，北京：中国人民大学出版社，1999 年。

④ 周叔莲，裴叔平，陈树勋：《中国产业政策研究》，北京：经济管理出版社，1990 年。

⑤ 李伯溪，钱志深：《产业政策与各国经济》，上海：上海科学技术出版社，1990 年。

产业政策是政府为了实现某种经济和社会目标而制定的有特定产业指向的政策的总和①。

在国内外学者对于产业政策研究的基础上，以及随着经济社会的不断发展，对于产业政策的概念学界已经基本形成了统一的认识。概括起来，产业政策是政府将宏观管理深入到社会再生产过程之内，对以市场机制为基础的产业结构、产业技术、产业组织和产业布局等变化进行定向调控，以实现某种经济的社会目标的一系列政策的总和。②产业政策的功能主要是弥补市场缺陷，有效配置资源；保护幼小民族产业的成长；熨平经济震荡；发挥后发优势，增强适应能力等。

煤炭产业政策是产业政策在煤炭领域的具体化，指一国政府或地方政府为调整煤炭产业组织结构、煤炭产业分布结构以及与其他产业之间的关系，实现与煤炭相关资源的最优配置，规范、引导和刺激煤炭产业发展，所采取的经济手段、法律手段以及必要的行政手段的总和。煤炭产业政策是国家为实现经济发展目标与资源有效配置而制定的国家规划，干预和引导煤炭工业改革、发展的总体经济政策，是调整煤炭产业结构和进行宏观调控的重要依据，是明确煤炭产业在国民经济中的地位、作用和振兴煤炭产业的经济政策，也是明确和落实煤炭产业中各领域支持和限制重点领域的经济政策。煤炭产业政策包括煤炭产业组织政策、产业结构政策、产业分布政策等。煤炭产业政策的作用是以产业政策推动煤炭产业结构合理化、科学化、现代化和促进煤炭产业经济发展；以产业政策为煤炭产业的健康发展创造必要的

---

① 江小涓:《经济转轨时期的产业政策——对中国经验的实证分析》,上海:三联书店,1996年。

② 史忠良:《产业经济学》,北京:经济管理出版社,1998年,第381页。

内外部环境；以产业政策弥补市场机制的不足，并和市场机制共同作用，充分发挥煤炭产业政策的规划、干预和引导作用；以煤炭产业的健康发展促进整个国民经济健康发展。

二、产业政策和煤炭产业政策变迁内涵

任何政策不可能一成不变，政策变迁贯穿于每个政策过程。产业政策及煤炭产业政策变迁就是对政策进行的变革活动。

（一）产业政策变迁及煤炭产业政策变迁的含义

政策如同产业和技术发展，是有一定生命周期的。政策生命周期是指一项政策从原初政策问题进入议程开始，经过政策当局的规划、决策、执行、评估，达至该项政策的终结所经历的时间跨度和期限。一项政策被终结，意味着原有政策生命周期的结束[①]。政策的运行不是在被评估和终结之后就变得销声匿迹，而是通过被调整和变迁之后继续下去，开始新一轮的生命周期循环。

安德森较早提出"政策变迁"的概念。所谓政策变迁是指以一个或多个政策取代现有的政策，包括新政策的施行和现存政策的修正或废止，而政策变迁可能以三种形式出现：（1）现有政策的渐进改变；（2）特定政策领域内新法规的制定；（3）选民重组选举之后的重大政策转变[②]。豪格伍德和彼德斯对政策变迁概念与类型进行系统研究，他们指出了政策变迁的四种类型：政策创新、政策接续、政策维持、政

---

① 马海韵：《政策生命周期：决策中的前瞻性考量及其意义》，载《管理学研究》，2012（5）。

② （美）詹姆斯·P·莱斯特，小约瑟夫·斯图尔特：《公共政策导论》，中国人民大学出版社，2004 年，第 165 页。

策终结，并特别强调对政策接续的研究，而政策接续又包括六种具体型式：直接取代、合并、分割、部分终结、附带延续以及非线性延续①。豪尔（Hall）引入库恩（Kuhn）"范式"以及"常规科学""非常规科学"的观点，提出"政策范式"并据此将政策变迁划分为"常规政策变迁"与"非常规政策变迁"两种类型。"政策范式"系指影响着政策制定者定义公共问题的性质、确定政策目标、选择政策工具的观念与标准，据此，豪尔认为没有改变政策范式的政策变迁可以称为常规政策变迁；而改变了政策范式的政策变迁则必然是一种激进的"非常规政策变迁"②。豪利特（Howlett）和拉梅什（Ramesh）根据前人的观点，依据政策变迁的模式和政策变迁的速度两个方面将政策变迁分为四种类型。快速的范式性政策变迁、慢速的范式性政策变迁、快速的渐进性政策变迁、慢速的渐进性政策变迁。

政策变迁通过对政策目标、政策内容、政策手段等某一方面或几个方面的调整，使政策合理化。任何政策不可能一成不变。可以说，政策变迁贯穿于每个政策过程；并且政策变迁本身就是政策生命周期的一个子循环。所以，政策变迁是对现行政策进行的变革活动。

当然，煤炭产业政策作为一种政策也不例外。煤炭产业政策也有一定的生命周期。随着宏观环境的变化、经济社会的发展以及煤炭行业的生命周期等，煤炭产业政策也会经历不断的调整、变革。因而，煤炭产业政策变迁也即是通过对煤炭产业政策目标、内容、手段等方面的调整，使政策更为合理化、科学化，进而经历煤炭产业政策生命

---

① 杨代福:《西方政策变迁研究:三十年回顾》,载《新华文摘》,2007(24)。
② 杨代福:《西方政策变迁研究:三十年回顾》,载《新华文摘》,2007(24)。

周期的循环。

（二）产业政策变迁的规律

政策变迁作为政策动态运行过程中的变动现象，是政策系统适应环境并与时俱进的表现。在政策科学研究中，一般用政策变迁表示不同政策间的替代与转换过程。而这一过程是否遵循着某种历时性规律，又一直是政策科学所关注的焦点之一。南开大学王骚从动态均衡视角下对公共政策的变迁规律进行了深入研究，他把政策变迁过程分为政策失衡、政策创新、政策均衡3个阶段，由此概括了政策变迁的一般性规律[1]。

具体到产业政策，产业政策均衡和失衡都有存在的合理性，政策变迁的起点是均衡状态，从政策发生失衡开始，经过政策创新，解决政策矛盾或问题，实现政策的再次均衡，这就是一个政策变迁周期。而每一次均衡又都酝酿着下一次的变迁，每一次变迁都需要均衡时期的准备。变迁最终表现为由一个又一个的以失衡、创新、均衡各阶段所组成的周期循环过程[2]。由此，"产业政策失衡—产业政策创新—产业政策均衡"构成了一个完整的产业政策变迁过程。一个产业政策变迁周期完成后，政策并没有静止不动。而实际上经过一段时间后，受各种诱致因素的影响，如不同产业政策参与者之间的力量对比，会使得均衡政策向政策失衡过渡的趋势，从而政策变迁又进入到下一个"政策失衡—政策创新—政策均衡"的循环周期中[3]。

---

① 王骚,靳晓熙:《动态均衡视角下的政策变迁规律研究》,载《公共管理学报》,2005(2)。
② 杨龙:《西方新政治经济学的政治观》,天津:人民出版社,2004:138-142。
③ 王骚,靳晓熙:《动态均衡视角下的政策变迁规律研究》,载《公共管理学报》,2005(2)。

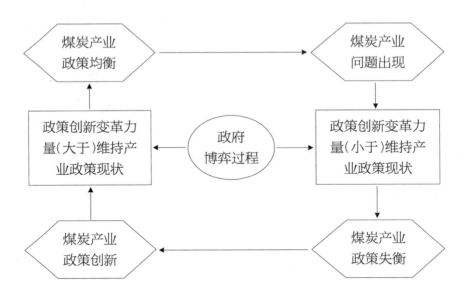

图 1.1　煤炭产业政策变迁规律

从上图可以看出，在产业政策"均衡—失衡—创新变革—均衡"的动态过程中，原先达到相对均衡的政策由于矛盾与问题的出现而导致失衡是政策动态运行过程中的一种自然状况。任何政策都不可避免地要经历这一过程环节。在政策动态运行过程中，政策参与者对政策现状支持和反对的力量对比是决定政策变迁的核心因素。而政策参与者对政策现状支持和反对的力量对比又是由多种原因所导致，并最终形成了政策"均衡—失衡—均衡"的变动周期。

煤炭产业政策变迁作为产业政策在煤炭领域的具体化，也必然遵循着"均衡—失衡—均衡"的发展规律。

三、煤炭产业政策的主要内容

按照系统科学理论和政策制定与执行程序，煤炭产业政策是一个完整的体系，煤炭产业政策的目标体系—煤炭产业政策的选择体系—煤炭产业政策的运作体系—煤炭产业政策的调控体系。

（一）煤炭产业政策的目标体系

煤炭产业政策的目标体系是煤炭产业政策的有效范围、作用程度和政策最终要达到的目的。制定煤炭产业发展政策的目的就在于实现政府对煤炭产业的宏观调控、行业管理和产业促进，以政府的产业政策来弥补市场机制的不足，并和市场机制共同作用，推动煤炭产业的健康、有序和持续发展，以煤炭产业的健康发展来促进整个国民经济健康发展。基于不同阶段经济发展的特点，国家制定煤炭产业政策的目标是不同的。

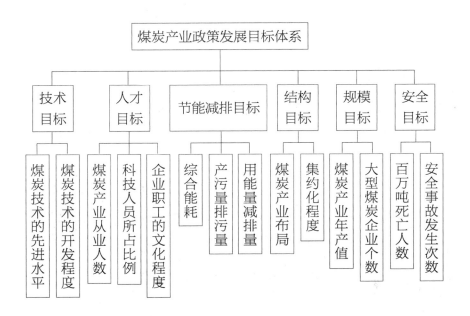

图 1.2　煤炭产业政策发展目标体系

（二）煤炭产业政策的选择体系

在同一目标下，按照不同的背景条件，可以有多种实现目标体系的政策模式，即实现政策目标的形式是多样的，因此要在一定的政策选择构架下确定合理的政策体系模式。煤炭产业是一个从资源获取和开采、经营管理、加工利用，直至国内流通和国际贸易，最后到煤矿退出的综合性产业，产业链非常长；产品从原煤开采到煤炭加工转化，品种也非常多；产业参与者涉及电力、钢铁、化工、建材、贸易等多个领域。因此，煤炭产业政策也更为复杂。根据这一特点，煤炭产业政策主要包括：产业布局政策、产业结构政策、产业准入政策、产业组织政策、产业技术政策、市场与贸易政策、矿区环境保护政策、煤矿安全生产、产业保障政策等。

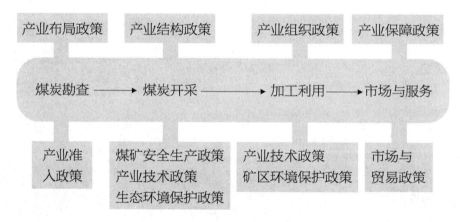

图1.3　煤炭产业政策选择体系

产业准入政策是煤炭企业资源获取的条件，也是发展煤炭产业的基础；市场与贸易政策是煤炭产业发展的龙头，是煤炭产业发展的最原始的动力；煤炭安全生产政策是保证安全生产的重要条件；产业技术政策是提高产业发展水平的重要手段；矿区环境保护政策对煤炭企业破坏矿区内生态环境有很大的制约作用；而产业布局政策、产业结构政策、产业组织政策和产业保障政策对整个产业都有着强大的限制或推动作用。

（三）煤炭产业政策的运作体系

有效的运作机制是指实施政策所采取的一系列相互关联的措施。只有从纵向横向、时间空间，各类政策有机地协调起来，才能形成有效健康的政策运作体系。

1.纵向的宏观、中观、微观政策

目前的产业政策可以划分为三个层次，即宏观、中观、微观政策。宏观政策是指整个国家对发展煤炭产业的规划及相应政策；中观政策是省级实施的相应政策；微观政策则是指煤炭产业根据自身的条件、特点及规划制定的政策。三者关系是宏观指导中观及微观，中观及微观服从宏观。

图 1.4　煤炭产业政策运作体系

2. 纵向政策与横向政策的协调

纵向政策一旦确定之后，涉及政策执行的相关部门将会拟订相应的政策实施方案，各具体部分在执行中制订的实施方案形成横向的政策，这些政策最后形成一个具有导向性的政策执行机制。建立煤炭产业的系统运作体系关键在于现有的横向政策与纵向政策协调运作。这即是政策体系的实施中既要考虑到纵向政策所涵盖的内容，又要体现横向政策所涉及的具体因素。

总之，从政策体系的内容看，包括产业布局政策、产业组织政策、税收金融政策、涉外政策、人才政策及舆论宣传政策等等。这些政策的制定及实施又涉及众多的部门和单位，因此，要着力解决好政策体系中纵向与横向、时间与空间的关系。从空间看，既要考虑现有的基础，又要考虑有利于整个社会经济的运行与长远的发展。从时间看，既要有短期政策，以便扶持煤炭技术有新的突破，同时也要有中期和长期政策规划，以利于煤炭产业进一步完善和发展。同时，需要一个具有良好反馈功能的政策调节系统，及时调整相关政策，使之适合不断变化的煤炭技术发展要求。

（四）煤炭产业政策的调控体系

政策要想充分发挥其效力，必须按照政策目标以及现实的运行情况，适时对政策进行调控，依据系统学与控制学原理，首先把政策体系分为若干个子系统，每一个子系统运用控制原理进行相应的控制，最终按照政策体系的总体目标进行宏观控制，从而达到总体政策调控的目的。

政策控制体系结构如图：

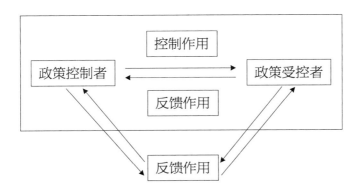

图 1.5　煤炭产业政策控制体系①

四、煤炭产业政策的基本理论

市场失灵理论、产业布局理论、产业生命周期理论、产业结构理论、规模经济理论、可持续发展理论构成了煤炭产业政策的理论基础。

(一)"市场失灵"理论

日本经济学家小宫隆太郎一针见血地指出:"产业政策的中心课题,就是针对在资源分配方面出现的'市场失灵'采取对策。"市场机制不是万能的,即使在市场机制十分健全的情况下,仍存在着不少缺陷。市场失灵理论认为完全竞争的市场结构是资源配置的最佳方式,但现实经济中,完全竞争市场结构只是一种理论上的假设,现实中是不可能全部满足的。由于垄断、外部性、信息不完全和在公共物品领域,仅仅依靠价格机制来配置资源是无法实现帕累托最优的,于是便出现了市场失灵。

煤炭产业作为第二产业,以及煤炭产业自身的一些特点,使这种

---

① 王雨田:《控制论、信息论、系统科学与哲学》,北京:中国人民大学出版社,1986 年。

市场失灵现象表现得尤为明显。以煤炭开采带来的负的外部性为例，在利润最大化目标的驱使下，煤矿企业的粗放式开采将会带来一系列的资源生态环境问题。突出表现在：一是煤炭资源浪费严重。资源浪费问题存在两个方面：一方面是煤炭资源的回采率低下，致使大量优质的煤炭资源被浪费；另一方面是对大量共生伴生矿产资源的浪费。二是生态环境的进一步污染与破坏。煤炭资源开采对生态环境的影响主要表现在对水资源和地表土壤及植被的破坏上，导致一定范围内地表塌陷和地下水位变化。三是煤炭资源的过度开采。对于煤炭企业而言，其开采行为具有很大的负外部性，但是煤炭企业为此无须支付过多的成本，因开采而带来的外部性损失则由社会其他成员承担。此时，煤矿企业生产的个别成本是低于社会成本的。于是，煤矿企业基于自身利益考虑，还是按照自己的个别成本来组织煤炭开采，其结果只能是超过了社会的实际需求，进而带来煤炭资源的过度开采。由此，市场机制在煤炭领域也仍然存在着失灵的地方，需要政策采取一定的补救措施，即通过制定煤炭产业政策来弥补市场机制对煤炭产业可能造成的失误。

（二）产业布局理论

所谓产业布局是指产业在一国或一地区的空间分布和组合的经济现象。从静态的角度来看，产业布局是指形成产业的各部门、各要素、各环节在空间上的分布态势和地域上的组合。在动态上来看，产业布局则是指各生产要素以及各产业和企业为选择最佳区位而形成的在空间地域上的流动、转移或重新组合的配置与再配置过程。区位作为产业布局的空间载体，是产业布局中最基础的概念。围绕这一概念而产生的区位理论是产业经济学中的重要理论。首先提出区位理论的是德国经济学家冯·屠能（J.H.VonThunen，1826），在谈到农业产业布局时，他提出了著名的农业区位理论，即距离消费市场的远近对农作物的布局有着重要的影响。随后随着工业的发展连同贸易的增长引发了工业区位的转移，德国经济学家阿尔弗雷德·韦伯（Alfred Weber，1909）在屠能农业区位理论的基础之上，初步提出了工业区位论的理论框架：运输费用决定着工业区位的基本方向，理想的工业区位要布局在生产分配过程中所需要运输的距离以及货物重量最低的地点。

煤炭产业具有典型的区域特征。煤炭资源是地质运动的产物，一旦形成，便固定在特定的地域之内，无法通过人为因素加以改变。优化煤炭产业布局，对煤炭产业的健康发展至关重要。依据煤炭资源禀赋、市场区位、环境容量等因素确定煤炭产业发展格局。如加快大型煤炭基地的规划，按照煤炭产区的不同功能，将全国煤炭产业布局划分为煤炭调入区和调出区。通过对现有煤矿技术改造，关闭自然灾害严重的矿井，可以淘汰落后产能，提高生产力和安全水平等。

（三）产业生命周期理论

经济学家经过研究发现，产业的发展与人的生长过程相似，也有一个从幼稚到成熟、从成熟到衰老的过程。产业发展的这一过程即"产业生命周期"，分为五个阶段：新兴阶段、朝阳时期、支柱时期、夕阳时期、衰落时期。迈克·波特（1997）在《竞争战略》一书中论述了新兴产业、成熟产业和衰退产业中企业的竞争战略；John Londregan（1990）则构建了产业生命周期不同阶段企业竞争的理论模型。产业生命周期是指一个产业发展存在着诞生、成长、成熟和衰亡的周期性规律，是被证实的不可抗拒的客观规律。产业生命周期曲线形态表现为一条近似 S 形的曲线，未发生异化的标准形态都经过导入期、成长期、成熟期和衰退期四个阶段。

煤炭作为工业的粮食，其产业生命周期同样具有上述规律。在英、美、德、日等发达国家的工业化过程中，煤炭工业均经历了由繁荣到衰退的发展阶段，较为明显地呈现了 S 形发展规律。新中国成立以来，虽然煤炭供需状况起伏不断，但总体上发展接近于产业生命周期 S 形曲线。从煤炭产业生命周期看，我国煤炭产业已经经历了导入期和成长期，正步入成熟期。

（四）产业结构理论

产业结构，也称国民经济的部门结构或者国民经济各产业部门之间以及各产业部门内部的构成。从质的角度看，产业结构指国民经济中不同行业素质的分布情况，也就是指各产业的经济效益和技术水平的分布情况。从量的角度看，主要是指国民经济中各个产业之间的比例关系。一个国家或地区产业结构层次的高低、合理与否，决定着其经济素质、实力的强弱和能否实现稳定而快速的增长。

在煤炭资源型经济区域，往往形成"一煤独大"的产业结构。由于煤炭是该区域经济增长的主要原动力，且实施煤炭开采在短时间内不仅能带来 GDP 的快速增长，而且还能给地方政府带来高额的财政收入，故而在煤炭资源型经济区域，支柱性产业往往全是围绕煤炭展开的，大量的人力、物力、财力全都聚集在煤炭行业领域，最终导致的结果是煤炭产业过度膨胀，其他产业发展受到抑制。同样，在煤炭产业内部，因煤炭开采成本低、收益大，大部分企业也都从事煤炭开采，从事低附加值的煤炭挖掘，放弃了对煤炭的深加工。这不仅会削弱该地区企业的竞争力，也会对整个地区经济的健康、快速发展产生抑制作用。因此，如何优化煤炭产业结构、实施煤炭产业转型，不仅关乎我们当代人的利益，也关系到子孙后代的长远利益。这也是积极推行煤炭产业政策，尤其是煤炭产业结构政策的理论基础所在。

（五）规模经济理论

规模经济理论是指在特定时期内，企业产品绝对量增加时，其单位成本下降，即扩大经营规模可以降低平均成本，从而提高利润水平。兼并可以在两个层次上实现企业的规模效益，即产量的提高和单位成本的降低。兼并给企业带来的内在规模经济在于：通过兼并，可以对资产进行补充和调整；横向兼并，可实现产品单一化生产，降低多种经营带来的不适应；纵向兼并，将各生产流程纳入同一企业，节省交易成本等。兼并的外在规模经济在于：兼并增强了企业整体实力，巩固了市场占有率，能提供全面的专业化生产服务，更好地满足不同市场的需要。

基于规模经济理论，煤炭产业正在经历资源整合的大变革时期，煤炭企业正向着大型化、集团化、高质化方向发展。除同行业重组外，部分煤炭企业已开始与钢铁企业、相关产业企业及国外企业进行联合重组。大整合表现在以资源为中心的整合和以业务链为中心的整合，在煤炭大集团重组后，企业内部构建统一的市场营销、统一的物资供应、统一的发展战略、统一的产品品牌，进行企业管理体制变革、人事制度变革、薪酬制度变革等。事实上，近几年全国煤炭资源整合已是风生水起，山西、内蒙古、河北、黑龙江、贵州、河南、陕西、宁夏等省（区）都已组建煤炭集团，一批省级区域性煤炭集团的迅速崛起，有力地带动了当地煤炭产业的繁荣，促进了当地经济的发展。

（六）可持续发展理论

可持续发展理论形成时间较晚，最广泛采纳的定义是 1987 年由布伦特兰任主席的联合国世界环境与发展委员会向联合国提交的报告《我们共同的未来》中对可持续发展的内涵所作的阐述。该报告指出："可持续发展是既满足当代人的需要，又不对后代人满足其需要的能力构成危害的发展。"1992年，在巴西里约热内卢召开的世界环境与发展大会通过了关于环境与发展的一系列文件，把可持续发展问题由理论和概念推向行动，从而使可持续发展思想在国际社会得到普遍的认同。可持续发展是人类应坚持与自然协调发展；当代人在追求今世的发展与消费时，应当承认和努力尽快发展经济，满足人类日益增长的基本需要，但经济发展又不能超出生态环境的承载力。在经济发展的同时，注重保护资源和改善环境。在能源特别是不可再生能源的开采及利用上，人类不仅要考虑到现在，而且必须要考虑到将来，必须实现能源利用的可持续发展。

煤炭资源属于不可再生资源。随着人类的开发利用，煤炭资源只会不断消耗直到枯竭。现在的过度开发与利用，意味着以后可开采的数量在不断地减少，留给子孙后代的资源财富也就越少。根据可持续发展理论和不可再生资源的含义，煤炭产业可持续发展可以理解为：运用市场机制，在确保为国民经济各行各业提供品质洁净、数量充足的煤炭以及煤制品、电力和煤炭化工品的同时，依靠科技进步提高煤炭资源的利用效率，减缓矿区生态环境的恶化，使有限的不可再生煤炭资源既能满足当代人生存和发展的需要，又能满足后代人在利用可替代能源之前生存、发展的需要。

第二节 我国煤炭产业政策演进及主要内容

我国煤炭产业政策历经了比较漫长的发展过程。新中国成立以来，受国家宏观经济的影响，我国煤炭产业政策经历了不同的发展阶段。

一、我国煤炭产业政策的演进

我国是世界上发现、开采和利用煤炭最早的国家。我国煤炭产业发展演化是随着我国经济社会发展，尤其是在工业、军事发展需求不断增长的情况下，逐渐发展起来的。同时，为了规范煤炭产业发展，逐渐从各类政府文件、规章、规程、制度中综合形成了比较系统的煤炭产业。至 2007 年 11 月，我国第一部正式的《煤炭产业发展政策》出台，与世界主要产煤国家相比，我国煤炭产业政策历经了比较漫长的发展过程。改革开放以来我国煤炭产业政策经历了五个阶段。

第一阶段是 1978—1992 年。这一阶段国家对国有重点煤炭企业实行计划经济管理，煤炭产业政策主要以增加煤炭产量为主导。改革开放初期，为了缓解国民经济高速发展过程中长期存在的煤炭"瓶颈"制约问题，在"有水快流"思想导向下，国家实行了"两个一起上"(大、中、小煤矿一起上，国家、集体、个人一起上)的煤炭产业政策，以调动地方办矿积极性。从 1985 年开始，对原国有重点煤矿、国有地方煤矿实行了投入产出总承包。这些产业政策，对调动地方、农民办矿的积极性，促进煤炭生产和供给发挥了重要作用。

这一时期在煤炭产业发展指导思想方面，提出了煤炭产业要实现五个转变：即重点煤矿从手工业为主转变为机械化作业为主，从单一生产原煤转变为多品种生产，从单一经营转变为多种经营，从不能控制重大恶性事故和职业病转变为基本能够控制，从小吨位运煤工具转变为大吨位运煤工具。在企业管理上，改革计划管理，实行计划经济和市场调节相结合，扩大企业自主权，增强企业活力，改变单纯依靠行政手段管理经济的做法，把经济手段与行政手段相结合，在基本建设上，实行包建制和投标招标制。这期间，煤炭部先后通过了《煤炭工业技术政策》《矿务局总工程师责任制》《煤矿生产技术管理基础工作的若干规定》《关于加强乡镇煤矿安全工作的规定》《关于加快发展煤矿采掘机械化工作面的若干意见》《综合机械化采煤工作管理办法》等。

第二阶段是1993—1998年。这一阶段煤炭产业政策以鼓励体制创新和提高劳动生产率为主导。国家推进煤炭市场化改革，放开煤炭价格，改革订货制度，以《煤炭法》为基础的政策体系开始建立。一方面，探索煤炭行业走向市场新体制，提出"三年放开煤价、三年抽回补贴、三年煤炭行业整体扭亏为盈"的改革目标。另一方面，实施了"减员增效"和鼓励煤炭企业多元化发展战略。

1993年国家税制改革，从1994年起煤炭企业由产品税（3.35%）改为增值税（17%），考虑煤炭企业资源型企业特点，执行13%的优惠税率。但是当时国有重点煤炭企业全面亏损，国务院决定对国有重点煤矿实行增值税定额返还政策，全部返还煤矿企业。1994年全国煤炭订货会提出了改革煤炭订货办法，开始在煤炭订货合同中明确数量、质量，明确结算方式和煤炭价格。这项改革措施为煤炭企业更好地适应市场经济的发展、推动运销工作奠定了基础。1994年12月，国务院发布了《煤炭生产许可证管理办法》和《乡镇煤矿管理条例》对乡镇煤炭实行"扶植、改造、整顿、联合、提高"的方针，制定了《乡镇煤矿生产矿井质量标准化标准及考核评级办法》，以及新的《小煤矿安全规程》和《乡镇煤矿防治瓦斯煤尘事故的规定》等。1996 年 8 月 29 日，通过了《中华人民共和国煤炭法》，并于 1996 年 12 月 1 日起实施。随后，煤炭部发布了《煤炭行政处罚办法》《中华人民共和国煤炭行政执法证管理办法》和《开办煤矿企业审批办法》，作为贯彻《煤炭法》的配套规章制度。1997 年，国家开始实行煤矿建设拨改贷转为煤炭资本金政策，煤矿建设投资全部成为企业行为。

第三阶段是 1998—2001 年。这一阶段煤炭产业政策主要以压缩过剩的煤炭生产能力，尤其是乡镇小煤矿生产能力，鼓励煤炭出口，缓解国内煤炭生产过剩为主。亚洲金融危机，在煤炭需求下降等多重因素影响下，煤炭产业陷入了困境。1998 年以后，国家放开了除电煤之外的商品煤价格，让煤炭企业进入市场的同时，国家采取了对煤炭总量进行宏观调控、减轻煤炭企业负担、改善煤炭企业市场竞争环境等政策措施。这些政策主要有：关闭非法开采、布局不合理和不具备基本安全生产条件的各类小煤矿；鼓励煤炭出口；整顿煤炭市场经营秩序，实行煤炭经营资格审批制度政策；对资源枯竭的煤矿实施关闭破产等。1998 年和 1999 年，我国为缓解行业生产经营困难，连续 2 次大幅上调了煤炭出口退税率，退税率从 3% 上调至 13%，并相应减免了铁路、港口建设基金和装船费，从而有效刺激了煤炭企业的出口积极性。

第四阶段是 2002—2011 年。这一阶段煤炭产业政策主要以保证满足市场需求下，更加重视煤炭安全生产、资源综合利用和环保等为主导。在国民经济快速增长、煤炭市场需求转旺、煤炭供求关系趋向紧张的情况下，煤炭产业政策采取在扩大产量和抓安全生产中寻求平衡的博弈策略，乡镇煤矿再次上升为新增产量的主要贡献者。煤炭安全生产形势更加严峻，各种矿难频繁发生。在需求旺盛的强烈刺激下，煤炭企业超能力生产现象十分普遍，煤炭生产进入事故多发阶段，安全生产成为社会普遍关注的焦点，也成为此阶段煤炭产业政策的主要着力点。

2005 年，国务院发布了《关于促进煤炭工业健康发展的若干意见》，研究制定《能源法》，修订《煤炭法》《煤炭产业发展政策》。国家发改委、国家安全生产监督管理总局等出台了有关资源、安全、环保等一系列政策法规。与煤炭产业增长模式转变相伴，随着国内需求大幅增加，煤炭市场再次出现短缺，国家调整煤炭出口政策。重点调整煤炭产品进出口税收政策和禁止某些煤种出口。从 2004 年 1 月 1 日起，动力煤出口退税率由 13% 降至 11%，焦炭出口退税率由 15% 降到 5%，炼焦煤从 13% 降到 5%，5 月 20 日国家又提出要求停止焦炭和炼焦煤出口。2005 年 5 月，动力煤出口退税率再次下调至 8%。2006 年 9 月 15 日起，取消煤炭出口退税政策，并从 11 月 1 日起又加征煤炭出口 5% 的税率。从 2006 年 11 月 1 日起，国家对煤炭等资源类产品实施 0—3% 的进口暂定税率，其中煤炭为 1%。2007 年 11 月 29 日，国家发展和改革委员会颁布了我国第一部《煤炭产业政策》，该政策是依据《煤炭法》《矿产资源法》和《国务院关于促进煤炭工业健康发展的若干意见》等有关法律法规和规范性文件，结合煤炭发展实际制定的。分别从发展目标、产业布局、产业准入、产业组织、产业技术、安全生产、贸易与运输、节约利用与环境保护、劳动保护、保障措施等方面，明确了鼓励性、限制性和禁止性政策，提出了煤炭工业发展目标和实现目标的保障措施。

第五阶段是 2012 年至今。我国煤炭产业如火如荼地发展了 10 年，到 2012 年以后，煤炭产业开始步入了一个转折点。中国经济增速放缓，而前期投资的新建矿井陆续投产，煤炭的过剩压力初显，煤炭价格下行，开始出现"煤炭黄金十年终结"的论调。2013 年国家能源局发布《煤炭产业政策》（修订稿），从产业布局、产业组织、产业准入、产业技术安全生产、贸易、高效利用与环境保护、劳动保护等方面进行了全面的规划和部署。为了进一步合理开发利用和保护煤炭资源，规范煤炭生产、经营活动，促进和保障煤炭行业健康和可持续发展。2013 年 6 月 29 日我国对《中华人民共和国煤炭法》作出修改。税费政策方面，2011 年的《中华人民共和国资源税暂行条例》调整了资源税的征收方式和标准，其中部分征税项目将实行从价计征的方式，而且部分高价稀缺资源的征税标准也提高了。煤炭资源税仍采用从量征收方式，但是焦煤征税标准有所提高，调整为 8 元 / 吨—20 元 / 吨。价格政策方面，国务院办公厅于 2012 年发布的《关于深化电煤市场化改革的指导意见》指出"2013 年以后取消重点合同和煤电价格双轨制，让煤电企业自由签订合同，双方协商，自主确定价格，而各级政府不得干预其正常运营；同时将电力企业消化、吸纳煤价波动的比例由 30% 降低为 10%"，并提倡"煤电企业进行联营，以实现双方的互保"。

从 2015 年开始，国家以去产能、去库存、去杠杆、降成本、补短板为重点的供给侧结构性改革正式拉开大幕。2016 年 2 月 5 日，国务院印发了《关于煤炭行业化解过剩产能实现脱困发展的意见》，进一步化解煤炭行业过剩产能、推动煤炭企业实现脱困发展制定出具体目标。在近年来淘汰落后煤炭产能的基础上，从 2016 年开始，用 3 年至 5 年的时间，再退出产能 5 亿吨左右、减量重组 5 亿吨左右，较大幅度压缩煤炭产能，适度减少煤矿数量，有效化解煤炭行业过剩产能，提高生产力水平，优化产业结构，实现煤炭生产端的有效供给，减少无效供给，增强优质供给，推动煤炭行业转型升级。

二、我国现行煤炭产业政策主要内容

2007 年我国出台了《煤炭产业政策》，结束了长期以来我国没有系统的煤炭产业政策的局面。从实施效果来看，这一政策对煤炭产业发展发挥了重要作用。随着改革开放的不断深入，国内外经济形势特别是煤炭产业自身的发展变化，我国于 2013 年对该政策进行了修订完善，煤炭产业进入了一个新的发展阶段。现行的煤炭产业政策以 2013 年《煤炭产业政策》（修订稿）为主，并结合其他具体政策文件而制定。主要内容概括如下：

（一）产业布局政策

2013 年的《煤炭产业政策》（修订稿）中规定：稳定东部地区煤炭生产规模，加强中部煤炭资源富集地区大型煤炭基地建设，加快西部地区煤炭资源勘查和适度开发。建设大型煤炭基地，提高煤炭的持续、稳定供给能力。神东、陕北、黄陇（陇东）、宁东基地有序建设大型现代化煤矿，重点建设一批千万吨级矿井群；晋北、晋中、晋东基地加快整合煤矿升级改造，适度新建大型现代化煤矿；冀中、鲁西、河南、两淮基地做好深部资源勘查，建设接续煤矿，限制 1000 米以深新井建设；蒙东（东北）基地优先建设大型露天煤矿；云贵基地加快建设大中型煤矿，大力整合关闭小煤矿；新疆基地作为我国重要的能源战略后备基地，实行保护性开发。科学配置煤层气与煤炭矿业权，完善煤炭、煤层气协调开发机制。鼓励建设坑口电站，优先发展煤、电一体化项目，优先发展循环经济和资源综合利用项目。

（二）产业进入政策

我国现行的煤炭产业有着相当严格的准入政策。主要有三证：采矿许可证、煤炭生产许可证、矿长资格证，并有严格的申报和审查制度。2013 年的《煤炭产业政策》（修订稿）国家逐步提高煤矿企业最低规模标准，鼓励通过兼并重组等方式，提高煤炭产业集中度，促进有序竞争，规定"山西、内蒙古、陕西北部等地区的煤矿企业规模不低于 300 万吨／年；福建、江西、湖北、湖南、广西、重庆、四川等省（区、市）煤矿企业规模不低于 30 万吨／年；其他地区煤矿企业规模不低于 60 万吨／年"，该项政策标准相比 2007 年的《煤炭产业政策》中的标准调高了许多。而且在 2013 年修改的《中华人民共和国煤炭法》中相关法条也要求煤矿企业在投入生产前，必须取得相关的安全生产许可证，否则不允许开展煤炭生产。煤矿企业应当按照国家规定，配置地矿类主体专业人员，特种作业人员必须按照国家有关规定取得相应资质。鼓励煤矿企业从技术学校招收工人。

（三）产业组织政策

"十二五"规划中，国家提出进一步推动煤炭企业的改革，在横向上，鼓励企业之间进行跨区域、跨所有制形式的兼并重组；在纵向上，国家鼓励煤炭、电力、化工、铁路、港口的一体化经营；2013 年的《煤炭产业政策》（修订稿）中的相关内容也指出：取缔非法煤矿，关闭布局不合理、不符合产业政策、不具备安全生产条件、乱采滥挖破坏资源、污染环境和造成严重水土流失的煤矿。鼓励以现有大型煤炭企业为核心，打破地域、行业和所有制界限，以资源、资产为纽带，通过强强联合和兼并、重组中小型煤矿，发展大型煤炭企业集团。2013 年国务院颁布《关于进一步加强煤矿安全生产工作的意见》，更是具体表明要进一步将加快关闭一些质量不高、产能落后的小煤矿，要求到 2015 年底关闭数量达 2000 处以上。

（四）产业技术政策

2013 年的《煤炭产业政策》（修订稿）明确提出要鼓励发展和应用地球物理勘探、高精度三维地震勘探技术。鼓励采用高新技术和先进适用技术，建设安全高效矿井。鼓励煤矿优化开拓部署，简化生产系统，压减采掘工作面个数，实现合理集中生产。发展综合机械化采煤技术，推行壁式采煤。发展"三下"采煤、沿空留巷无煤柱回采、边角煤回收、小型煤矿成套技术以及薄煤层、极薄煤层采煤机械化等提高资源回收率的采煤技术。鼓励开展充填开采、保水开采、无人工作业智能化采煤、急倾斜特厚煤层综合机械化采煤技术和成本低、重量轻、强度大的支护材料及工艺研究。鼓励发展露天矿开采技术，推广使用半连续、连续和吊斗铲倒堆工艺。同时，加快推进小型煤矿采、掘、装、运机械化升级改造和支护方式改革。支持洁净煤技术与装备的研发与应用。推进煤炭企业信息化建设，利用现代控制技术、矿井通信技术，实现生产过程自动化、数字化。

（五）安全生产政策

2013 年的《煤炭产业政策》（修订稿）明确提出，坚持安全第一、预防为主、综合治理的安全生产方针，落实企业安全生产的主体责任和法定代表人的安全生产第一责任人责任。建立健全煤矿重大事故隐患排查、治理制度，严格落实事故报告制度。建立和完善灾害预防和应急救援体系。坚持煤矿领导带班下井制度。建立健全矿井通风、防瓦斯、防突、防火、防尘、防水、防冲击地压、防洪等系统。严格执行煤矿建设项目安全设施与主体工程"三同时"制度。煤炭生产各环节必须配备必要的安全卫生防护设施，有较大危险因素的生产经营场所和有关设施、设备上必须设置明显的安全警示标志，禁止使用不符合安全标准的工艺、设备。对煤矿井下和有关设备、器材实行安全标志管理制度。加强对在矿山开发过程中可能诱发灾害的调查、监测及预报预警，及时采取有效的防治措施。建立信息网络系统，制定防灾减灾预案。

（六）贸易与运输政策

2013年的《煤炭产业政策》（修订稿）明确提出，在煤炭贸易和运输方面，严格煤炭经营企业资格审查，促进煤炭经营企业结构优化，形成以煤炭生产企业和大型煤炭经营企业为主体、中小型煤炭经营企业为补充的协调发展格局。积极推进煤炭贸易市场化改革，建立健全煤炭交易市场体系，完善煤炭价格市场形成机制，制定公平交易规则。建立全国和区域性煤炭交易中心及信息发布平台，鼓励煤炭供、运、需三方建立中长期合作关系，引导合理生产、有序运输和均衡消费。稳步发展国际煤炭贸易，优化煤炭进出口结构，鼓励企业到国外投资办矿。积极发展铁路、水路煤炭运输，加快建设和改造山西、陕西、内蒙古西部出煤通道和北方煤炭下水港口，提高煤炭运输能力。限制低热值煤、高灰分煤长距离运输。煤炭运输应当采取防尘、防洒漏措施。

（七）环境保护政策

煤炭是当前我国最主要的污染源，为了充分利用煤炭价值并降低其对环境的危害，国家发改委、国家能源局正在研究制定"煤制油"和"煤制气"两大重要项目建设的指导意见，不久将会发布并实施。2013年的《煤炭产业政策》（修订稿）明确提出，实施节约优先的发展战略，加快资源综合利用，减少煤炭开采加工利用过程中的能源消耗与污染物排放。鼓励支持回收呆滞煤炭资源，提高煤炭资源回收率和利用效率。煤矿项目应严格控制建设用地规模，节约集约用地，落实耕地保护政策。

（八）税费及价格政策

2011 年的《中华人民共和国资源税暂行条例》调整了资源税的征收方式和标准，其中部分征税项目将实行从价计征的方式，而且部分高价稀缺资源的征税标准也提高了。但煤炭资源税仍采用从量征收方式，不过焦煤征税标准有所提高，调整为了 8 元 / 吨—20 元 / 吨。

国务院办公厅于 2012 年发布的《关于深化电煤市场化改革的指导意见》指出"2013 年以后取消重点合同和煤电价格双轨制，让煤电企业自由签订合同，双方协商，自主确定价格，而各级政府不得干预其正常运营；同时将电力企业消化、吸纳煤价波动的比例由 30% 降低为 10%"。《意见》中还提倡"煤电企业进行联营，以实现双方的互保"。

（九）进出口政策

2013 年的《煤炭产业政策》（修订稿）提出，稳步开展国际煤炭贸易，鼓励进口优质煤炭，巩固和发展与主要煤炭资源国长期稳定的贸易关系。支持优势煤炭企业参与境外煤炭资源开发。鼓励煤炭企业开展对外工程承包和技术服务。2014 年国家发改委出台《商品煤质量管理暂行办法》，对商品煤进行了明确规定，质监部门将加大对进口煤的化验力度。该办法主要是严格控制劣质煤进口，对进口煤的质量进行限制，鼓励优质煤进口。

（十）产量政策

随着产能过剩对我国煤炭行业造成的压力愈加明显，国家开始采取各种措施化解产能过剩的压力。2014 年国家发改委、国家能源局、国家煤矿安监局联合下发特急明电《关于遏制煤矿超能力生产规范企业生产行为的通知》，明确指出"所有煤矿必须要按登记公布的生产能力和承诺事项组织生产"，并提出煤矿超能力生产的首长问责制，要求各省级煤炭行业管理部门应严格进行管理和监督。

（十一）劳动保护政策

2013 年的《煤炭产业政策》（修订稿）第四十一条指出，煤炭生产企业应当参加工伤保险社会统筹，建立和完善工伤预防、补偿、康复相结合的工伤保险制度体系。落实煤矿井下艰苦岗位津贴制度，逐步提高煤矿职工收入水平。加强劳动用工和定员管理，推广井下"四班六小时"工作制。推进矿井质量标准化建设，改善井下作业环境。为井下工人配备符合国家标准或者行业标准的劳动保护用品。鼓励煤炭生产企业加大安全和尘肺病等职业病防治投入。发展和推广职业病防治、职业安全和劳动保护技术的研究和应用。建立健全职业健康管理和职业病危害控制体系。

第三节　国外煤炭产业政策借鉴和启示

煤炭不仅在我国，而且在世界各国都是很重要的战略能源。许多煤炭资源丰富的国家，为了处理好煤炭开采与经济发展的关系，也都积极研究和推行符合自己国情的煤炭产业政策，有些国家已经取得了十分瞩目的成绩和政策效果，这些对于我国完善煤炭产业政策都有着十分重要的借鉴意义。

一、主要产煤国煤炭产业政策

国外主要采煤国通过制订和实施正确的产业政策，使煤炭产业得到健康、有序的发展。这些国家对煤炭产业采取扶持政策，在公平税负、采矿业的税收以及在投资、环保、鼓励洁净煤技术方面给予支持优惠政策。

（一）美国

美国是世界上煤炭资源丰富的国家之一，生产成本较低，竞争力较强。为保护美国煤炭产业的竞争力，美国政府通过新能源政策、资金鼓励等手段进行创新发展；为保护产煤区的环境，美国政府通过完善法律政策和煤炭资源有偿使用政策来规范企业行为。

1. 新能源政策。为了提高煤炭发展的竞争力，美国政府不惜投入巨额资金进行科学研究，将洁净煤技术列为重点发展计划。2001 年，美国面临自 20 世纪 70 年代石油禁运以来最严重的能源短缺，为满足需要，成立了"国家能源政策研究(NEPD)组"，并公布了新的国家能源政策。新政策确定了煤炭是主要发电燃料；同时为促进环境的保护和改善，美国积极研究开发洁净煤技术，提出"黑煤变绿煤"，即利用先进的洁净煤技术使黑色煤炭变成环保型煤炭。为达到这一目标，美国政府不惜巨资研究开发洁净煤技术。与此同时，美国还采取各种优惠政策和先进技术积极开发利用煤层气，将煤层气占天然气利用总量的比例由仅仅 1% 提高到近 20%。

2. 鼓励研发政策。为了提高煤炭对石油、天然气等的竞争力，美国政府投入巨资进行煤炭科研。1986 年美国联邦政府开始实施洁净煤技术计划，包括先进的选煤技术、燃烧器、流化床燃烧、煤气化联合循环发电、煤炭气化、煤油共炼、烟气净化新工艺等，到 1995 年已投资 71 亿美元。在 2004 年财政预算中，用于支持煤炭科研项目的资金为 31560 万美元，其中有 500 万美元用于煤炭生产洁净燃料的研究项目。

3. 资金鼓励政策。美国联邦政府对煤炭产业的资金鼓励不仅表现在对研发的鼓励，还表现在对环保的支持。一方面，联邦政府通过拨款等手段加大对洁净煤技术的扶持力度，努力使黑煤转化为洁净煤。另一方面，联邦政府通过征收税金和返还税金的措施，建立了废弃矿山复垦基金，税收的征收不仅在采矿中保护了环境，基金的设立为闭坑后矿山的恢复提供了资金保障。

4. 完善法律政策。美国联邦政府通过《联邦土地政策和管理法》《联邦煤矿租赁法修正案》《矿物租借法》《1990 年污染预防法》《露天采矿控制与复田法》《洁净空气法》《洁净空气法修正案》《国家环境政策法》等一系列法规对煤炭资源实施管理。2005 年 8 月 8 日，美国总统布什签署了新的能源法案《2005 国家能源政策法》。这是美国近 40 年来包含内容最广泛的、第一个综合性的能源大法。该法明确规定，鼓励提高能源效率和能源节约，促进发展替代能源和可再生能源，减少对国外能源的依赖，加强和提升电网水平，鼓励扩大核电站建设等。

5. 煤炭资源有偿使用政策。在美国，联邦政府规定所有的煤炭资源都进行有偿使用。美国煤炭公司开采煤炭，需要缴纳土地使用费、权利金和红利三种费用。土地使用费即土地的出租费；权利金即矿产资源费，通常露天矿交 12.5%，井工矿交 8%；红利即相对资源地租，根据资源条件的好坏缴纳不同的数量。

（二）澳大利亚

澳大利亚矿产资源丰富，其已探明的矿产资源有 70 余种，富含丰富的煤、铅、铝土、铁矿石、黄金、白银、镍、矿砂、钽、铀、锌及天然气等资源，是为数不多的纯矿产燃料出口国之一，拥有矿产大国的地位。自 1986 年以来，澳大利亚一直是世界上最大的煤炭出口国。政府对煤炭工业主要采取政策鼓励和基础设施支持等措施保护国内煤炭工业的国际市场竞争力。如政府投资兴建铁路、港口、装卸设施，放宽出口限制、简化出口手续、下放出口审批权等。为了提高煤炭对石油、天然气等的竞争力，政府投入巨资进行煤炭科研。澳大利亚政府除设有专项拨款外，还从每吨煤价中提取 0.05 澳元建立煤炭科研信托基金，资助煤炭科研。

1. 三级政府管理体制。澳大利亚政府采用三级政府管理体制：联邦政府、州政府和地方政府。政府制定能源政策的 3 项原则是：有效经营、安全供应和可持续发展。澳大利亚煤炭工业的有关政策是国家能源政策的重要组成部分，联邦政府主要是通过完善的立法体系和经济手段对企业的生产经营活动进行宏观调控，以保证煤炭工业的可持续发展及资源的合理配置，不直接干预煤矿企业的生产经营活动。其职责包括监督煤炭工业的税收政策及环境保护、管理基础建设专用基金等。近些年来，联邦政府在政策法规方面取消了一些对煤炭工业的限制，包括：放松对金融和外汇市场的控制、降低税收及费用、降低了外资进入的标准、取消了煤炭的出口限制。

2. 环境综合管理。澳洲人的环保意识很强，制度严格，管理到位。澳大利亚在进行矿产资源开发过程中，尤其注重矿山环境的综合管理，从最初的勘探到最终的闭矿，整个过程各个环节都要做好环境影响的评估和治理。

3. 矿产资源开采管理。在澳大利亚从事矿产资源勘探和开发活动，要申请并取得许可证。如果暂时不开发，可以申请保留权许可，包括初步勘探许可证、勘探许可证、保留权许可证、采矿许可证等。

4. 先进的采矿理念和科学技术。澳大利亚拥有世界领先的采矿技术，在矿物勘探、生产和加工方面提供以科技为基础的产品和服务，促进了澳大利亚矿产资源的可持续发展，并且有专门的矿业促销组织支撑澳大利亚的矿业设备、技术和服务公司。矿业促销组织由澳洲矿联（Austmine）和澳大利亚贸易委员会（Austrade）联合组成，澳洲矿联是矿业自己的国际商业发展部门，而澳大利亚贸易委员会则是澳大利亚联邦政府的出口促进机构。澳洲矿联不仅自身致力于科研工作，在选矿、高回收重选技术上下足功夫外，还通过与大学、政府机关联合，进行挖掘效率、尾矿处理、下游矿产加工等高科技研究，制造了先进的机械设备，实现了掘锚一体化，拥有了世界级的提炼和加工技术。澳大利亚勘探公司的勘探技术也遥遥领先，设计出了顶尖的勘探软件，有远程探测技术和精妙的勘探系统，而且在整个过程中使用特殊的软件识别、确认和保管极具价值的勘探资料。

（三）日本

根据 1962 年日本《产炭地域振兴临时措施法》，日本产煤地域包括 2 条地域和 6 条地域两种。分布在北海道、山口县、福冈县、佐贺县、长崎县、熊本县等 6 个道县之中，共包括 171 个市町村。日本于 19 世纪上半叶开始进行大规模的煤矿开采和生产，一度成为世界上著名的重工业区，直至 20 世纪 50 年代，由于日本的煤炭开采成本高于美国、中国和澳大利亚，加上石油和核电的应用对煤炭的需求量有所减少，煤炭开采量逐年下降，工业逐步走向衰落，直至 90 年代，全国只剩下为数不多的几个矿，日本面临着严重的就业问题和结构性危机。

在这种情况下，从 20 世纪 60 年代开始，日本政府积极引导，先后制定了各项政策对煤炭产业进行多方调控，通过财政补贴、政府主导、企业转型、招商引资和提供税收优惠政策等对日本煤炭产业的发展起到了积极作用。

1. 产业政策体系。从 1962 年至今，日本对煤炭产业从振兴到完全退出市场的全过程一共制定了九次产业政策。日本政府为整顿低效能煤矿，扶持高效能煤矿，实现煤炭产业多元化，安置煤矿离职者和振兴产煤地区，先后制定了《煤炭工业合理化临时措施法》《煤炭矿业合理化临时措施法》《煤矿离职者临时措施法》《产煤地区振兴临时措施法》等法律，日本的产业政策是以技术政策为核心的产业政策，它通过税收、补贴、金融、外贸和依法管制来干预资源和生产要素的分配。日本通过实施不同发展阶段的不同的产业政策、法律、法规和政令，在第二次世界大战后迅速实现了经济复兴，成为世界经济大国。

2. 财政补贴政策。目前，日本煤炭工业虽然逐步衰落，但政府仍对其采取强有力的扶持政策，其中重要的一项是财政补贴政策。财政补贴的使用方向：一是煤炭产业结构调整，主要用于煤矿关闭，有计划地缩小生产规模，煤矿开辟多元化经营项目以及煤矿开拓掘进等方面的补贴；二是产煤地区振兴，主要用于煤矿关闭后地方经济振兴方面的补贴；三是矿害对策消费，主要用于对治理矿害事业团体的补助，安全设施、排水设施的维修管理费；四是煤矿劳动者雇佣费；五是事务处理费；六是预备费；七是用于洁净煤技术开发及国际洁净煤推广等费用。

3. 进口煤炭政策。在资源持续减少的情况下，日本政府恰当地关闭本国矿井，发展多元化经营的同时，实施进口煤炭政策。自 1962 年开始，政府就从石油进口税中抽出一部分资金用以补偿进口煤与国产煤之间的部分差价，电力用国产煤的价格也由政府指导。这不仅恰当地处理了生产与进口的关系，还缓和了本国煤炭生产陷入的困境。

（四）德国

德国的煤炭资源条件属较差的一类，与美国、澳大利亚等国无法相比。由于资源条件差，原煤开采成本高，缺乏市场竞争力。目前德国一吨煤成本约为 290 马克，而国际市场的煤炭平均价格仅为 70 马克/ 吨，如果任凭市场调节，德国国内的煤炭工业必然无法生存。联邦政府为了维护社会的稳定，减少失业压力，在关闭低效矿井的同时，对煤炭工业采取了相应的扶持政策。

德国煤炭产业扶持政策的核心就是价格补贴。对炼焦煤和动力用煤采取不同的补贴政策。炼焦煤的价格补贴办法是，由钢铁企业与煤矿签订供销协议，由政府协调并给予担保。协议规定企业购买国产煤炭的数量，确定国产煤炭的成本，预计进口煤炭的价格，根据二者间的差价确定每吨煤的补助金额。补贴资金由联邦政府承担 2/3，州政府承担 1/3。动力用煤的补贴由专项基金支付，该基金的来源是按一定比例向电力的最终用户收取的电价附加费。煤矿与电力企业签订长期供货协议（一般为 5 年），由政府提供担保，协议规定购煤的数量、价格，政府对电价和附加费提取加以严格的管理。

政府除了进行煤炭的价格补贴外，还有其他扶持措施，如：税收优惠、投资补贴、收购储备、限制进口、矿工补贴、环保资助、研究和发展补助等。鲁尔区是德国煤矿区经济振兴的成功案例。

（五）南非

南非缺少石油资源，但有丰富的煤炭和核燃料资源。煤炭一直是最主要的一次能源资源，是发电的主要燃料和合成燃料制造业的原料。

南非煤炭生产和洗选业全部为私营。政府对煤炭价格的控制和出口数量方面的限制已于 20 世纪 90 年代初相继废止。1992 年开始全部放开煤炭市场。目前，政府保持对煤炭工业的监控，以确保煤炭资源得到符合国家利益的最佳利用，坚持公平竞争的市场。其目前的煤炭产业政策如下：

一是建立公平竞争的煤炭市场。自从 1992 年政府取消对煤炭产业的控制以来，煤炭产业在一个竞争的市场环境下运行，基于这一条件，煤炭产业得以成功发展。政府对煤炭产业的经营实施监控，包括批发、零售等，以确保维持煤炭市场公平竞争的条件和煤炭资源的有效利用。二是开发和利用煤层气。在煤炭开采期间，煤层气排入大气，因而增加了温室气体排放量。煤层气的开发和利用将会使地下煤炭开采更为安全，同时将减少温室气体排放。三是保护环境。在可预见的未来，煤炭将会保持其作为南非主要能源资源的地位。鉴于煤炭的生产和利用会对环境造成污染，近年来主要靠发展洁净煤炭技术、实施低烟煤燃料利用计划、提高煤炭利用效率等领域的研究和开发以减少对环境的影响。

二、国外煤炭产业政策的启示

我国是产煤和用煤大国，以煤炭为主要能源，煤炭产业政策需要借鉴国外煤炭产业政策体系加以完善。

（一）建立民主、科学的政策决策体系

加强政策研究，建立符合市场经济发展需求、煤炭产业实际，适应不同时期和阶段的煤炭产业政策体系。政策、法制与体制建设相配

套,规范煤炭的生产和建设,促进煤炭产业健康发展。建立有权威的政策审议制度,参考国外产业政策审议方法,把煤炭产业相关的政府机构人员、权威人士、专家、学者等作为政策审议委员。凡煤炭产业的重要决策,都通过审议会审议。

(二)颁布完善的法律法规

从国外的煤炭产业政策来看,政府管理的透明和高效保证了宏观调控政策的到位。在煤炭进出口、环境保护等方面都制定了严格的法律法规,并得到了相应的执行。

(三)建立合理的税收制度

为了保证公平、互惠互利以及研发所需资金,各国的税收制度非常详尽,印度的所得税优惠、进口税优惠和出口税优惠充分考虑了市场因素,保证了本国煤炭市场竞争力的同时,还加大了外资的引入。

(四)有效控制和管理资源

一是实行招标制。解决公平竞争的问题,对投标者只按标准审核,一视同仁。二是实行租赁制。资源有偿使用和资产化管理,依法开采和实施环境保护。三是加大税收调节。解决级差收益,营造公平竞争的市场环境。四是对资源开发实行全过程动态管理。政策充分考虑了投产、达产、减产和衰老全过程不同阶段的特点。

(五)加强环境保护

制定明确的环境保护法,并严格实行。美国、欧洲等国家实施的恢复生态、改善环境的政策取得了良好的效果,主要有两条:一是坚持谁破坏,谁治理。二是控制手段掌握在国家手中,不达目的决不罢休。澳大利亚不仅国民守法意识及环境保护意识强,制度管理也严格到位。首先制定环境影响评估报告,安排适当的实施系统,然后进行社区的影响评估，以及对矿山持续发展的评价报告。在采矿和厂房设计上，澳大利亚公司在供水和水土保持、尾矿处理设计、复垦和采后修复几个层次，居世界首席地位。

（六）重视科研开发

无论是美国的洁净煤技术，还是澳大利亚先进的采矿技术，科研开发是当今煤炭行业非常重视的环节。对于我国而言，加强科研开发是当务之急，通过科研开发可以加大新矿物资源发现的速度，并创造较高的财富比例，促进矿产资源的可持续发展。

（七）多渠道拓宽资金来源

创新运用多种金融组合工具，建立多渠道的资金来源。大型重点煤炭项目可以使用政策性低息贷款，保持利率稳定。运用股权融资，包括上市、外资、私人资本等的联合投资。运用企业债券引进国外优惠贷款等等。

第二章 山西煤炭产业发展概述

煤炭是我国的主体能源和重要的化工原料，为国民经济发展提供了稳定、可靠的能源支撑。煤炭开发利用在我国已有数千年的历史，新中国成立以后，煤炭产业作为关系国家经济命脉和能源安全的重要基础产业，在国民经济中占有重要地位。

山西煤炭资源丰富，煤炭品质良好，开采难度较小。经过长期的煤炭开采，山西成为全国的煤炭生产大省、外调量大省，为山西国民经济发展和国家能源安全发挥了重要的保障作用。全面梳理山西煤炭产业发展状况，对充分了解山西煤炭产业政策制定与实施，提高决策科学化民主化水平，具有重要意义。

第一节 山西煤炭产业发展历程

山西煤炭产业从新中国成立初期艰难而薄弱的基础起步，不断发展壮大，成为今天我国重要的能源供应基地。

一、中华人民共和国成立前的煤炭开采

山西是我国发现和利用煤炭最早的地区之一，以"煤炭之乡"著

称于世。先秦地理名著《山海经·北山经》就记载山西有煤；北魏《水经注》中就真实地记录了大同附近煤层自燃情景；隋唐时期，人们对煤炭的认识逐步深化，煤业得到封建统治者的重视，开采规模和应用范围日益扩大。唐开成五年（840），日本僧人入山西转赴西安途中，曾目睹了太原西山煤炭开发和利用之盛况。1958年秋，长治城内发现一唐代舍利棺，舍利放在石函内的金属盒中，石函周围填满了煤。

宋元时期，山西煤业进一步发展，成为全国重点产煤地。宋代朝廷为了鼓励发展采煤业，采取了一些减免税收措施。从封建朝廷对煤炭的征税、免税政策看，煤炭生产已有较大规模，煤炭已广泛进入商品市场。1978年，山西省考古研究所在稷山县马村发掘了一批金代砖墓，墓中就发现了煤和焦炭，各约五百市斤。一座墓中发掘出这样多的煤与焦炭，这在全国尚属首例。[①]可见当时山西人民已广泛利用焦炭，而且炼焦技术已趋成熟，标志着山西煤炭加工利用已经起步。北宋朝廷还设立了石炭税收和监督机构，到元代，官府进一步加强了对煤炭的课税管理。

明清时期，山西煤炭开采、运销、加工利用等都有新的发展，煤炭开采技术和管理都得到较大提高。《明一统志》载：山西许多地区都产煤。大同煤炭自明代正统年间（1436—1449）即供居民、军队烧用。到清代，山西煤炭产品除供本省外，还远销河南、河北、陕西、内蒙古、北京等地。同治、光绪年间，中国出现了洋务运动。山西一些官僚、地主、商人、绅士在外国资本的影响下，在煤炭市场日益扩大和高额利润的刺激下，纷纷投资办矿，促进了各类煤窑的发展。据《清朝续

---

① 山西考古研究所：《山西稷山金墓发掘简报》，载《文物》，1983(1)。

文献通考》载："光绪三十二年……石炭产额最多者首推直隶，次为山西、陕西、山东、河南。"山西居第二位。民国初年统计资料载，当时山西平定、太原等45个县即办有煤窑240余处。阳泉地区民办煤窑星罗棋布，仅蒙村一地就有煤窑十数处。

从开始发现煤，历经秦、汉至明、清历朝，山西煤炭开采拥有相当久远的历史，但由于生产工具的限制以及封建制度的长期束缚，生产规模却不大，发展速度十分缓慢，在开采方法和经营管理方面，长期停留在原始阶段，保持着手工开采方式，很少有大的改进。光绪二十三年（1897），英、意资本家在伦敦成立旨在掠夺山西、河南煤铁矿权的"福公司"。翌年5月21日，山西商务局和"福公司"签订了所谓《山西开矿制铁及转运各色矿产章程》二十条。"福公司"以白银200万两获取了山西平定、盂县、泽州、潞安、平阳府等地的煤矿开采冶铁权，定期60年。光绪三十三年（1907），山西商办保晋矿务有限总公司（简称保晋公司）在太原创办，揭开了山西近代民族资本机器采煤业的序幕。该公司分设平定、晋城、石家庄分公司，后又增设了大同、寿阳、天津、保定、北平等分公司。其中平定、晋城、大同、寿阳分公司专营采煤业，其余专事推销业务。光绪三十四年（1908）1月20日，山西商务局与"福公司"签订了《赎回开矿制铁转运合同》，以付赎银275万两的代价赎回全部矿权，为山西民族资本采煤业的兴起创造了条件。

中华民国时期，在民办煤炭工业发展的同时，官僚资本也开始了对晋煤开采的垄断。民国2年（1913）山西成立平定建昌公司。民国4年（1915）成立平定中孚公司，这一年，晋煤首次参加巴拿马国际博览会，被称为"煤中皇后"，誉溢中外。民国5年（1916），孝义华兴公司成立。民国 7 年（1918）和 8 年（1919）相继成立平定、广楼、中兴、富昌、济生及大同宝恒公司。民国 9 年（1920）又成立大同同宝公司。阳泉保晋公司于民国 8 年（1919）购置 1 台美国割煤机，这是山西煤矿首次出现的采煤机械。民国 18 年（1929），阎锡山挪拨军费 100 万元（银币，下同），集股金 50 万元开办晋北矿务局。民国 22 年（1933），由阎锡山任董事长的大同矿业分公司成立。民国 23 年（1934），在太原西山白家庄成立西北煤矿第一厂；民国 25 年（1936）在崞县成立西北煤矿第二厂，在灵石富家滩成立西北煤矿第三厂（抗日战争胜利后，于民国 35 年（1946）在太原东山成立西北煤矿第四厂）。抗日战争爆发前，一批官商、地主纷纷开矿，山西煤业一度振兴。据《中国实业志》记载：民国 23 年（1934），山西已有 64 个产煤县，有大小煤窑 1425 处，矿区总面积 324.8 万公亩，开采面积 93 万公亩，矿工 223 万余人，年产原煤 203 万吨，总产值 595 万元。民国 26 年（1937），日军侵入山西，以"军管理"名义侵占了大同、轩岗、阳泉、西山、富家滩、潞安等各大煤矿。民国 34 年（1945），抗日战争胜利后，阎锡山返回太原，接收了山西各大煤矿。民国 36 年（1947）春，将阳泉煤矿的 46 部车床运至太原，并入太原机械厂生产军火，致使煤炭生产急转直下。翌年，全省煤产量仅有 198.8 万吨，为民国 31 年（1942）的 32%。

二、中华人民共和国成立初的恢复与建设时期

中华人民共和国成立后，山西煤炭工业进入了新的历史发展时期。新中国成立初期，由于长期战乱，山西大大小小的煤矿绝大部分不是水淹，就是起火燃烧，地面设施也基本被摧毁。为了迅速恢复矿井生

产，中共山西省委和省政府派得力干部到中央直属煤矿和地方重点煤矿开展生产自救，进行民主改革，建立新的生产秩序，激发了煤矿职工的劳动积极性。在国家和地方资金、技术、设备等方面的大力投资和促进下，山西煤炭工业快速发展，形成了国家统配与地方煤矿并举，大、中、小型矿井建设相结合的新型煤炭工业体系。截止到1975年末，国家和地方累计投入煤矿建设资金6.79亿元，建立了大同、阳泉、西山、汾西、潞安、轩岗、晋城等7个中央直属统配矿务局和霍县、东山、南庄、小峪、荫营、西峪6个地方统配煤矿，山西煤炭工业初具雏形。同时，煤炭产量也大幅提高，由新中国成立初期的267万吨，提高到1975年的7541万吨，增长28倍多，平均年递增率为14%；煤炭供应区域由1949年的华北地区扩大到1975年的华北、华东、中南、西北、东北五大区的25个省、市、区；煤炭铁路外调出省量由1949年的62万吨（占生产量的23.2%），提高到1975年的4245万吨（占生产量的56.3%）。

在国民经济恢复时期，国家共投资3.34亿元，向山西煤矿提供采煤设备、排水设备、运煤车辆，提升运煤设备，使半机械化采煤的产量占到40%，工作面和巷道运煤机械化程度分别达到50%和80%。机械设备的提高与更新，使山西煤炭生产有了飞速发展。到1953年底，山西中央直属煤矿由8处增长至15处，原煤产量增至392万吨，地方国营煤矿恢复至65处，年生产能力达500万吨，私营煤矿由新中国成立初期的3620处经过整顿减为1514处，但年生产能力却提高至315万吨。全省煤矿3年完成投资3976万元，年生产能力达1105万吨（不含私营煤矿），煤炭工业总产值占全省工业总产值的比重由1949年26.1%上升至1952年的33.3%，原煤产量由1949年的267万吨，猛增至 1000 万吨以上，占全国原煤总产的比重由 1949 年的 8.4% 上升至 1952 年的 15.3%。

在煤矿大规模建设时期，建设方针是老矿井技术改造与新矿井建设相结合，大中小相结合，合理布局，协调发展。在对旧矿改造中，第一个五年计划，中直煤矿对大同煤峪口斜井等 8 对矿井进行了改扩建，设计能力由 253 万吨 / 年提高到 660 万吨 / 年，累计完成投资 1.407 亿元。"二五"时期，对潞安石圪节、大同永定、西山杜儿坪进行改扩建，使其生产能力由 225 万吨 / 年提高至 315 万吨 / 年，完成投资 5863 万余元。同时，地方国营煤矿改扩建的矿井 7 对，增加生产能力 64 万吨 / 年，完成投资 939 万余元。1963—1965 年三年经济调整时期，中直煤矿新开工改扩建矿井两对，设计能力分别由 21 万吨 / 年和 45 万吨 / 年，提高到 36 万吨 / 年和 90 万吨 / 年，完成投资分别为 1638 余万元和 1108 余万元。1966—1975 年，即国民经济"三五"和"四五"时期，虽有"文化大革命"干扰，山西中直煤矿根据煤炭部要求，仍将大同矿务局忻州窑等 11 对矿井列入改扩建计划，设计能力由 693 万吨 / 年增至 1429 万吨 / 年，累计完成投资 2.8 亿元。地方煤矿由于"文化大革命"干扰，1960—1973 年煤炭产量徘徊不前，为缓解全国煤炭供应紧张局面，1974 年由国家投资，对山西地方 20 对矿井开工进行改扩建，设计能力由 342 万吨 / 年扩大至 756 万吨 / 年，到 1975 年投产 6 对，净增生产能力 138 万吨 / 年，完成投资 94377 万元。

在新矿建设中，新中国成立初期，山西集中财力、物力，对 11 对中直矿井、4 对省营矿井、1 个阳泉矿务局矿井进行恢复重建，新建矿井设计能力为 672 万吨 / 年，累计完成投资 6797 万元。"一五"时期，山西中直煤炭恢复和新建矿井 27 对，设计能力为 1413 万吨 / 年，完成投资 1764.8 万元；地方煤矿重点建设 10 对矿井，设计能力为 450 万吨／年，完成投资 2228 万元。1958 年，山西煤矿建设在"大跃进"形势下，规模急剧膨胀，中直矿务局区开工新建矿井 57 对，其中 56 对是在 1958—1959 两年间一哄而上的，严重违背了客观经济规律，所以 43 对随即停建，造成巨大经济损失。"二五"时期，中直煤矿开工投产和在建完成项目共完成投资 1.00 亿元，停建项目投资 2768.9 万元。地方煤矿开工建设矿井 19 对、停建 9 对、投产 9 对，投产能力 267 万吨／年，完成投资 4940 万元。三年调整时期，1965 年中直煤矿新建汾西高阳矿井，设计能力 120 万吨／年，1973 年建成投产，共完成投资 6247 万元。开工新建晋城凤凰山斜井，设计能力 150 万吨／年，于 1970 年建成投产，完成投资 5743 万元。"三五"和"四五"时期，由于"文化大革命"的影响，山西煤矿建设规模缩小，速度减缓。10 年间，中直煤矿开工新建矿井 3 对，恢复矿井建设 1 对。地方国营煤矿先后开工新建矿井 17 对，设计能力 372 万吨／年，由于管理混乱、投资不足，到 1975 年底，17 对矿井只有 2 对矿井投产，设计能力仅仅 40 万吨／年，共完成投资 966 万余元。具体建设项目见表 2.1。

三、能源基地大规模建设时期

十一届三中全会后，我国进入改革开放的黄金时期，由于经济高速增长，能源短缺成为制约增长的主要瓶颈，国家确立了"优先发展能源工业"的方针，山西依托资源优势、地理区位优势和雄厚的煤炭工业基础，成为国家开发建设的重点。从此，山西开始了大规模、高强度开发的能源基地建设时期。

表 2.1　山西煤炭工业恢复与建设时期投资建设情况汇总表

		投资	项目	成效
恢复时期	设备投资	国家(亿元) 3.34	采煤设备 22 台,电钻 231 台,提升运输设备 149 台,通风设备 191 台,排水设备 156 台,煤车 2300 辆	半机械化率达 40%,工作面机械化率达 50%,巷道运煤机械化率 80%
	新建项目	国家(万元) 3218	3 个中直煤矿 11 对矿井,两个省营煤矿 4 对矿井重建;新建阳泉四矿七尺斜井	16 对矿井设计能力 672 万吨/年
"一五"时期	改造项目	国家(亿元) 1.41	大同煤峪口斜井等 8 对中直煤矿改扩建	设计能力由 253 万吨/年提高到 660 万吨/年
		地方(万元) 1689.71	地方国营列入国家计划的 8 对矿井改扩建	形成生产能力 126 万吨/年
	新建项目	国家(万元) 1764.81	恢复和新建矿井 27 对,设计能力 1413 万吨/年,投产 11 对	增加生产能力 756 万吨/年
		地方(万元) 2228	新建、恢复大同、太原、忻县、晋东南等 10 对矿井	设计能力 450 万吨/年
"二五"时期	改造项目	国家(万元) 5863	潞安石圪节立井、大同永定庄立井、西山杜儿坪改扩建	生产能力由 225 万吨/年提高到 315 万吨/年
		地方(万元) 939	地方国营 7 对矿井改扩建	增加生产能力 64 万吨/年
	新建项目	国家(亿元) 1.00	新建矿井 57 对(停建 43 对),投产 7 对	新增生产能力 778 万吨/年
		地方(万元) 4940	新建矿井 19 对(停建 9 对),投产 9 对	投产能力 267 万吨/年

续表

		投资	项目	成效
"三五" "四五" 时期	改造项目	国家 (亿元) 2.8	大同矿务局忻州窑等 11 对矿井改扩建	设计能力由 693 万吨/年提高到 1429 万吨/年
		国家扶持 地方 (万元) 943.77	大同姜家湾等 20 对矿井改扩建	设计能力由 342 万吨/年扩大至 756 万吨/年,净增产能 138 万吨/年
	新建项目	国家 (亿元) 1.20	汾西矿务局高阳立井、晋城矿务局凤凰山斜井	设计能力 270 万吨/年
		地方 (万元) 966	宁武东汾煤矿、大同吴官屯煤矿	设计能力仅 40 万吨/年

注：根据山西煤炭志编纂办公室《山西煤炭志资料长卷》和《山西煤炭大典》资料整理。

"五五"时期，山西煤炭工业建设投资由 1976 年的 1.6 亿元，增加到 1980 年的 4.66 亿元，矿井建设得以迅速发展。全省国家统配煤矿 63 对矿井，能力 4695 万吨/年。尽管如此，国民经济发展对煤炭需求急剧增长而造成的煤炭供应缺口仍很突出，国家又提出了"大中小一齐上，国家、集体、个人一齐上"的推动煤炭开采方针，在国家投入资金的带动下，在煤炭开采利好政策的推动下，地方国营和非国营煤矿也在快速发展，乡镇煤矿出现了迅猛增长的趋势。至 1980 年，地方国营煤矿 186 处，能力 2023 万吨；全省地方非国营煤矿达到 1066 个，乡镇煤矿 2671 处，年产原煤 4000 万吨以上。全省年产量达到 1.21 亿吨，实现总值 23.79 亿元。全省国营煤矿 5 年实现利润 22 亿元，上缴利税 28.05 亿元，极大地缓解了国家能源短缺。原煤产量由 1975 年的 7541

亿吨增加到 1980 年的 1.21 亿吨。

"五五"时期，由于全国经济建设的需要，山西把矿井改扩建当作煤炭建设的重要任务来抓，到 1980 年，中直煤矿续建了"四五"期间开工的 10 对改扩建矿井，净生产能力 500 万吨／年。同时新开工改扩建矿井 3 对，设计能力由 90 万吨／年，扩大至 150 万吨／年，完成投资 5552 亿元。开工新建矿井两对，完成投资 1984 万余元。地方国营新开工改扩建矿井 53 对，设计能力由 998 万吨／年扩大到 1858 万吨／年，共完成投资 2.9 亿元。开工新建矿井 12 对，总设计能力 281 万吨／年，完成投资 2527 万余元。

"六五""七五"时期，是山西煤炭工业高速发展时期。1980 年，中共中央和国务院作出建设山西能源基地的决策后，国务院和山西省政府组织 200 多个单位、1400 余名专家，对建设山西能源重化工基地进行深入的研究和论证。1983 年 2 月，编制出《山西能源重化工基地建设综合规划》（以下简称《规划》）：提出到 20 世纪末山西原煤产量达 4 亿吨的目标；确定对现有生产矿井进行改扩建和技术改造；充分发挥老矿区作用，在老矿区内或周围建新井，充分发挥老矿区在人力、物力、设施等诸方面支援新井建设的作用；重点建设一批新基地（如古交、平朔等），加快新井建设步伐；大力发展洗选加工、综合利用和坚持铁路先行等 8 条方针。确定了大同、宁武和平朔、常村新区在内的动力煤基地；建设阳泉、晋城无烟煤基地；发展西山、霍西煤田及河东煤田中、南段的炼焦煤基地。为山西煤炭工业稳步、健康、协调发展提供了科学的理论依据。

在国家《规划》指导下，"六五"期间，山西煤炭产业进入高速发展与大规模建设时期。煤矿工业矿井投资累计完成 29.4 亿吨，新增生产能力 1925 万吨。其中，国有重点煤矿投资 19.53 亿吨，新增生产能力 1284 万吨；地方煤矿投资 9.87 亿元，新增生产能力 641 亿吨。在旧矿改造中，中直 7 个矿务局对 7 对生产进行了改扩建，总设计能力由 810 万吨／年，扩大到 1710 万吨／年，完成投资 7.538 亿元。开工新建大中型矿井 10 对，总设计能力 2430 万吨／年，投资预算 25.325 亿元。1985 年中美合资开发的平朔安太堡一号矿井开工建设，设计能力为 1533 万吨／年，预算投资 6.5 亿美元，1987 年 9 月正式建设投产，其建设速度之快，世界罕见。地方中小煤矿此时主要以改扩建为主要形式，到 1985 年，地方国营煤矿新增设计能力 602 万吨／年，共完成投资 1.056 亿元。原社队所有的乡镇煤矿在这一时期也通过改扩建，净增生产能力 489 万吨／年，共完成投资 1.044 亿元。同时，地方国营煤矿开工新建矿井 12 对，总设计能力 501 万吨／年，投资预算 5.388 亿元。原煤产量从 1980 年的 1.21 亿吨猛增到 1985 年的 2.14 亿吨，增长 76.9%。

"七五"期间，山西煤矿产业在"五五""六五"基础上，继续高速发展。五年间矿井投资累计完成 50.83 亿元，是"六五"期间的 1.7 倍，新增生产能力 3264 万吨／年。其中国有重点煤矿投资 41 亿元，新增生产能力 2146 亿吨／年，地方煤炭投资 9.73 亿吨，新增生产能力 1118 万吨。中直煤矿开工新建设矿井两处，投产的新建矿井 5 处。地方国营煤矿开工新建矿井 14 处，"六五"结转的新建矿井有 7 对建成投产，总设计能力 41 万吨。乡镇煤矿开发新建矿井 9 对，设计能力 83 万吨／年，至 1990 年共完成投资 717 万元，均未投产，结转"八五"时期续建。平朔安太堡露天煤矿，1985 年 7 月开工，1987 年 9 月投产，建成了采矿及配套工程，形成年产原煤能力 1533 万吨／年。原煤产量从 1985 年的 2.14 亿吨增长到 1990 年的 2.86 亿吨，增长 33.6%。

"八五"期间，山西煤炭工业仍处于高速发展时期。投资不断攀升。五年间矿井投资累计完成 93.3 亿元，约为"五五""六五""七五"期间投资总额。新建矿井 80 处，新增生产能力 3042 万吨／年，其中国有重点煤矿投资 58.17 亿元，新建矿井 9 处，新增生产能力 1846 万吨；地方煤矿投资 34.87 亿元，新建矿井 71 处，新增生产能力 1196 万吨／年。1991 年，大同矿区四台矿、太原古交矿区东曲矿、阳泉矿区贵石沟矿 3 对特大型现代化矿井相继建成投产，不仅为山西，也为全国煤矿建设史增添了新的篇章。3 座特大型矿井的建成投产，年设计能力净增 1300 万吨，使山西省统配煤矿的设计能力超过 1 亿吨，进一步增强了统配煤矿的发展后劲。原煤产量从 1990 年的 2.86 亿吨增长到 1995 年的 3.47 亿吨，增长 21.3%。

山西煤炭工业在经历了"六五"时期的"有水快流"、"七五"时期以安全为中心的全面整顿后，"八五"时期山西地方煤炭工业步入稳步发展阶段，到 1995 年末，全省共有地方煤矿 6267 个（见表 2.2）。

四、煤炭工业结构调整时期

20 世纪 90 年代中期开始，尤其是 1997 年，亚洲金融危机爆发，煤炭市场供大于求。受宏观经济发展环境与煤炭市场双重影响，以资源开采和初加工为主体的山西煤炭经济大起大落。煤炭市场疲软、煤价一路走低，煤炭工业跌入谷底，关井压产成为必然。煤炭产业进入结构调整期。

1996—2000 年，山西煤炭工业发展速度首次放慢，投资与建设规模均有所下降。五年间矿井投资累计完成 78.97 亿元，与"八五"时期

表 2.2　山西能源基地大规模建设初期建设项目汇总表

		投资		项目	成效
"五五"时期	中直煤矿	(亿元)	4.16	潞安五阳、阳泉二矿、西山杜儿坪改扩建	设计能力由 396 万吨/年扩大到 885 万吨/年
	地方煤矿	(亿元)	2.9	改扩建矿井 53 对	设计能力由 998 万吨/年扩大到 1858 万吨/年
"六五"时期	中直煤矿	(亿元)	25.325	新建大中型矿井 10 对	设计能力 2430 万吨/年
	地方煤矿	(亿元)	5.388	地方国营煤矿开工新建 12 对	地方国营设计产能 501 万吨/年
"七五"时期	中直煤矿	(亿元)	41.1	开工新建古交屯兰矿(一期)、晋城成庄矿;镇城底矿、炉峪口矿、嘉乐泉矿、燕子山矿、马兰矿等 5 矿建成投产	新增产能 2146 万吨/年
	地方煤矿	(亿元)	9.73	地方国营煤矿开工新建 14 处	新增产能 1118 万吨/年
"八五"时期	中直煤矿	(亿元)	58.17	开工新建矿井 9 处	新增产能 1846 万吨/年
	地方煤矿	(亿元)	34.87	地方国营煤矿开工新建 71 处	新增产能 1196 万吨/年

注：根据山西煤炭志编纂办公室《山西煤炭志资料长卷》资料整理。

相比，投资减少了 14.06 亿元，新建矿井 50 处，新增生产能力 1618 万吨。其中，国有重点煤矿投资 61.04 亿元，新建矿井 3 处，新增生产能力 580 万吨；地方煤矿投资 17.94 亿元，新建矿井 47 处，新增生产能力 1038 万吨。"九五"期间，山西共建成高产高效矿井 29 座，其中包括古交矿区、阳泉贵石沟矿井、潞安常村矿井、晋城成庄矿井等一大批现代化矿井，尤其是 2000 年特大型现代化露天煤矿——安家岭矿进入调试、试生产阶段，标志着山西矿井建设达到了国际先进水平；与此同时，各级政府与煤炭管理部门重点展开关井压产工作，依法取缔非法开采和关闭不合理的小煤矿取得阶段性成果。到 2000 年年底，全省已累计关闭各类小煤矿 4051 处，压产 7980 万吨，小煤矿随意布点、越层越界、乱采滥挖现象得到初步遏制，办矿秩序和生产经营秩序趋于好转。到 2000 年年末，全省境内共有各类煤矿 5551 个，其中：国有重点煤炭企业共有生产矿井 68 个，地方国有矿 340 个，集体、乡镇及其他煤矿 5143 个，山西全部矿井生产能力约 3 亿多吨。原煤产量从 1995 年的 3.47 亿吨下降到 2000 年的 2.52 亿吨，下降 27.4%，全省煤炭行业出现前所未有的困难。

五、煤炭工业"黄金十年"发展期

进入 21 世纪后，煤炭需求旺盛、煤价持续上涨，煤炭工业又一次进入了投资与建设的高峰期。在此背景下，山西煤炭工业步入了"十年黄金"发展期。

2001—2010 年，是山西煤炭工业发展又好又快、对全省经济社会发展贡献突出的时期，这期间煤炭产业结构加速优化、发展方式加快转变。"十五"期间，山西煤炭工业飞速发展，投资与建设规模急剧膨胀。五年间矿井投资累计完成 214.25 亿元，其中，国有重点煤矿投资 129.23 亿元，新建矿井 7 处，新增生产能力 2386 万吨；地方煤矿投资 85.02 亿元，新建矿井 49 处，新增生产能力 1040 万吨。同时，山西煤炭工业着手结构调整，坚持上大扶优和关小淘汰并重，努力提高产业集中度和集约化水平。一方面围绕三大煤炭基地建设，加快推进了一批大型现代化高产高效矿井，另一方面，到规划期末，全省共关闭了4578个开采落后、浪费资源、安全没有保障、生产力低下的小煤矿。2005年，山西晋北、晋中、晋东三大煤矿基地共建有矿井4085处，其中国有重点矿96处、地方煤矿359处、乡镇煤矿3630处。全部矿井核定生产能力4.79亿吨。从2002年开始，随着煤炭价格的上涨，煤炭产业进入超常规发展阶段，煤炭产量大幅度增加。山西原煤产量从2000年的2.52亿吨，迅猛增长到2005年的5.54亿吨，增长1倍多，年均增长17.1%。

"十一五"期间，煤矿企业兼并重组取得重大成果。为了改变山西小煤矿呈现的"弱、小、散、乱"的格局，解决资源浪费、环境破坏、事故频发等问题，2009年，山西省委、省政府启动了煤矿企业兼并重组。2009年全省关闭矿井489处，2010年关闭了527处。全省重组整合累计关闭矿井1505处，基本完成淘汰落后产能2.6亿吨；又形成11个千万吨级以上的大型煤炭集团，72个300万吨的煤炭企业，从根本上改变了煤矿多、小、散、乱、差的状况；率先在全国煤炭行业进入全新的大矿发展阶段。到2010年末，全省煤炭行业办矿主体由2000多家减少到130多家，煤矿数量由"十五"期末的4278座减少到1053座，单井平均规模提高5倍，由16.8万吨提高到120万吨；初步构建了4个年生产能力亿吨级的特大型煤炭集团，3个年生产能力5000万吨级以上的大型煤炭集团；打造了7家全国500强企业；全省共建成安全质量标准化矿井318座，其中国家级54座，占到全国的22.3%；全省105座矿井被中国煤炭工业协会命名为"安全高效矿井"，占到全国的29%。采煤机械化程度达到81%，处于全国领先水平（其中：国有重点煤矿机采率 100%，综采率达到 96%）。

"十一五"时期，是山西煤炭工业发展又好又快、对全省经济社会发展贡献突出的时期。煤炭产量由 2005 年的 5.54 亿吨增加到 2010 年的 7.41 亿吨，平均每年以 2400 万吨的速度递增；5 年共生产煤炭 31.8 亿吨，比"十五"期间增加 10.5 亿吨，增长 49%，占全国同期煤炭生产总量的 23%；全行业实现销售收入 15576 亿元，比"十五"期间增增加 11134 亿元。2010 年全行业将突破 1500 亿元，比 2005 年增长 5 倍，超过"十一五"规划目标 500 亿元。全行业实现利润 1339 亿元，比"十五"期间增加 973 亿元，增幅为 267%。累计上缴税金 2151 亿元，比"十五"期间增加 1644 亿元，增幅为 324%。

"十一五"期间，全行业固定资产投入 2060 亿元，比"十五"期间增加 1699 亿元，增幅 4.7 倍。其中，非煤产业投资 925 亿元，比"十五"期间增加 825 亿元，增长 9.23 倍；矿井建设和改造投资 1135 亿元，比"十五"期间增加 874 亿元，增加 4.35 倍。全行业科技投入 288.36 亿元，比"十五"期间增加 153.8 亿元，增长 114%。2009 年省内 7 大煤炭企业用于科技投入的资金就达到 33.9 亿元，比 2005 年增加 20.16 亿元，增长 59.46%。共建造 21 个煤炭企业技术中心，省属五大煤炭企业集团全部建立了国家级技术中心，3 个博士后工作站全部投运。产、学、研机制已经形成，作用突出。"十一五"期间共有 265 项科技成果通过鉴定，有 268 项获省部级科技成果奖。潞安集团煤炭间接液化核心技术获国家发明专利 46 项，高纯度多晶硅提纯技术达到国际先进水平，"喷吹煤"认定为国家高新技术产品，"矿用救生舱"填补了国内空白，通过国家安全技术鉴定并获准生产，潞安集团被命名为"国家创新型试点企业"。

六、煤炭工业转型发展时期

"十二五"时期，是山西煤炭行业发展史上不凡的五年，国内煤炭价格出现有史以来最大幅度、最长周期的连续性下滑。煤炭价格的大幅度下跌，对煤炭大省山西的经济影响非常巨大，从一定意义上说，山西煤炭产业进入了转型发展期，即煤炭市场低迷形势下调整转型发展的历史时期。

"十二五"，积极应对煤炭市场下行压力，煤炭经济有了新发展。全省煤炭行业按照省委、省政府促进煤炭经济平衡运行的战略部署，认真贯彻落实"煤炭 20 条""17 条"和"减轻企业负责、促进工业经济60 条"等一系列重大政府措施。加强对煤炭经济运行的宏观调控和分析预测，引导企业科学组织生产经营；加强煤炭企业与电力等用户长期战略合作；严格落实国家和我省一系列煤炭脱困政策，全省煤炭经济保持了平衡发展态势。"十二五"时期，全行业累计生产煤炭 47 亿吨，比"十一五"增加 14.8 亿吨，增幅 46%，其中 2015 年生产 9.75亿吨。完成煤炭出省销售量 30 多亿吨，比"十一五"增加 5.5 亿吨，增幅 22%，实现销售收入增加 254.91%，实现税费增加 118.62%，2015 年出省销量 6 亿多吨。煤炭对全省规模以上工业经济增长的贡献率稳定在 55%以上。

努力夯实安全生产基础，煤炭安全生产形势有了新的转变。全行业牢固树立安全生产"红线"意识，责任意识和底线；全面推进安全质量标准化矿井建设，加强安全生产大检查，促进了煤炭安全生产。"十二五"比"十一五"时期，全省煤炭生产安全事故起数、死亡人数分别下降 65.22%和 78.02%；"十二五"时期，煤炭百万吨死亡率实现了"双零"以下目标，全省煤炭安全生产形势实现了由持续明显好转向稳定好转迈进。

全力推进煤矿建设，煤矿现代化水平有了新提升。全省煤炭企业兼并重组整合圆满完成，进入了大规模整合改造和现代化矿井建设阶段，需整合矿井多达 788 座，全行业克服各种不利因素的影响，坚持推进重组整合与加快现代化矿井建设相结合，全力推进煤矿现代化建设，矿井建设整体水平进一步提高。全行业累计完成固定资产投资 7497 亿元。"十二五"比"十一五"，煤矿固定资产投资增加 280%，"十二五"开工建设煤矿 729 座，投产 377 座。

积极推进循环多元发展，产业转型有了新进展。构建煤炭工业转型综改试验框架，编制了《转型综改试验区煤炭工业实施方案》，建立了全行业转型标杆项目储备库；煤炭循环经济园区和循环产业链条建设深入推进，积极推进煤制油、煤制烯烃、煤制天然气等一批转型重大项目，煤焦化、煤气化、煤液化产业链发展进一步加快；以"煤控电、煤参电、煤气化、煤液化电参煤组建新公司"为新模式，煤电联营、煤电一体化快速推进，全省主力火电企业 80% 以上实现了煤电联营，煤层气抽采利用大幅度增加。非煤经济已经成为煤炭经济的重要组成部分，以循环经济发展模式为特征的煤炭转型发展步入快车道。"十二五"非煤完成固定资产投资 2690 亿元，非煤项目固定资产投资增加 152%，非煤收入增加 696%。

第二节　山西煤炭产业的特点和贡献

中国能源的基本结构决定了煤炭在一次能源消费中的主导地位。新中国成立初期，国家的工业化路线确定了山西能源基地的地位，作为全国最重要的煤炭能源基地，山西一次能源生产、煤炭外运及外输焦炭均居全国前位，为中国经济发展、能源安全做出了巨大贡献。新中国成立至 2015 年底，山西累计生产原煤 166 亿吨，外调量超过 110 亿吨，供应全国 28 个省（市、自治区）用煤。未来一个时期，煤炭作为我国主体能源的地位不会发生根本性改变，山西作为我国重要能源供应基地，煤炭产业持续健康发展，不仅对山西国民经济发展起着举足轻重的作用，而且对国家能源安全发挥着重要的保障作用。

一、山西煤炭资源的特点

山西煤炭资源优势得天独厚，煤炭和煤层气储量非常丰富，煤炭品种齐全、煤质优良，开采自然条件和外部环境良好，是国家的重大煤炭基地。

（一）煤炭资源覆盖面广、储量大

煤炭资源覆盖面广、资源丰富、分布规律。据《山西省志·煤炭志》记载，截至 2010 年，山西全省 11 个地市均有煤，119 个县（市、区）中 101 个县（市、区）有煤，占县（市、区）总数的 84.9%；84 个县（市、区）有煤矿分布，其中主要产煤县（市、区）有 50 个；预测含煤面积 6.39 万平方公里，约占全省总面积的 40.7%。全省境内 98% 的煤炭资源集中分布于大同、宁武、河东、西山、霍西、沁水六大煤田，2% 散布于五台、繁峙、浑源、平陆、坦曲、广灵、灵丘、阳高等煤产地。山西煤炭资源不仅覆盖面广，而且煤类分布规律。炼焦煤主要分布在山西中部的太原西山煤田和霍西煤田以及西部的河东煤田。动力煤和无烟煤分布在山西北部的大同矿区、平朔矿区、河曲矿区，以及沁水煤田大部分矿区。2002 年末，随着经济全面加速，能源需求持续

增加，2004 年 9 月，国家制定了大型煤炭基地总体规划方案，国家规划建设包括山西北部动力煤（同煤、中煤平朔 2 个亿吨煤炭集团）、中部炼焦煤（焦煤集团）、东南部无烟煤（阳煤、潞安、晋煤）三大煤炭生产基地在内的 14 个大型煤炭基地。

晋北大型煤炭基地位于山西省太原市以北地区，行政区划隶属于山西省大同市、朔州市、忻州市，太原市娄烦县，吕梁市岚县。包括大同、宁武和河东煤田北部三大煤田，是我国特大型动力煤生产基地，也是最大的动力煤调出基地之一。

晋中基地位于山西省中部的太原市、吕梁市、临汾市和晋中西部，局部位于长治市和运城市。北部与晋北煤炭基地相邻，西部以太原组（山西煤田含煤建造以太原组和山西组为主，太原组在山西省境中东部阳泉到武乡一带）煤层埋深 1300 米为界，局部隔黄河与陕北煤炭基地相望，南以煤层露头和断层为界，东与晋东煤炭基地相邻，是我国最大的炼焦煤生产基地。

晋东基地位于山西省南部，包括阳泉、长治、晋城和晋中等市，西部与晋中煤炭基地相邻，北、东、南部以煤层露头线为界，是我国最大和最重要的优质无烟煤生产基地和调出基地，紧邻东部消费中心，地理位置优越。

煤炭资源储量大。我国煤炭资源总量 5.9 万亿吨，2014 年中国煤炭探明储量为 1145 亿吨，中国煤炭已探明储量的世界占比为 12.84%（美国为 26.2%、澳大利亚为 8.57%、俄罗斯为 17.61%）。

山西是我国煤炭资源储量大省。据《山西省志·煤炭志》记载，截至 2010 年，预测山西煤炭资源储量 8710 亿吨，仅次于新疆、内蒙古，居全国第三位。煤炭资源总量 7250 亿吨，其中埋深浅于 2000 米的煤炭资源储量 6400 亿吨，2000 米深的煤炭储量 850.06 亿吨。其中，累计探明资源储量 2539.66 亿吨，保有资源储量 2500.91 亿吨，预测潜在资源量为 3899.14 亿吨（深于 2000 米以下）。又据 2014 年相关资料显示，山西已累计探明煤炭资源储量 2943.3 亿吨，保有查明煤炭资源储量 2664 亿吨，占全国资源储量的 22.6%，位居全国第二位（见图 2.1）；其中，山西六大煤田资源储量情况见表 2.3。山西已占用煤炭资源储量约 1500 亿吨，尚未利用保有查明资源储量 1188 亿吨。山西炼焦煤查明资源储量 918 亿吨，占全国炼焦煤查明资源储量 2803 亿吨的 33%，排第一位。其中最优质的肥煤、焦煤储量 523 亿吨，占全国的储量 1021 亿吨的 54%。据 2014 年山西省国土厅资料显示：山西煤炭预测远景资源储量 6652 亿吨，累计探明资源储量 2940 亿吨，历年累计动用资源储量 246 亿吨，截至 2014 年，山西保有资源储量为 2694 亿吨，全国位居新疆、内蒙古之后，列第三位，其中地市保有煤炭资源储量情况见表 2.4。根据 2006 年度山西省矿产资源储量表和山西省第三次煤田预测资料，山西省炼焦煤资源储量 2845.44 亿吨，其中查明保有资源储量 1551.87 亿吨，山西省炼焦煤查明保有资源储量占全国炼焦煤查明保有资源储量的 58.3%，居全国炼焦煤查明保有资源储量的第一位。

据相关资料显示：2013 年山西煤炭基础储量为 906.8 亿吨，占全国基础储量 2362.9 亿吨的 38.38%。从近 10 年看，山西基础储量是下降的，但占全国的比重是上升的，从 2004 年的 30.83% 提高到 2013 年的 38.38%。具体情况见表 2.5。

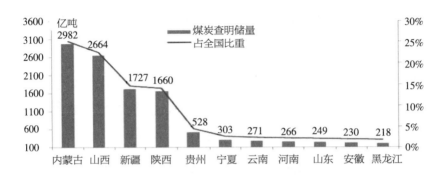

图 2.1　2007 年底全国 200 亿吨以上煤炭资源储量省份及占比

数据来源：《中国山西煤炭资源储量分析》，中商情报网(http://www.askci.com/)，2014-04-08。

表 2.3　山西省六大煤田资源储量

（单位：万平方公里，亿吨）

	煤田面积	查明保有资源储量	预测资源储量	资源储量合计
大同煤田	0.17	373	0	373
宁武煤田	0.32	412	328	740
西山煤田	1.73	516	1304	1820
河东煤田	0.18	193	0	193
霍西煤田	0.58	309	189	498
沁水煤田	2.73	843	1954	2798
五大煤产地	0.14	6	124	130
合　计	5.9	2653	3899	6552

数据来源：《中国山西煤炭资源储量分析》，中商情报网(http://www.askci.com/)，2014-04-08。

表2.4 全省地市煤炭保有资源储量情况（2013年底）

（单位：亿吨，%）

行政区	保有资源储量	占全省保有资源储量的百分比	估算可采储量
太原市	147	5.50	95.55
大同市	226	8.40	146.9
阳泉市	79	2.90	51.35
长治市	278	10.30	180.7
晋城市	258	9.60	167.7
朔州市	281	10.40	182.65
晋中市	273	10.10	177.45
运城市	6	0.20	3.9
忻州市	258	9.60	167.7
临汾市	413	15.30	268.45
吕梁市	476	17.70	309.4
合 计	2695		1751.75

资料来源：《中国山西煤炭资源储量分析》，中商情报网（http://www.askci.com/），2014-04-08。

表2.5 2013年山西煤炭基础储量及占比情况

（单位：亿吨，%）

	全国	山西	占全国比重
2004年	3373.40	1040.10	30.83
2005年	3326.35	1054.82	31.71
2006年	3334.80	1051.66	31.54
2007年	3261.26	1056.13	32.38
2008年	3261.44	1061.51	32.55
2009年	3189.60	1055.50	33.09
2010年	2793.90	844.01	30.21
2011年	2157.90	834.59	38.68
2012年	2298.86	908.42	39.52
2013年	2362.90	906.80	38.38

数据来源：《中国山西煤炭资源储量分析》，中商情报网（http://www.askci.com/），2014-04-08。

煤层气资源量大。山西省各主要煤田均赋存有煤层气资源，据《山西省煤炭工业"十一五"发展规划》中的统计数据显示：全省含气总面积约为59223平方公里，其中2000米以浅含气面积为39011.8平方公里，估算煤层气资源量为10.3952万亿立方米，约占全国煤层气资源量31.46万亿立方米的三分之一（见图2.2）。

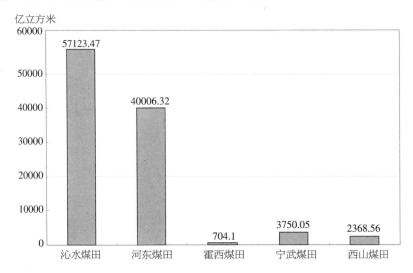

图2.2　山西各煤田煤层气分布情况

数据来源：《山西省煤炭工业"十一五"发展规划》。

（二）煤质资源品种齐全、煤质优良

山西省不但煤质资丰富，而且源煤种分布最为齐全，煤质优良可满足电力、冶金、煤化工等多方面的需要。煤质主要指标变化有规律，北部灰分高于南部，南部硫分高于北部。

资源品种齐全。山西省煤种分布最为齐全，共有九大煤炭品种，分别是气煤、肥煤、焦煤、瘦煤、无烟煤、贫煤、长焰煤、弱黏结煤、褐煤（见图2.3）。其中焦煤、气煤、肥煤、瘦煤、无烟煤各占全国同煤种的50%左右。从北部的动力煤、中部的炼焦煤，到东南部的无烟煤，形成了三大煤炭生产基地。

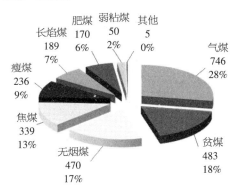

图2.3　山西各煤种储量及占比

数据来源：《中国山西煤炭资源储量分析》，中商情报网(http://www.askci.com/)，2014-04-08。

按照三大煤种分类，炼焦煤1506.62亿吨，占探明储量的57.8%；动力煤726亿吨，占探明储量的27%；无烟煤507.57亿吨，占探明储量的19.5%（见图2.4）。

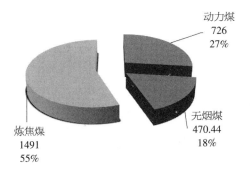

图2.4　三大煤种中优质炼焦煤无烟煤占比

数据来源：《中国山西煤炭资源储量分析》，中商情报网(http://www.askci.com/)，2014-04-08。

煤质优良、易开采。大部分为低硫、低灰、高发热量。地质构造较为简单，开采条件好。

山西煤炭具有"三低两高一强"的特点，即低硫、低灰、低磷，高发热量、高挥发分，黏结性强。2004年，国家规划建设13个大型煤炭基地，"十二五"将新疆列入，共建设14个大型煤炭基地，其中山西境内有晋北、晋中和晋东三个基地。晋北基地包括大同、宁武和河东煤田北部三大煤田，是我国特大型动力煤生产基地，也是最大的动力煤调出基地之一。2009年底，基地煤炭资源总量1230亿吨，其中规划资源量862亿吨。煤种以弱黏结煤和气煤为主，具有低灰、低硫、高发热量的特点，是优质的动力煤，可作火力发电和配焦用煤，基地大部分煤层深度一般不超过600米，煤层数量多厚度大，赋存稳定或较稳定，瓦斯含量低，大同煤田的弱黏结煤以硫分和灰分低、发热量高而饮誉中外，大同煤田南部和宁武煤田的气煤，都以储量大、质量优而闻名全国。晋中基地位于太原市、吕梁市、临汾市和晋中市西部，局部位于长治市和运城市，是我国最大的炼焦煤生产基地，2009年底，煤炭资源总量1800亿吨，其中规划资源总量1243亿吨，基地赋存有丰富的焦煤、肥煤和瘦煤等炼焦配煤资源，三个煤种分别占全国的35%、40%和70%，均属国内稀缺煤种。河东煤田离石、柳林、乡宁矿区的低硫、低灰主焦煤被誉为煤中的"精粉"。晋东基地位于山西省东南部，包括阳泉、长治、晋城和晋中等市，是我国最大和最重要的优质无烟煤生产基地和调出基地。2009年底，煤炭资源总量1220亿吨，其中规划资源量693亿吨，以无烟煤为主，煤质优良，主要产品无烟煤块是化肥生产的重要原料，在全国化肥用煤、高炉喷吹市场占有重要地位，基地赋存丰富的煤层气资源，含气量高、渗透性好，其中，沁水煤田晋城矿区的"兰花炭"更是名闻遐迩。[1]

（三）煤炭资源配置情况

煤炭资源配置情况：据 2014 年山西省国土厅资料显示：通过行政审批和有偿出让的方式，已配置给批准保留的 1053 座煤矿资源储 1235 亿吨。其中，配置给 226 座国有煤矿 475 亿吨，占已配置储量的 38.5%；配置给 549 座国有控股煤矿 565 亿吨，占已配置储量的 45.7%；配置给 278 座民营煤矿 195 亿吨，占已配置储量的 15.8%。已配置给 75 宗煤炭探矿权资源储量 214 亿吨，其中，国有企业 27 宗，勘探面积 963.91 平方公里，配置资源储量 137.57 亿吨；民营企业 48 宗，勘查面积 955.22 平方公里，配置资源储量约 76.21 亿吨。2014 年底，山西未配置的煤炭资源储量为 1245 亿吨。

煤矿数量情况：经过 2006 年、2009 年两轮整合重组，全省煤矿数量锐减（第一轮由 4358 个整合重组为 2598 个，第二轮整合重组后有 1079 个）。2012 年至今，山西煤炭进入现代化发展阶段，俗称"大矿时代"，全省关闭淘汰了 30 万吨 / 年以下矿井。在这一阶段，全省煤炭产业积极推进由"粗放型"向"集约化"转变，坚持以煤为基、多元发展，努力摆脱"一煤独大"，积极探索实践具有山西特色的煤炭产业转型发展新路子。据相关资料显示，目前仍有 1079 个煤矿（生产矿井 491 个，建设矿井 222 个，停产停工矿井 366 个），办矿主体企业由 2200 多个减少至 171 个。据 2014 年山西省煤炭工业厅资料显示：全省共有煤炭主体企业 169 个，共有各类煤矿 1077 座（兼并重组保留 1053 座，国家新核准 24 座）。

---

[1] 山西省煤炭资源概况 http://coal.nengyuan.net/2010/0331/50771.html.

二、山西煤炭产业在全国的地位

煤炭在中国能源消费中具有绝对主导地位，2015 年，煤炭占中国一次能源生产和消耗的 72% 和 64%，煤炭的火电装机占总装机的 65.9%，发电量占总发电量的 73.1%。山西是全国的煤炭大省，在全国煤炭工业格局中具有举足轻重的地位。山西煤炭产业经过改革开放 30 多年的发展，特别是 2009 年的煤炭资源整合和煤炭企业兼并重组后，煤炭资源更集中、管理更统一、资源利用率更高，企业生产效率及企业利润率等都有所提高。山西煤炭产业不仅对全省国民经济发展起着举足轻重的作用，而且对国家能源安全发挥着重要的保障作用。

（一）煤炭生产量、外运量大

山西是全国最大的产煤省之一，据《山西省"十三五"煤炭工业发展规划》显示：新中国成立以来至 2015 年，山西累计生产煤炭 166 亿吨，占全国总产量的约 1/4。外调煤炭近 110 亿吨，外调量约占到全国的 80%，供应全国 28 个省份，外运量占全省产量的 60% 以上；焦炭产量和外调量分别占全国的 40% 和 60%，为国家现代化建设和民生保障做出了重要贡献。

20 世纪 80 年代，山西煤炭产量占到全国产量的近 1/3，随着国家西部大开发战略的实施，山西煤炭产量占全国产量的比重有所下降，但 2000 年后，随着经济快速发展，我国对煤炭需求的日益增加，截至 2015 年底，山西全省煤矿已形成和批准的总产能为 14.693 亿吨／年，约占全国煤矿总产能的 27.5%。煤炭产量从 2000 年的 2.5 亿吨增加到 2014 年的 9.767 亿吨，再次超过内蒙古的 9.08 亿吨，2010 年以来重回第一产煤大省的地位，煤炭产量约占全国煤炭产量的 25.2%；2015 年产煤 9.7 亿吨。与 2014 相比，虽产量略有下降，但却仍保持全国前两位，仍然占到全国产量的 1/4 以上。2016 年，山西煤炭产量 8.32 亿吨，同比减少 1.43 亿吨，占全国 34.5 亿吨的 24.1％（见图 2.5）。

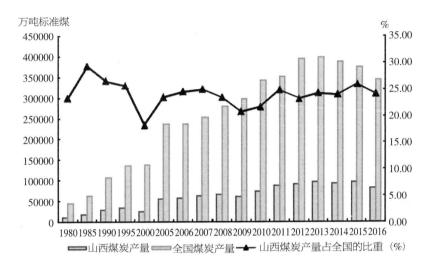

图 2.5 1980—2016 年山西、全国煤炭产量及山西占全国产量的比重

数据资料来源：历年中国统计年鉴和山西统计年鉴。2016 年全国煤炭产量数据来源于中国投资咨询网，2016 年全国煤炭行业经济运行情况及数据分析，2017-03-02。

山西煤炭不仅出产量大，而且外调量也逐年增多。2009 年，山西煤炭外调量为 4.35 亿吨，到 2015 年达到 6.24 亿吨，增长 43.5％。其中，2013 年，外运量达到 6.2 亿吨，占全部产量的 65％。2014 年，外运量达到 6.6 亿吨，占全部产量的 67.6％。2015 年产量同比略有减少，为 9.67 亿吨，但外运量仍达 6.24 亿吨，仍占全部产量的 65％。与 2015 年相比，2016 年煤炭产量下降了 1.4 亿吨，但外运量仍占全部产量的 68.7％，是近几年外运量占比的最高水平，山西煤炭在全国能源供给中的地位依然重要（见图 2.6）。

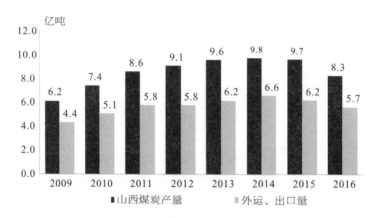

图 2.6　2009—2016 年山西省煤炭产量和外运量

（二）焦炭产量、外输量均居全国前列

　　山西作为炼焦煤资源大省，同时也是焦炭生产大省，焦炭产量在全国持续保持第一，约占全国总产量的四分之一或五分之一。中国城市化、工业化进程的深入推进，带动冶金行业的发展，进而拉动焦炭市场需求的大幅增加。2005 年，山西焦炭产量占全国产量的 30%，到2010 年下降为 22%，2014 年为 18.3%,2015 年为 18%，近些年虽然产量比重下降，从表 2.6 中可以看出，山西焦炭产量趋于稳定，保持在9000 万吨左右，焦炭外调量在 6000 万吨左右，但外调比重逐年增加。2014 年山西焦炭产量为 8766 万吨，同比下跌 3.4 个百分点，但外调量为 7281.18 万吨，同比增长 12.4 个百分点，外调比重同比增长 11 个百分点。2015 年产量为 8040 万吨，国比下降 8.3%，但外调量仍达 5901万吨。近些年，虽然产量受煤炭市场低迷影响有所下降，但外调量仍占全省产量的 70%以上，焦炭产量基本保持在全国总产量的 1/5 左右（见表 2.6）。

表 2.6　2005—2016 年山西焦炭产量与全国焦炭产量比较

(单位：万吨、%)

	2005	2010	2011	2012	2013	2014	2015	2016
山西焦炭产量	7981	8505	9010	8608	9022	8766	8040	8186
山西焦炭外调量(含出省、出口)	5474	6121	6505	5827	6476	7281	5901	7059
全国焦炭产量	26512	38658	43433	43831	48348	47981	44778.2	44763.0
山西焦炭外调量占生产量比重	68.6	72.0	72.2	67.7	71.8	83.1	73.4	86.2
山西焦炭产量占全国焦炭产量的比重	30.1	22.0	20.7	19.6	18.7	18.3	18.0	18.3

数据来源：《中国能源统计年鉴（2015）》、"山西焦炭外调量（含出省、出口）"来源于历年《山西统计年鉴》。

注：2016 年全国焦炭产量数据来源于，中商产业研究院，中商情报网，2016 年 1-12 月中国焦炭产量数据统计，2017-01-24。

(三) 外送电量占全省发电量的 30%左右

伴随着全国工业化、城市化进程的快速进行，全国能源需求不断上升，山西电力受到大都市的青睐。山西火力装机容量快速发展，发电量与外调电量也呈现出逐年增加的态势。2012 年，山西装机容量为 5800 万千瓦，2013 年为 6095 万千瓦，2014 年为 6306 万千瓦，到 2015 年，山西装机容量达到 6966 万千瓦，火电为 5561 万千瓦时，占总装机容量的 87.55%，预计到 2020 年，总装机容量将突破 1.2 亿千瓦。随着装机容量的逐渐扩大，山西发电量和外输电量不断增加。从表 2.7 中可以看出，2013 年全省发电量为 2527.6 亿千瓦时，比 2005 年增长了 95.7%，比 2010 年增长了 20.1%；外送电量达到 806.8 亿千瓦时，比 2005 年增长了 118.5%，比 2010 年增长了 9.6%；2014 年全省发电量为 2546.0 亿千瓦时，外送电量达到 851 亿千瓦时，是近些年的最大值。与 2014 年相比，2015 年发电量和外送电量虽略有下降，但仍高于 2011 年前的水平。外调电量占发电总量的比重在 2010 年达到峰值 35% 后，在占发电量 1/3 处震荡，外输电力占全省发电量的 30% 左右。与 2015 年相比，2016 年虽发电量下降，但外送电量同比增加了 59 亿千瓦时，外送电量比重又提高到 34.7%，是 2011 年以来的最高比重（见表 2.7）。

表 2.7 近年来山西发电量与外送量

（单位：亿千瓦时、%）

	发电量	调给外省市	外送电量占发电量比重
2005	1291.7	369.3	28.6
2006	1502.5	432.2	28.8
2007	1734.8	462.6	26.7
2008	1772.8	485.6	27.4
2009	1848.8	641.2	34.7
2010	2104.4	735.8	35.0
2011	2296.5	694.3	30.2
2012	2443.0	799.6	32.7
2013	2527.6	806.8	31.9
2014	2546.0	851.0	33.4
2015	2318.6	743.1	31.2
2016	2309.3	802.1	34.7

数据来源：历年山西统计年鉴。

三、山西煤炭产业在山西的地位

20 世纪 80 年代，是我国各行各业发展的黄金时期。由于经济高速增长引起了能源短缺。因此，国家制定了"优先发展能源工业"的战略方针，山西依托其资源优势、区位优势和在此之前形成的煤炭工业基础，成为国家重点扶持和发展的省份。自此，山西开始了大规模的能源开发建设时期，山西煤炭产业成为确保全国经济快速发展、能源安全的重要保证。山西煤炭工业在新中国成立以来不断发展壮大，生产能力大幅提高，产销量快速增长，为全省经济综合实力的增强、国民经济持续快速发展做出巨大的贡献。

（一）从工业产业结构演变来看，煤炭工业比重大

新中国成立以来，国家、地方对山西煤炭工业大规模投入，煤炭工业投资长期占据工业投资的主导地位，煤炭工业成为山西省的主导产业、支柱产业。历年来，全省煤炭工业增加值占全省地区生产总值、占工业增加值的比重都很大。

从 2005 以来，煤炭工业增加值占地区生产总值的比重增加较快，从 2005 年的 16.1% 猛增到 2011 年的 32.81%。2011 年，煤炭工业增加值占地区生产总值达到近些年的峰值。2012 年仍达 31%，2013 年开始下降，从 27.4% 下降到 2016 年的 14.7%，基本与十几年前持平（见表 2.8）。山西煤炭工业是全省的重要支柱产业。从工业内部产业结构来看，十多年来煤炭工业增加值占工业增加值比重都很高，从 2000 年的 26.9% 上升到 2007 年的 38.6%，2007 年以后又猛增到 2011 年的 61.0%，2013 年后逐渐减小，到 2015 年煤炭工业增加值占工业增加值的比重下降到 47.5%，2016 年为 48.3%，但仍接近 50% 的水平，高于 2008 年前的比重（见图 2.7）。多年来，山西以煤炭为主的工业产业结构基本没有太大改变，山西煤炭是全国能源保障的主力军，也是山西经济发展的顶梁柱。2013 年，煤炭形势不好，山西煤炭工业增加值为 3458.6 亿元，占同期地区生产总值的 27.44%，同比下降 3.59 个百分

点,但煤炭工业对全省规模以上工业经济增长的贡献率仍为57.6%,拉动全省规模以上工业增加值6.1个百分点,煤炭工业实现利润329.6亿元,占全省比重为60.2%。

表2.8 2005—2016年山西煤炭工业增加值占地区生产总值的比重

(单位:亿元、%)

年度	地区生产总值	工业增加值	煤炭工业增加值	煤炭占地区生产总值比重	煤炭增加值占工业增加值的比重
2005	4179.5	1756.7	674.7	16.1	38.4
2006	4752.5	2148.4	841.4	17.7	39.2
2007	5733.4	2811.6	1086.5	19.0	38.6
2008	7055.8	3604.2	1908.9	27.1	53.0
2009	7358.3	3313.0	1952.7	26.5	58.9
2010	9200.9	4591.5	2681.0	29.1	58.4
2011	11237.6	6046.6	3687.2	32.8	61.0
2012	12112.8	6230.2	3758.5	31.0	60.3
2013	12602.2	6006.1	3458.6	27.4	57.6
2014	12761.1	5068.7	2623.1	20.6	51.8
2015	12766.5	3965.0	1885.2	14.8	47.5
2016	12966.2	3948.9	1907.9	14.7	48.3

数据来源:历年山西统计年鉴。

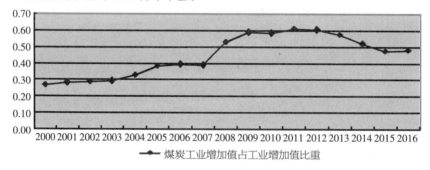

图2.7 2000—2016年山西煤炭工业增加值占工业增加值比重

数据来源:根据历年山西统计年鉴数据绘出。

（二）从就业结构演变来看，采矿业就业比重逐年增加

在改革开放初期，国家为解决能源供应不足的问题，将山西确定为全国能源基地，以保证全国能源供给平衡。在那个时期开采技术落后，煤炭开采主要依靠的是大量的人力资源。进入 21 世纪后，虽然随着开采工艺的不断提升，大量煤矿工人从采掘业中脱离出来，但煤炭采掘业从业人员仍在山西劳动力资源中占有很大的比重，采矿业给山西劳动力提供了更多的就业机会。从表 2.9 中可以看出，2005 年山西采矿业从业人员为 134.2 万人，占当年全省劳动力资源数 2374.2 万人的5.65%；到 2013 年山西采矿业就业人数达到 183.3 万人，占当年全省劳动力资源数据的 6.68%，为历史最高点；2015 年山西采矿业从业人员到达 170 万人，占当年全省劳动力资源数的 6.15%，虽然比 2013 年的历史最高点回落了 0.53 个百分点，但仍比 2005 年增加 0.5 个百分点。与 2015 年相比，2016 年，山西采矿业从业人数减少 25.7 万人，比重下降了 0.85 个百分点，但仍与 2005 年水平相当，占全省劳动力资源总数的 5.3%。总体来看，近些年，山西采矿业的就业人数占全省劳动力资源人数的比重是逐年增加的，采矿业提供的就业机会逐年增加。

（三）从收入结构演变来看，煤炭工业贡献大

山西是我国典型的资源型经济省份之一，全省 119 个县（市、区）中有 94 个有煤。煤炭在我省经济发展中具有举足轻重的地位。新中国成立 60 多年来，山西累计产煤 160 多亿吨，"煤焦冶电"等产业长期占据经济主导地位，煤炭产业上缴的税费占到财政收入的 40%左右。每当煤炭工业运行困难时期，就出现企业效益下滑、财政增收难度加大的问题，使经济总量盘子难以做大做强。

表 2.9　2005—2016 年山西省采矿业就业人数与年末劳动力资源数比较

（单位：万人、%）

年度	年末劳动力资源数	采矿业就业人数	采矿业就业人数占年末劳动力资源数的比重
2005	2374.2	134.2	5.65
2006	2412.5	137.6	5.70
2007	2468.5	147.9	5.99
2008	2506.5	147.7	5.89
2009	2541.8	150.3	5.91
2010	2578.3	155.1	6.02
2011	2690.0	162.7	6.05
2012	2719.8	169.5	6.23
2013	2744.4	183.3	6.68
2014	2760.0	178.1	6.45
2015	2762.8	170.0	6.15
2016	2724.0	144.3	5.30

数据来源：历年山西统计年鉴。

1. 从财政收入情况来看，煤炭税费占财政收入比重大

相关资料显示：从 1995 年起，煤炭行业税收由 32.1 亿元上升到 2012 年的 1072.31 亿元，占财政总收入比重也相应地由 1995 年的 24.81% 增长到 2012 年的 40.46%。表明山西产业发展的主要路径是依赖煤炭行业。受煤炭市场需求低迷影响，2013 年山西煤炭税费 1078.6 亿元，占财政总收入的 39.6%，山西煤炭税费收入占财政总收入的比重下降，但煤炭税费仍占财政总收入的近 4 成。

据相关资料显示，2011 年煤炭地方税费 456.6 亿元，占地方公共财政收入的 37.6%；2013 年煤炭地方税费收入 559.6 亿元，占地方公

共财政收入的 32.9%，也呈下降态势，但其比重仍保持在 1/3 左右。
2014 年前三季度煤炭地方税费 494.2 亿元，占地方公共财政收入的
34.1%，充分表明煤炭行业对山西地方经济发展的支撑作用显著（见
表 2.10）。

表 2.10　2011—2014 年 1—9 月煤炭税费占财政收入比重

（单位：亿元，%）

年度	地方公共财政收入	煤炭地方税费	煤炭地方税费占地方公共 财政收入比重
2011	1213.43	456.6	37.6
2012	1516.38	569.8	37.6
2013	1701.62	559.6	32.9
2014 年 1—9 月	1447.8	494.2	34.1

数据来源：财政厅相关统计资料。

2. 从外汇收入来看，矿产品出口比重大

山西焦炭以其独特的优势一直受到客户的好评，并在 21 世纪初占
据山西省出口商品总额的半壁江山。2008 年第四季度开始的席卷全球
的经济危机严重影响了世界各国工业生产，山西焦炭受此影响颇深，
焦炭出口额下降明显，但这并不能磨灭山西焦炭曾经的辉煌。从表
2.11 中可以看出，2008 年以前山西矿产品出口额占全省出口总额的
1/3 强，2005 年矿产品出口额占比最高，为 47.1%；由于金融危机，
在 2009 年呈现出断崖式下跌，矿产品出口额仅占全省出口总额的
12.8%；虽然于 2010 年和 2011 年有所回升，但市场需求疲软，矿产
品出口下降明显，到 2014 年和 2015 年山西省矿产品出口占比跌至

表 2.11 2005—2016 年山西矿产品出口额及占全省出口总额的比重

(单位: 万美元、%)

	山西矿产品出口额	山西省出口总额	山西矿产品出口额占全省出口额的比重
2005	166207	352871	47.1
2006	154757	414030	37.4
2007	224323	653296	34.3
2008	412336	924474	44.6
2009	36378	283836	12.8
2010	122893	470930	26.1
2011	130514	542823	24
2012	59540	701620	8.5
2013	43978	799649	5.5
2014	36318	894222	4.1
2015	21387	842091	2.5
2016	63964	993219	6.4

数据资料来源: 历年山西统计年鉴。

4.1%和2.5%, 为历年最低。2016 年略有回升, 占到全省出口额比重的 6.4%, 高于 2015 年 3.9 个百分点。

(四) 从投资结构演变来看, 煤炭产业投资比重高

固定资产的投资结构决定了经济发展的方向。从 "六五" 时期开始, 在传统能源重化工基地建设战略的推动下, 重工业与轻工业基本建设的投资比例持续、急速上升。

从山西对煤炭产业的投资情况来看, 改革开放以来, 煤炭市场好,

在巨额利润的驱动下，山西煤炭产业一直受到投资者的青睐，大量的社会资本涌向煤炭产业（见表2.12）。煤炭工业投资占工业投资的比重很高，从1978年的32.4%猛增到1990年的46.1%，投资比重达到近些年的最高水平。受2009年金融危机影响，2000年略有下降，2010年后又增高到36.9%。2012年以来，煤炭市场不好，投资有所下降，但投资占比仍然很高，2013年仍达到24.6%，2014年和2015年分别下

表2.12 历年煤炭工业投资占工业投资比重

（单位：万元）

年 份	工 业	煤炭工业	煤炭工业投资占 工业投资比重
1978	130534	42326	32.43
1980	158672	61543	38.79
1985	503455	179652	35.68
1990	704105	324577	46.10
1995	1259735	473255	37.57
2000	2532148	365536	14.44
2005	10660374	2587510	24.27
2010	25201300	9295058	36.88
2013	47004222	11579546	24.64
2014	50524764	10780765	21.34
2015	52831396	10481658	19.84
2016	49616253	7691758	15.50

数据资料来源：山西统计年鉴。

降为 21.3% 和 19.8%。2016 年进一步下降，投资占比为 15.5%。与上一次经济低迷时期持平。"十二五"以来，虽然山西不断优化投资结构，非煤产业投资占工业投资的比重达到 78.7%，但煤炭产业仍占 20% 以上。

（五）从企业结构来看，重工业和煤炭企业数量多

20 世纪 90 年代，山西也曾涌现出了一大批全国知名品牌，如早于海尔、在北京销售份额达到 50% 以上的海棠洗衣机；先于长虹、行销全国 13 个省市的春笋电视机；名列全国第三，与春都、双汇齐名的同风熟肉，以及杏花村汾酒、益源庆老陈醋、"远"字牌龟龄集、广誉远定坤丹、三餐源食品、经纬细纱机、华杰电子表、大光香烟、环球自行车等。但由于长期以来产业政策向以煤炭为主的重工业的过分倾斜，使得其他产业在资金、设备、人才配置、项目审批等方面得不到应有重视，这些知名品牌在 20 世纪 90 年代纷纷陨落。通过统计数据看出，在 1978 年之前，山西轻工业单位数略多于重工业数，但 1978 年以后，重工业的发展速度很快，到 1995 年重工业单位数达到了 8006 个，比轻工业 4080 的单位数多出近 1 倍，这些企业数主要增加在煤炭、焦炭、冶炼等工业上。近几年，虽然重工业绝对数量有所下降，但比重仍然很高，尤其是 2005 年到 2016 年，重工业企业数量的比重一直占到 80% 以上。2013 年、2014 年、2015 年和 2016 年，重工业企业数分别占到全部工业企业数的 85.3%、84.3%、83.7% 和 83.2%（见表 2.13）。

表 2.13　主要年份重工业企业单位数占工业企业单位数的比重

（单位：个）

年　份	工业企业单位数	按轻重工业分		
		轻工业	重工业	重工业比重
1978	9381	4463	4918	52.4
1980	9533	4528	5005	52.5
1985	11004	4875	6129	55.7
1990	12122	4922	7200	59.4
1995	12086	4080	8006	66.2
2000	3275	944	2331	71.2
2005	4441	761	3680	82.9
2010	4240	737	3503	82.6
2013	3979	586	3393	85.3
2014	3906	614	3292	84.3
2015	3845	625	3220	83.7
2016	3548	595	2953	83.2

数据资料来源：历年山西统计年鉴。

煤炭亿元以上企业数占工业比重大。据《2012 年山西省规模以上工业企业运行报告》显示：全省亿元以上工业企业共计 1982 户，较上年同期增加 285 户，其中煤炭工业、冶金工业亿元以上企业超过 200户，分别为 848 户、292 户，单位数占相应行业规模以上工业比重的73.0%、50.9%。煤、焦工业亿元以上企业单位数占全省亿元以上工业企业单位数的 57.5%。

第三节 煤炭产业对山西经济社会的影响

长期以来大规模的煤炭开采为山西带来经济收益的同时，也为山西经济波动、生态环境、社会环境带来很多负面的影响。

一、经济发展"三起三落"

山西"一煤独大"的经济结构，虽曾使山西有过经济高速增长期，但却难以持续，甚至有些时期在全国位次后移。近30年来，随着煤炭市场的动荡起伏，山西经济呈现"三起三落"特征，几乎每10年一个轮回。煤价攀升，经济高涨；煤价回落，经济走低。

近20年来，全球经济发生了两次较大的危机，经济增速放缓、市场需求不足，这对以能源供应为主的山西经济影响巨大，GDP增速迅速下滑，2009年山西GDP增速仅为6%，为全国最低；2014年中国经济进入新常态发展，山西省的GDP从2013年的8.9%断崖式下滑至2014年的4.9%，增速在全国再次垫底；2015年山西GDP增速仅为3.1%，排在全国倒数第二的位次（辽宁增速为3%）；2016年，面对错综复杂的经济形势和艰巨繁重的任务，全省上下深入贯彻落实省委"一个指引、两手硬"的重大思路和要求，坚定不移推进供给侧结构性改革，坚定不移实施创新驱动，转型升级战略，2016年山西GDP增速为4.5%，比2015年提高1.4个百分点，但增速仍排在全国倒数第二位次。山西"一煤独大"的经济结构受市场冲击很大，抵御市场风险能力低。近10多年，山西GDP增速波动与全国比较，见图2.8。

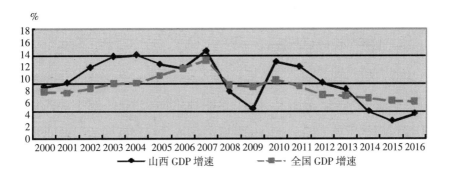

图 2.8　山西 GDP 增速波动与全国比较

从图 2.8 中可以看出，国际金融危机时期，山西经济下行从 2009 年持续到 2010 年即呈现 V 形反弹，增速重新恢复到两位数；相比当时，山西本轮经济下行持续时间更长。2012 年以来，因煤炭价格持续走低，大量企业生产经营陷入困境，相当一批煤炭企业减产、停产，甚至倒闭，全省经济下行压力不断加大，山西经济发展处于最困难的时期。

山西经济呈现周期性剧烈波动的主要表现有三：一是山西经济的波动强度明显大于全国和东南区域。山西经济波动系数为 45%，远远高于全国经济波动系数 28%。二是山西经济波动的扩张期明显短于衰退期。全国和东南地区一个经济周期有 50% 的时间处于扩张阶段（即经济增长速度由低走高的阶段），而山西这一比例不到 40%。三是山西经济进入增长型波动阶段的时间明显滞后于东南地区。在经济周期中往往表现为"沿海已热晋未热，沿海未冷晋已冷"。这个时滞，从多年的观察看，大致在半年到一年左右。经济波动幅度大容易引发经济和社会风险，宏观管理的难度加大。在能源原材料工业主导的重型产业结构下，一个或几个主要产业的波动就容易造成整个经济运行的大起大落。

二、生态环境破坏严重

山西大规模的煤炭开发活动，造成地表挖损、塌陷、压占等，致使地形地貌发生改变，对地下水、地表植被等造成一定的破坏，水土流失和土地荒漠化日益加剧，对可持续发展和人身健康构成了严重的威胁。

（一）环境污染加剧

30 多年来，能源基地的大规模、大面积、高强度开发建设，能源（煤炭）工业的高速发展和能源消费总量猛增，导致山西环境污染加剧，主要污染物排放呈上升态势。尽管经过近年来的环境治理，我省生态环境质量局部有所改善，但我省仍然是全国环境污染严重的省份。中科院 2014 年发布的《中国可持续发展战略报告》显示，山西可持续发展总能力在全国排第 24 位，环境支持系统排第 27 位，生存支持系统排第 29 位。《2014 中国环境绿皮书》对 2013 年全国 31 个省会及直辖市城市空气质量进行了排名，太原位居 25 位。据调查，山西新生婴儿缺陷率为 181 人 / 万人，矿区则高达 400 人 / 万人，远高于全国平均水平。

山西是我国北方岩溶分布面积最广的地区（共有 11 万平方公里），也是最典型的地区，历史上称为"千泉之省"，全省流量较大的岩溶大泉有 19 处，是省内主要河流的源泉。但是现在已经有 3 处完全断流、2 处基本断流、12 处流量严重衰减，上万个小泉小水已经不复存在。全省人均水资源占有量仅为全国人均量的 17%，远低于国际公认的严重缺水界限。而采煤使地下水循环系统遭到破坏，地下水位下降，地表径流锐减，泉水断流加剧了水资源短缺问题。另外，煤炭生产加工对林地、草地、耕地的破坏，对大气环境的污染也是十分严重的。

主要污染物排放严重。据《中国统计年鉴 2016》数据显示：2015年，山西省 SO_2、氮氧化物排放量分别居全国第三、第七位，烟尘排放量居全国第二，工业粉尘排放量居全国前列。据相关部门 2013 年调查统计，仅煤炭行业全年排放 SO_2 达 3.2 万吨，烟粉尘达 5.5 万吨，氮氧化物为 1.4 万吨，生产生活废水排放量为 1.4 亿吨，固体废物（含煤矸石）产生量为 1.3 亿吨。煤炭利用的四大行业（电力、冶金、焦化、化工）全年排放 SO_2 达 84.5 万吨，烟粉尘达 52.3 万吨，氮氧化物为 65.6 万吨，分别占全部工业排放量的 74.1%、75.8%、58.2%。

地表水受到严重污染。煤矿未经处理的矿井水大量外排、矿区大量堆积的煤矸石遭雨淋、大量工业和生活废水无序排放，使地表水受到严重污染。据《2005 年山西环境状况公报》显示，2005 年，在所监测的 103 个断面中，有 88.4% 受到不同程度的污染，重度污染的断面占 62.1%；在重点城市所监测的 56 眼地下水井中，有 32.1% 的水源井超过Ⅲ类标准，水质达Ⅲ类标准以上的占 67.9%。近年来，地表水污染有所好转，但是全省地表水水质仍属中度污染，在监测的断面中，2013 年重度污染的断面占 32.0%，2015 年重度污染的断面 32 个，占 32.0%，同比上升 7.0%，部分断面继续恶化。

（二）生态破坏严重

长期大规模、高强度的煤炭开采，让山西本就脆弱的生态环境不堪重负。煤炭开发、加工、转换、利用过程中大量排放的各种废渣、废气、废水都对生态环境造成严重破坏，许多生态破坏甚至是毁灭性、不可逆的。煤炭开采造成的生态环境问题主要集中在地表沉陷、水资源破坏、煤矸石堆积、水土流失、植被破坏、生物多样性减少、湿地缩减、大气和水环境污染等方面。据相关部门测算，山西因粗放采煤造

成的资源浪费、环境污染、生态破坏及地表塌陷等损失每年至少在 300
亿元以上。

近些年，尽管国家和山西省治理采煤沉陷区投入很大，但目前仍
然存在诸多问题。2015 年矿山地质环境遥感监测最新成果报告显示，
山西矿山开采形成大面积采空区和沉陷区，面积分别约为 5000 平方公
里和 3000 平方公里，引发包括崩塌、滑坡、泥石流、地面塌陷、地裂
缝等地质灾害 2900 多处，是全国矿山地质灾害累计发生量最多的省份
之一。矿山开采损毁土地面积 45.7 万公顷（其中地下开采沉陷区面积
占 73%），占全国矿产资源开发损毁土地面积总量的 20.74%。矿山开
采造成破坏的村庄共 2868 个，共涉及乡镇 420 个，受灾人口约 230 万，
受破坏村庄总面积约 46.55 万亩。又据 2013 年山西省环保厅资料显
示：山西矿区面积累计达 8000 平方公里，采空区面积达 5000 平方公
里，每年约新增采空塌陷面积 100 多平方公里，引起严重地质灾害的
区域近 3000 平方公里。2011 年统计资料显示，全省受煤矿开采破坏
的村庄有 2550 个，涉及农村人口 98.87 万人。

煤炭开采对水资源的破坏问题十分严重。据 2013 年山西省环保厅
资料显示：全省每采 1 吨煤破坏水资源 2.48 吨，按 1978—2013 年全
省累计生产煤炭 13528 亿吨计算，破坏水资源累计约为 335 亿吨，相
当于山西省引黄工程年总引水量的 77.7%。由于采煤排水引起矿区地下
水位下降，水资源的破坏面积已达 20352 平方公里，占全省国土总面
积的 13%，人均水资源占有量下降到全国各省区倒数第一；平均每生
产一亿吨煤造成水土流失影响面积约为 245 平方公里，每年大约新增
水土流失面积 1200 多平方公里、约有 4 万余亩水浇地变成旱地；受煤
炭开采影响的森林面积约为 256 万亩，采煤对植被资源的破坏降低了

林业生产效率，提高了造林成本。

山西煤矸石累计堆存约 11.4 亿吨，每年以 300 万吨的速度递增，省内有 300 多座矸石山；全省几乎所有河道都受到了污染，超五类严重污染的河流长度占总河流长度的 67.2%。采煤导致矿区生态环境的全面退化和恶化，严重影响当地人的生存。

（三）资源浪费严重

煤炭资源长期粗放式的开采造成大量自然资源的浪费，具体表现在：煤炭资源回采率低、伴生矿产资源利用率低、自然资源浪费严重等。

煤炭资源回采率低。全省煤炭资源平均回采率仅为 50% 左右，比国际水平低 10—20 个百分点。在很长一段时期内存在的乡镇小煤矿回采率仅为 20%，导致大量煤炭资源消耗和浪费。

煤炭资源浪费大。随着煤炭资源的长期高强度开采，我省资源瓶颈日渐显现，优质资源储量大幅下降，部分地方已出现资源枯竭现象，煤炭开采强度已经超过 23%，分别是陕西、内蒙古开采强度的 2.6 倍和 2.7 倍。据测算，山西每开采 1 吨煤平均损耗煤炭资源 2.5 吨，每开采 1 吨原煤约损耗与煤共伴生的铝矾土、硫铁矿、高岭土、耐火黏土等矿产资源 8 吨。目前煤层气开采量严重不足，利用水平与全国煤层气资源大省的身份不符；全省煤矸石综合利用率和粉煤灰综合利用率仍低于全国平均水平，工业固废综合利用困难。大量煤矸石、焦化副产品等二次资源得不到合理利用。每年因采煤排放的煤层气约 60 亿立方米，相当于"西气东输"输气量的一半。

（四）环境经济损失大

据《山西省煤炭工业可持续发展政策研究环境专题报告》，以 2003 年为基数，我省煤炭开采所造成的环境污染损失量为 13.78 元 / 吨煤，生态破坏量为 47.29 元 / 吨煤，两项合计为 61.07 元 / 吨煤，照此估算，1978—2013 年全省造成的经济损失量约为 8261.5 亿元。据相关资料显示：山西有 1/8 的采空区，未来每年造成的经济损失高达 700—900 亿元。

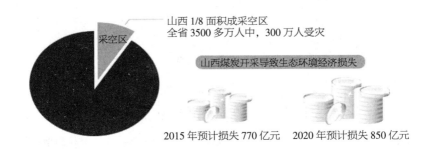

图 2.9　山西生态破坏估算

三、社会问题非常突出

多年来，在国家、省、市、县各级政府出台的煤炭产业大发展政策的刺激和带动下，山西煤炭产业发展速度空前高涨。同时，也带来了许多社会问题。

（一）企业办社会负担重

"先有企业，后有社会"是计划经济时期煤炭企业办社会的典型发展轨迹。由于特殊的历史条件所限，国有煤炭企业为解决职工后顾之忧，逐步创办了学校、托儿所、医院，设立了公安、消防、物业管理等社会性机构。

据山西省发展改革委员会提供的数据资料显示：2013 年，国有煤企办社会机构达 414 个，员工 28460 人，年净支出 39.7 亿元。截止到 2015 年 7 月底，山西省属焦煤集团、同煤集团、阳煤集团、潞安集团、晋煤集团五户煤炭企业办社会人员达 7.2 万人，办社会补贴支出 49.8 亿元。企业办社会人员占到在岗职工人数的近 10%，办社会补贴支出是企业利润的 7.5 倍以上，巨大的费用支出占用了企业大量资源和资金，制约企业发展。另据省财政厅资料：煤炭企业涉及的收费项目除税收的 13 项外，其他收费 21 项，据统计，2014 年 1—9 月，煤炭税费是 908.8 亿元，其中税收 425.8 亿元，收费 483 亿元。2015 年在经济发展新常态下，煤焦冶电四大传统产业就业总量萎缩，产业结构调整和淘汰过剩产能带来潜在的结构性失业风险，煤焦公路运销体制改革中出现大量的职工需要转岗安置，一些行业轮岗、待岗人员增多，新增就业和稳定现有岗位压力非常大，结构性矛盾凸显。

（二）自然灾害严重

全省煤矿普遍面临水、火、瓦斯、煤尘等自然灾害威胁。煤与瓦斯突出矿井、高瓦斯矿井和水文地质类型复杂、极复杂矿井占全省正常生产建设煤矿数量的 48%。788 个矿井资料不清、图纸不实的问题突出，采空区积水积气等隐蔽致灾因素威胁严重。

（三）城乡人均收入差距大

煤炭"黄金十年"，山西经济增长很快，但在增长的背后，隐含着城乡人均收入水平低、差距大的问题。与全国相比，城镇人均收入占全国人均收入的比重是下降的，从 2005 年的 85% 下降到 2015 年的 83%；近几年，农村居民人均收入占全国平均收入的比重，虽然有所上升，但上升的幅度不大，从 2010 年开始连续四年都是全国收入的 80%，2014 年上升幅度较大，为 89%，但到 2015 年和 2016 年又分别下降为 83% 和 81.5%，多年来，一直达不到全国平均水平。近几年，山西城乡居民收入差距与全国相比扩大态势明显，全国城乡居民收入差距比从 2011 年的 2.13 上升为 2016 年的 2.72，差距扩大了 0.59 个百分点，而山西城乡居民收入差距也是逐渐加大，差距比从 2011 年的 2.24 上升到 2016 年的 2.71，扩大了近 0.47 个百分点（见表 2.14）。虽然，近几年，山西城乡居民收入差距扩大幅度小于全国平均水平，但城乡居民收入差距仍比较大，2011 年至 2013 年，连续三年，山西城乡居民收入比高于全国 0.11 个百分点。

表 2.14 2005—2016 山西城镇、农村人均收入与全国相比

（单位：%）

	2005 年	2010 年	2011 年	2012 年	2013 年	2014 年	2015 年	2016 年
山西城镇人均收入占全国比重	84.95	8189	83.10	83.09	83.31	81.92	82.80	81.37
山西农村人均收入占全国比重	88.82	80.01	80.28	80.30	80.42	89.05	82.77	81.55
山西城乡居民收入比	3.08	3.3	2.24	2.21	3.14	2.73	2.73	2.71
全国城乡居民收入比	3.22	2.23	2.13	2.10	3.03	2.75	2.73	2.72

数据来源:历年全国和山西统计年鉴。

第三章　山西煤炭产业政策变迁

过去、现在乃至将来相当长的时期内，煤炭都是我国的主要能源和重要工业原料，煤炭工业是山西的重要支柱产业。煤炭产业的可持续发展，事关国民经济健康发展和国家能源安全。中华人民共和国成立以来，历经近 70 年，煤炭作为国民经济发展的主体能源，为使其满足国民经济的发展需要，国家乃至山西省出台实施的煤炭产业政策数以百计，其目标、内涵因国家经济、社会发展阶段及煤炭产业自身发展状况的不同而各有侧重。山西煤炭产业政策变迁按时间跨度大致可划分为五个阶段：一是计划经济为主时期，即中华人民共和国成立后到1978 年；二是改革开放的初期，即 1979—1992 年，这一时期是计划经济与市场经济并行的双轨制时期，也是山西省确立能源重化工基地建设和煤炭产业长足发展时期；三是煤炭产业深化改革阶段（1993—2001 年）；四是煤炭工业的黄金增长时期（2000—2009 年）；五是转型发展时期（2010—现在）。

煤炭产业政策所涉及目标和内容可分为煤炭产、运、销政策变迁和煤炭管理体制政策变迁两大块。而产、运、销政策又因目标侧重有异，可细化为煤炭产业布局政策、产业组织结构政策、产业规模控制政策、采矿权相关政策、资源管理政策、产品结构政策、价格及税费控制政策、进出口政策、产业安全政策、产业环保政策、产业技术政策、产业结构延伸政策等诸多方面。

第一节 计划经济时期的煤炭产业政策

20 世纪 50 年代中期，我国逐步建立起计划经济体制。这一时期的煤炭产业政策，主要是"五统一"和集中管理：即煤炭产、运、销上的统一投资、统一（物资材料）供应、统一（煤炭产品）调配、统一价格、统一（亏损）补贴；煤炭管理体制上的高度集中管理。煤炭政策级次上，以国家煤炭产业政策为主，山西很少有自己独立的煤炭产业政策，大多是对国家煤炭产业政策的细化、解释、实施等。

一、中华人民共和国成立初期的产业政策

中华人民共和国成立伊始，国民经济积贫积弱、百废待兴，国家为重建国民经济体系，着意恢复经济、发展生产、安定社会。当时我国还未建立起计划经济体制，煤矿大部分为私有小矿，而且受到长期战争的破坏，几近报废。当时的煤炭产业政策目标单一原始：主要目标是尽快恢复生产。政府除组织煤矿生产自救、恢复生产外，还注重建立新的生产秩序、社会秩序和建设必要的地面基础设施。1950 年 4 月 1 日山西省政府颁布的《山西省矿业开采管理暂行办法》（以下简称《办法》），同年 4 月 20 日颁发的《关于执行山西省矿业开采管理暂行办法的指示》，是山西当时主要的煤炭产业政策。

在资源使用政策方面，《办法》规定，本省内一切矿山、矿藏为国家所有。但当时矿产资源并未实行有偿使用，国家资源无偿使用的政

策一直延续到改革开放以后。

明确产业进入的政策。《办法》中明确采矿权的取得途径为：八亩三以下的小矿区由专署核准；十公顷以上的大煤矿区和阳泉、富家滩、太原东西山、轩岗等大矿必须呈具申请书、矿区图、采掘计划图，由省人民政府核准开采权。如使用机器大规模开采，须经本省人民政府报请中央人民政府核准，于颁发执照后始为有效。以合法手续取得采矿权后政府依法予以保护，并已明确规定大矿区内一律禁止小矿开采。

《办法》中对伴生矿的开采规定为：同一矿区内，如有两种以上矿产物者，均可进行开采。已取得某种矿之采矿权所有人，在本矿区内，除本产外，欲进行其他矿藏开采时，须另行登记。未取得采矿权人如欲在他人已取得某种采矿权之矿区内，进行其他矿藏开采时，须先协商取得原采矿权人之同意，始得申请开采；但在不妨碍其矿藏开采时，原采矿权所有人，不得无故拒绝。如双方发生争议时，得呈请人民政府仲裁之。这一规定有利于伴生矿的综合利用。

鼓励机械开采的产业技术政策。《办法》中规定，若多人申请同一矿田，则采用机器开采者优先，鼓励煤矿提高机械化水平。由于当时大部分煤矿尚处于手工开采，技术政策中除对采矿申请书和矿区图有明确的技术要求外，对其他技术没有明确规定。

产业安全政策重点规定企业的采矿区域：凡距市、街、村、镇、铁路、工厂、水利建设、国防工程及其他重要建筑物 60 公尺以内，除有特别规定者外，禁止采矿。

初步建立起包括中央直属和地方国营的国有煤炭工业体系。新中国成立初期，政府在组织各类煤矿生产自救的同时，也积极参与煤炭开采。当时国家新成立的燃料工业部向山西煤矿大量投资，地方政府也有直接投资，国家在山西煤炭工业投资达 33 万余元，并投入大量各类机械设备。到 1953 年底，省内直属中央的煤矿由 8 处增长至 15 处，地方国营煤矿增长至 65 处，私营矿由新中国成立初期的 3620 处减少为 1514 处。国营矿和其他各类煤矿的产量都迅速提高。各级政府通过直接投资等途径，初步建立起包括中央直属和地方国营的国有煤炭工业体系。

新中国成立初期，由于当时煤矿生产力低下，且破坏严重，产业政策的重点只能放在恢复生产方面，对产业发展的许多层面并未建立起更加全面的政策体系。其时颁布的大部分煤炭产业政策是合理的，对恢复煤炭工业的生产能力以及建立正常的生产秩序是有效的。

二、大规模建设时期的产业政策

山西煤炭工业大规模建设始于第一个五年计划。我国从"一五"时期已开始逐步建立起计划经济管理体制。"一五"初期，山西煤炭工业的产业政策目标是"全面恢复、重点建设"，采取新建与改建相结合，以改建为主，大中小相结合，以中小为主的方针，迅速扩大生产，保障能源供给。到"一五"中期，山西的煤炭产业政策已转变为以建设煤种合理配置、交通配套的大型矿务局为主，建设稳定的大型煤炭供给基地，为国家的大规模建设提供能源保障。同时，随着计划经济体制的建立，山西煤炭工业逐步建立起"五统一"的管理体制，并一直延续到改革开放期间。即煤炭产、运、销上的统一投资、统一（物资材料）供应、统一（煤炭产品）调配、统一价格、统一（亏损）补贴。

产业布局政策："一五"期间，在中小煤矿相继恢复生产的基础上，国家已开始根据煤种和交通条件进行产业布局，建设大型煤炭生产基地。对交通条件较好的大同、阳泉等老矿区进行改造和新建矿井，扩大产能，形成大型矿区。为发展国家的钢铁工业，需要开发炼焦用煤，为此，相继成立义棠煤矿筹备处、轩岗煤矿筹备处和潞安煤矿筹备处。将太原西山煤矿与西铭焦炭厂合并成立西山矿务局；将义棠煤矿与富家滩煤矿合并，成立汾西矿务局，并划为中央直属企业。省属的辛置煤矿开工建设。1958 年第二个五年计划期间，潞安、轩岗、泽州三个煤矿筹备处基本完工改为矿务局。在辛置煤矿的基础上成立省营的霍县矿务局。

"一五"期间建设的各矿务局至今都是山西煤炭工业的骨干。各大矿务局的煤种比例基本适合国家建设的需求，地理位置主要分布在东部和中部具有铁路运输条件的地区，各矿务局均匀分布，以利于煤炭产品向省外运输和满足省内各工业城市的需求。至今看来，当时的煤炭产业布局是很合理的。

建设大型煤炭企业的政策目标符合煤炭产业自身的发展需要，在当时国家经济实力还不十分雄厚的条件下实施，具有前瞻性，有利于煤炭工业的长期稳定发展，是合理的产业政策。在建设大型矿务局的同时，山西各地还拥有众多的中小煤矿，以解决当地的工业及居民生活用煤需要，形成灵活的、适应国家及当地需要的煤炭产业组织结构。

产业技术政策："一五"和"二五"期间，山西煤炭工业在苏联专家的指导下，重视建设完整的现代技术体系。

首先国家从外省市抽调勘探、设计、施工力量支援山西，成立华北煤炭煤田地质勘查局、大同煤矿基本建设局、太原煤矿基本建设局等，使山西形成从勘探、设计到具有矿建、土建安装等施工力量的煤矿基本建设大军。在此基础上，增添矿井设备，推广新采煤方法，改革井巷布置，提高采掘运各环节的机械化水平。

其次制定并出台了一系列支持煤炭产业技术改进、创新、提升的政策措施，分阶段因时因利有序推进康拜因采煤机组，单、双滚筒采煤机组，重型可弯曲刮板输送机，强力钢丝绳绞带输送机，综合机械化采煤机组等机械化采煤设备的投入和使用，改进采煤工艺，提高晋煤产业技术装备水平。

第三是明确"采掘分开、采掘并举、掘进先行"的煤炭生产工艺改进方针，有序推进掘进机械化，适应煤炭大规模开采需要，使整个煤炭工业摆脱了原始落后的手工开采，为进一步缩小与世界工业化国家的差距奠定了基础，这是山西煤炭工业的第一个黄金发展期。

这一时期的煤炭产业政策虽然目标单一且未有调整，但其总体上是适应当时煤炭产业发展所面临的外部经济环境的。它很好地主导了晋煤产业布局，奠定了晋煤产业的发展基石，促使晋煤改变了在先进生产工艺和机械化采煤设备方面一穷二白的现状，为晋煤其后走向机械化、自动化采煤做了有益的探索和铺垫。

但另一方面，由于政策制定者对煤炭产业给环境带来负面影响缺乏预判或认识不足，政策缺失对煤炭产业在环境保护治理方面的期许和规制；过分强调产量和供给，虽然提出了"安全第一"的要求，但政策缺失专门对安全监管、责任追究等规制，使煤炭产业安全只限于口号，流于形式；统一低廉的煤炭价格及不顾山西地方经济、社会需求的煤炭产品统一调拨，严重侵害和牺牲了山西地方的经济、社会利益，甚至可以说是煤炭资源开发带来的好处国家强制拿走了，而产业发展引发的环境污染、生态破坏、地下水源破坏、频发的安全事故等负效应全部由山西地方承受了，反映的政策实质是更多强调国家整体利益。

所有制结构政策：我国在"一五"期间逐步建立起计划经济体制和以国有经济为主体的所有制结构。煤炭作为重要的生产资料，必然被列入计划管理的重点行业，煤炭企业也必然走向国有化。"一五"期间，山西省大中型煤矿通过公私合营等方式，逐步转变为国有煤矿，新建大中型煤矿所有制结构政策已经明确为国有。当时各大矿务局均直属国家燃料工业部或省直属企业，其他中型煤矿也均为市属、县属国营煤矿。"一五"期间大量散落在各山区的小矿，也随着农村合作化的进程，转变为集体所有，其产品主要满足当地农民的需要。到"一五"期末，山西的私有矿基本绝迹。"一五"和"二五"期间，通过对中直煤矿旧矿改扩建或重建，以及新矿的开工建设，初步建成了七大国家统配矿和六大地方统配矿共13个大型国有煤炭骨干企业，为山西后来成为国家最大的能源产业基地打下了坚实的基础。

煤炭行业所有制结构转变为以国营煤矿为主，集体所有煤矿为辅的结构是否合理，这是改革开放以后提出的重要问题。时到今日，山西煤矿通过多次整合，改革开放初期再次出现的私有小矿已不存在。当前保留着大量的国有企业，其经营机制在进一步的国有企业深化改革中还会有明显的转变。

逐步建立起高度集中的煤炭管理机构。1949年中华人民共和国成立后，山西煤炭工业由中央和地方分级管理，由中央燃料工业部煤矿管理总局管理山西国营煤矿企业，山西地方煤矿企业则归当地人民政府工业部门管理。山西的中央直属企业，如大同、阳泉矿务局和轩岗、西山、义棠煤炭筹备处、潞安煤矿由中央燃料工业部煤矿管理总局下设的华北煤矿管理局管理，1954年华北煤矿管理局撤销，改由新成立的太原煤矿管理局集中管理。地方煤矿则由省、地、县分级管理，按照"统一领导，分级管理"的原则分别管理省营、专（市）营、县营和私营煤矿。1955 年 7 月，国家撤销燃料工业部，太原煤矿管理局改由国家新成立的煤炭工业部直接领导。

"五统一"的产、运、销管理体制。煤炭运销上强调全国一盘棋，要求山西局部利益服从全国利益，产品以外销为主。中央直属企业的管理体制是：计划以指令性计划自上而下地下达；财务统收统支，利润全部上缴，超额完成利润计划，企业可按规定提取一定比例的奖励基金；在大中型煤矿均实现国营的基础上，山西煤炭工业进入严格的计划管理，在产运销各个环节实行"五统一"管理，即由中央和地方投入大量的人力、物力和财力，大力建设和发展国有煤矿，煤矿建设在资金上由国家和地方政府统一安排和投资，煤炭建设和生产所需要的物资由国家统一供应，煤矿的所有产品由国家统一调拨和调配，煤炭价格由国家统一制定和调整，煤矿利润全部上缴、亏损统一由财政补贴。国家直属煤矿一般被称为国家统配矿，由国家"五统一"；省属煤矿称为地方统配矿，由省直接"五统一"。其他国营矿由地方管理，其管理方式与"五统一"相似，但其产品不列入国家统配范畴，主要供应地方市场，有一定的灵活自主权。乡村的集体所有制煤矿很难得到国家的直接投资，其产品供应当地农民。

"五统一"是计划经济的极端模式，机制僵化，使企业丧失适应市场的活力。长期的"五统一"形成强大的机制惯性，直到改革开放中期经多次改革攻坚才逐步转变。时至今日，在市场不断波动的环境下，山西的各大煤矿以及山西全省煤炭工业"五统一"后遗症——惰性仍有显露，成为进一步深化改革的难点。

三、"大跃进"—"文化大革命"时期的产业政策

"大跃进"时期，煤炭工业和其他行业一样，执行盲目追求高速度的产业政策。建设和经营打破了原来建立起来的各项制度和程序，在以高指标、瞎指挥、浮夸风、"共产风"为主要标志的"左"倾思想影响下，违背了煤炭生产的客观规律，造成人力、物力、财力上的严重浪费。

（一）"大跃进"时期的下放管理体制

国营煤矿由于基建战线过长，致使33对矿井中途停建，损失资金5000多万元；在生产上，由于盲目夺高产、放"卫星"，78%的矿井采掘比例失调；在管理上，规章制度被破坏，打乱了正常的生产秩序，重大事故接连发生；技术经济指标下降。集体所有制小煤窑已不必经过批准，到处乱采滥挖，破坏了煤炭资源和原有的生产秩序。"大跃进"时期盲目追求高速度的产业政策造成生产能力的巨大破坏，其损失和严重后果是灾难性的。

在管理体制方面，煤炭工业部1958年元月颁发《关于改进所属企业、事业管理体制的规定》，作出了将企业下放管理的指示，并对山西省煤炭管理体制进行调整，撤销太原煤矿管理局，成立山西省煤矿管理局，将当时省内的大同等中央直属煤矿划归山西省领导。这次管理体制改革，消减了中央对大型煤矿企业的宏观控制能力。1959年10月，煤炭工业部对山西省煤矿管理局及所属企业进行上收，形成中直煤矿由煤炭部和山西省双重领导，以煤炭部领导为主，地方煤矿则以山西省领导为主。

（二）三年调整时期的产业政策

1960年国民经济不得不进入调整期，产业政策转向修补被损坏的

生产秩序，国家统配矿再次下放到山西省。煤炭工业作为维持经济运行的重点行业，在粮食及生产用品的分配方面得到国家的优先供给，煤炭工业逐步恢复生产。

在管理体制方面：1963 年至 1965 年国民经济有所恢复，国家又对中直煤矿实行上收。1963 年 3 月，根据《煤炭工业部关于统一部直属的管理机构名称的通知》，山西省煤矿管理局改名为中华人民共和国煤炭工业部山西煤炭工业管理局，实行煤炭部和山西省政府双重领导，一套人员，两块牌子，两个公章。1965 年 3 月，轩岗矿务局改称轩岗煤矿，人、财、物下放忻县地区领导。但煤矿建设、产、供、销仍由国家统一调配。在生产、建设等业务上接受山西省煤炭工业局指导。这一体制伴随着国统矿的上收和下放，在山西多次实施。

调整时期的产业技术政策：1963 年—1965 年，山西煤炭工业继续贯彻中央提出的"八字方针"，缩短基本建设战线、调整采掘比例，重新核定了矿井生产能力。对简易投产矿井进行环节配套，对失修巷道和设备进行修复、补还亏欠，理顺各种比例关系。恢复和建立规章制度，狠抓劳动组织整顿和以质量标准化为中心的企业管理，纠正"大跃进"造成的破坏。同时，以发展机械化为中心的技术革命在全省煤炭系统蓬勃兴起，滚筒式采煤机逐步在全省煤炭工业中推广，采煤机械化进入新的发展阶段。通过技术进步，煤炭工业回到稳步发展的轨道。

（三）"文化大革命"期间的产业政策

"文化大革命"严重干扰和破坏了整个国民经济秩序，山西煤炭产业发展亦因此跌宕起伏、阴晴不定。

"扭转北煤南运"政策：这一政策于 1966 年提出，国家把煤炭工业的重心从山西等中部地区，转移到山东、安徽等东部和南部地区，随之对山西煤炭工业的投资降低。1966—1968 年三年间，国家统配矿全部下放到省，山西相继调出三个主力勘探队和四个基本建设工程处，致使原煤产量和各项技术经济指标大幅下降，1973 年以前山西煤炭产量一直徘徊不前。这一政策违反煤炭工业自身发展规律，对全国煤炭供应能力影响极大，造成资金的巨大浪费。为应对能源短缺，1974 年以后，国家不得不又开始对山西煤炭工业大量投资，提高煤炭供应能力。"扭转北煤南运"政策到改革开放才彻底放弃。

产业技术政策有所推进："文化大革命"十年，国家在经济建设方面很少出台有推动力的重要政策，只是尽量维持国民经济的运行。为保障国家的能源需求，国家对山西煤炭工业比较重视，山西煤炭工业艰难前行，无论产量还是技术进步，皆取得一定成绩。有 17 对新矿井投产，20 对矿井开工改扩建。在产业技术政策方面，明确了"采掘分开、采掘并举、掘进先行"的煤炭生产工艺改进方针，并有序推进掘进机械化，制定并出台了一系列支持煤炭产业技术改进、创新、提升的政策措施，大型矿务局普遍使用了单、双滚筒采煤机组，以及重型可弯曲刮板输送机、强力钢丝绳绞带输送机等机械化采煤设备，部分煤矿还进口了综合机械化采煤机组等先进机械化采煤设备，晋煤产业技术装备水平有所提高。

煤炭产业管理再次下放。1966—1976 年，山西煤炭管理体制受到严重破坏，省内中直煤矿全部下放。1967 年从省局到直属企业先后实行军管。1970 年，煤炭与化工合并成立山西煤炭化工局，煤矿企业的人、财、物管理权限下放给所在地县，实行块块管理，产、供、销仍由省煤炭化工局管理。1975 年，国家撤销燃料化学工业部，恢复煤炭工业部，并将下放给地方的煤炭企事业单位陆续上收煤炭工业部直管。

同年 3 月恢复成立山西煤炭工业管理局。

从"大跃进"开始到"文化大革命"结束，这一时期经济政策摇摆不定，勉强维持，煤炭工业发展迟缓。

第二节　能源基地建设时期的煤炭产业政策

1978 年召开的十一届三中全会，确立了改革开放的基本路线，国家做出了以经济建设为中心，大力发展国民经济，加快实现"四个现代化"，20 世纪末进入小康社会的重大战略决策。为保证经济发展对能源的需求，国家提出了"优先发展能源工业"的方针。依托资源和地理区位两大优势，山西成为国家能源开发建设的重点，被国家列为能源重化工基地，从投资等诸多方面予以政策倾斜和扶持。仅煤炭建设投资一项就从 1976 年的 1.64 亿元增加到 1980 年的 4.69 亿元，山西煤炭跨入到了一个新的大规模建设阶段。1987 年又进一步把山西与内蒙古西部、陕西、宁夏、河南西部组合成国家级能源重化工基地，用现代化的理念制定能源基地战略规划。建设国家能源基地，扩大产能，保障能源供给，是这一时期煤炭产业政策的主要目标。

这一时期，也是我国从计划经济体制向市场经济体制过渡的初期，国家对山西煤炭工业的管理从计划管理，逐步向计划、市场双轨制管理转变。与其他加工行业相比，山西煤炭工业的产供销进入市场调节的步伐要滞后一步。双轨制过渡期长导致的诸项阶段性政策是这一时期煤炭产业政策的特点。

同时，建设能源基地政策的内涵不同于以往的单纯扩大生产规模。其政策目标首先是尽快扩大煤炭产能，在技术进步、采掘比例协调、安全、环保的基础上实现产业的稳定可持续发展，提高煤炭能源的供应能力。煤炭产业内部通过对国内外开放，对不同所有制投资主体的开放，吸引更多投资；国有企业通过经营机制改革增加活力。建设能源基地概念还包括其他诸多方面内容：如建设配套的运输通道，包括大运力的铁路通道和公路通道，实现产运销平衡；布局坑口电站，合理布局高耗能产业，实行煤电并举、煤化冶并重，加快煤炭加工转化步伐，为国家经济发展提供优质商品煤、二次能源、高载能体和煤化工系列产品，把资源优势转化为经济优势，把山西真正建设成为能源重化工基地。以能源工业为支柱，带动其他工业产业及农业、科技、文化、教育事业的全面发展和提高，实现区域经济、社会协调发展。

一、"有水快流"和"两个一起上"的产业政策

改革开放和以经济建设为中心带来的国民经济年均两位数以上的增长速度，对煤炭能源需要迅猛增长，动员社会一切力量，大搞煤炭资源开发，走"有水快流"的道路成为当时煤炭产业发展和煤炭产业政策的不二选项。这一时期，国家经济体制正处于计划经济松动、市场经济兴起的交叉阶段，煤炭产业政策带有强烈的双轨制印记。由于改革开放引入的市场经济元素与计划经济体制的交叉碰撞，山西煤炭产业采取一些临时性的政策，这些政策在当时所起到的作用十分突出，由此构成了山西在这一阶段的能源产业政策特色。其时，适应国家总体经济建设方针，煤炭产业政策强调深化改革、转换经营机制，推进行业总承包和煤炭生产技术改造，煤矿企业的自主经营权开始增加，煤炭产业出现了多种经营的发展思路，煤炭产业单一公有制的所有制体系被打破。

（一）"有水快流"政策促进乡镇煤矿快速发展

"有水快流"是能源基地建设初期在煤炭供应紧张的条件下国家出台的阶段性政策。最初出台这一政策时即已考虑到其负面效益，限定其只在短时期内实施。到 1986 年这一政策已经结束。山西省 1984 年发布的《关于进一步加快我省地方煤矿发展的暂行规定》中，规定"我省地方煤矿的发展，要实行有水快流政策，实行大中小一起上，长期和短期兼顾，国家、集体、个人一起上的方针"。调动地方和个人的办矿积极性，以点多面广的形势，大搞煤炭矿井建设，扩大晋煤整体生产规模，鼓励多出煤、快出煤。

这一政策拓宽了办矿的渠道，农民办矿积极性空前高涨，乡镇煤矿成为煤炭开发的一种重要形式，一个时期乡镇煤矿产量占到山西煤炭总产量的半壁江山。乡镇煤矿的兴起，打破了多年来主要发展全民所有制煤矿的老路，锻炼和造就了一批农民企业家和农民技术队伍。乡镇煤矿是矿区农民在发展市场经济中的第一桶金，随着乡镇煤矿的发展，农民的视野开阔了，发展商品经济的意识增强了，资源优势向经济优势转化，工农差别和城乡差别开始缩小。

在乡镇煤矿发展的初期，政府虽然对其工商手续、技术装备、安全监察以及矿山救护等方面都颁布有详细的政策规定，但由于乡镇煤矿发展太快，致使伴生出许多新问题堆积如山，如资源浪费、矿界纠纷、生态破坏、安全事故等，皆成为 20 世纪 90 年代煤炭产业急待治理的重点。

政策实施评估："有水快流"本身是阶段性政策，这一政策的实施引发乡镇煤矿的快速发展，尽管当时乡镇小煤矿生产技术落后，资源浪费严重，在发展中付出了比统配矿高得多的生命安全代价和环境代价，但是地方煤炭工业毕竟在国家基本没有投资或投资很少的条件下迅速崛起，并发展壮大，为缓解全国能源紧张局面、为支撑全国工业化的高速发展，做出了巨大贡献。另一方面，对于内地、偏远山区这种发展轻工业和贸易流通不容易的地区，发展采掘业不失为其走向工业化的重要途径。当时乡镇企业依靠采煤实现原始积累并推动乡镇企业的发展政策是正确的。

（二）依靠科技进步提高煤炭产业生产能力的政策

改革开放以来，为适应国民经济高速增长，对能源的需求极为旺盛，国家不断加大对山西煤炭工业的投资力度。并在扩大产业规模的同时，更加重视产业的现代化建设。统配矿依靠科技进步发展生产力，向机械化要产量、要效率。大同、阳泉、西山、汾西、潞安、晋城6个矿务局普遍采用综合机械化采煤，综机设备由1975年的13套增加到1980年的65套。掘进机械化也有相应的发展，1979年煤炭工业部从英、日、匈等国引进综掘机100套，拨给山西40套，改变了打眼放炮的落后掘进方式，提高了矿井综合生产能力。地方煤矿坚持"以矿养矿、分期改造、由小到大、逐步提高"的发展方针。从1980年开始，利用经济煤收入，对县以上60个重点煤矿和74个一般煤矿进行改扩建，提高生产能力。多数县营以上煤矿实现机械提升和胶带、无极绳、电机车运输，改进了采煤方法。乡镇煤矿经过整顿，提高了抗灾能力。

1992年煤炭部发布的《关于加快高产高效矿井建设的决定》，再次从政策上大力推进煤矿技术改造，在制定作业流程、优化矿井生产布局和作业面布置、简化生产环节、改进生产工艺、购置先进的采掘设备、对矿井进行改扩建等方面提出更高标准。推动了煤矿的整体生产技术水平提升，提高了单井生产效率，实现了矿井的高产高效。

（三）对外开放吸引国内外投资政策

随着我国经济建设的指导思想从自力更生向对外开放转变，1984年8月17日发布的《山西省人民政府关于进一步加快我省地方煤矿发展的暂行规定》明确提出，鼓励群众集资联营办矿，允许个人投资办矿，允许无煤县、市、乡、镇到有煤的地方投资办矿，欢迎外省、市和港澳同胞来我省投资办矿，积极吸收国外资金合资办矿和办交通运输业，省政府保护投资者利益，谁投资、谁受益。

作为国家能源基地，山西成为煤炭行业引进国外资金、技术、装备的重点省份。1984年建成投产的300万吨古交西曲矿和洗煤厂是山西利用外资建设的第一座具有现代化水平的大型矿井；1985年中国与罗马尼亚以补偿贸易方式合作开发的霍县矿务局白龙煤矿开工，同年，与美国合资开发平朔安太堡露天煤矿，这是迄今中国与外国合作开发的最大的煤矿。潞安矿务局常村煤矿、大同矿务局四台沟和燕子山煤矿等，引进了包括综掘、综采在内的先进技术装备和包括管理方法在内的软件技术。山西煤炭工业不仅用引进技术和装备建设了一批新矿井，而且用引进技术改造了一批老矿井。

政策实施评估：对外开放吸引投资加快了产业的发展。同时，引进国外资金技术和合资办矿，引入了发达国家煤炭工业的经营理念，其企业文化、管理模式、先进的技术装备，特别是其在环保方面的亮点，为山西煤矿打开了眼界，加快了山西煤矿走向现代化的步伐。到1987年，全国有六个矿达到煤炭部制定的现代化矿井标准，其中五个在山西省。

（四）加强煤炭生产安全监管和生态保护

这一时期行业管理部门尤其较以往更为重视对煤炭生产安全的监管。期间制定的《矿山安全条例》《矿山安全监察条例》《煤矿安全规程》《小煤矿安全规程》及国家有关劳动保护的法规，要求煤矿严格执行建立健全安全责任制，确保安全生产，下井工人必须接受岗前安全规程和安全知识培训；煤矿企业必须从生产成本中提取包括用于安全技术措施的维简费，专款专用于煤矿安全投资，大中型煤矿和小煤矿集中的市县必须建立专业的矿山救护队，省煤炭厅在矿山救护时有统一调动权力；确立乡镇政府为乡镇煤炭第一安全责任者，引起政府对煤矿安全监管的重视；成立专门的煤炭安全监察局，督导煤炭安全生产。

生态保护概念在这一时期也被提上议事日程。政策要求企业开发煤炭资源必须保护自然生态环境和人文名胜古迹。新建、改建和扩建工程必须编制环评报告经环保部门审批后方能进行设计，要加强煤矸石、矿井废水和瓦斯的有效治理，有害物质排放必须符合国家排放标准，水资源保护区、名胜古迹区域、风景游览区、温泉、疗养区和自然保护区不得开办煤矿。1986年山西省人民政府发布《山西省煤炭开发管理条例（试行）实施细则》，对地方煤矿的资源管理、生产安全、环境保护等方面都做了详细规定，明确要求企业执行"三同时"政策，细则中已提出"三废"处理和恢复、保护地表环境这样深入、详细的环保政策，山西煤炭工业环境保护工作全面展开。

（五）实行简政放权行政管理体制

1984年，山西煤炭产业按照中共中央和国务院《关于国营工业企业体制改革的决定》，对煤炭企业实行简政放权，对煤矿的行政管理被"统筹、协调、监督、服务"所取代，把生产经营权交给企业，扩大企业自主权，企业改革了用工制度、收益分配制度等，完善了各项经济责任制，在部分中直煤矿试行矿长负责制和矿长任期目标责任制。逐步推行计划管理和承包制相结合的经营管理措施。20 世纪 80 年代末，在统配矿推行投入产出总承包。煤矿企业的自主经营权逐步扩大，煤炭产业出现了多种经营的发展思路。在投资政策和煤炭产业组织结构政策中，打破了单一国有体制，允许国家、集体、个人一起上，引进国外和省外投资，形成投资主体多元化，煤炭产业单一公有制的所有制体系被彻底打破。

政策实施评估：在体制转轨时期政府不断调整管理体制，以促进国有煤矿向市场化的方向迈进，也提出了环境保护这样的新的理念，引导企业适应时代的要求。尽管许多政策当时难以全面落实，但毕竟是对煤炭企业向现代化迈进提出了方向和要求。

"有水快流"的政策带来煤炭产业快速发展正效应的同时，也带来了一系列的负效应，如过多的小煤矿，带来煤炭产业生产技术下降；资源化整为零、开采手段落后，个体业主为追求利润最大化，对资源采肥弃瘦、采优弃劣，资源回收率低下、对资源破坏大、浪费严重；安全条件差，死亡率居高不下；偷排偷放现象普遍，对环境破坏力大；小煤矿在大矿资源区内办矿，经常越界开采，给大矿造成井下透水等安全隐患等。反映的本质是，"两个一起上"政策前瞻性差、政策目标短期行为突出、政策功利性明显。

二、煤炭产、运、销管理和整顿改造政策

随着山西省地方煤矿的飞速发展，由于宏观管理工作没有及时跟上，导致煤炭产量增加过快、煤炭生产过剩、库存积压过多、存煤增

多、资金呆滞、原材料浪费严重、事故频繁、经济效益下降等诸多问题。一直强调提高煤炭产量的煤炭产业政策目标不得不发生逆转。为保证我省地方煤炭生产持续、稳定、协调发展，1986 年 5 月 5 日，《山西省人民政府关于加强煤炭产、运、销管理的通知》（以下简称《通知》）明确提出"以销定产，加强对煤炭生产的计划管理"：坚持执行"以销定产，整顿提高，加工转化，稳产增收"的方针。各级人民政府、各有关部门对煤炭的生产和运销要切实加强领导，搞好协调，实行统一管理，努力使煤炭生产的发展同交通运输条件和市场需求情况相适应，做到产、运、销大体平衡，使产品能转化成商品，体现出真正的经济效益。

《通知》要求在不突破国家计划的前提下，省经委、煤炭厅、煤炭运销总公司和山西煤管局要掌握好季度、月度计划，尽量做到均衡生产，各地（市）、县和基层煤炭管理部门不得层层加码，煤炭企业不得盲目超产。运销部门要按计划组织运输和销售；银行、物资部门要按计划安排资金和组织物资供应。无计划和超计划生产的，信贷部门不贷给流动资金，物资部门不供应材料，运销部门不安排运输和销售，煤炭企业不得发放吨煤奖。同时对超计划生产的煤炭，要相应从下一计划期的生产任务中扣减。因特殊原因确需调整计划时，要按隶属关系逐级上报，由计划下达单位调整。

同时，提出加强对煤炭运销的宏观管理。通过铁路运销的煤炭，要严格执行国家和省下达的运输和销售计划。地方煤炭上火车价，要按煤质、煤种由各级物价部门按物价分管权限分别确定，任何煤炭企业和发运站不得压价竞销。通过公路运销的煤炭，实行统一货票、统一结算的管理办法。外运出省的煤炭，由省煤炭运销总公司确定合理保护价格。在煤炭出省的主要路口和地段，由有关地（市）、县煤炭运销公司和交通监理、物价等部门设立联合检查站，对少购超位和低于保护价的要按规定罚款并补收差额价款、服务费。省煤炭运销总公司可以在部分出省界口设立煤场，直接对外销售。

同时，积极发展煤炭的加工转化。对原煤产量的增加主要不是依靠再开新井，而是按计划完成现有矿井的技术改造，逐步增加一些资金用于煤炭的加工转化。各地（市）、县可以从煤炭集中管理后增加的收入中提取一部分资金用于发展煤炭的加工工业，同时要引导煤炭企业走横向联合搞转化的道路，将财力和物力集中到发展煤炭的筛选、洗选等初级加工以及煤炭的深度加工上来。对于煤炭的加工及转化产品，铁路部门要优先安排运输，银行在信贷上要积极支持，税务部门在税收方面要给予优惠。

1992年发布的《山西省人民政府关于全省地方煤矿整顿改造的决定》（以下简称《决定》），使煤炭产业政策由鼓励"有水快流"向保护资源转变、鼓励全社会办矿向关停一批矿井转变。1986—1990年期间，山西地方煤矿进行了一次整顿，并取得了较好的成果：控制了矿井的盲目发展，狠刹了私开滥挖矿，提高了矿井抗灾能力，推进了煤炭科技进步，促进了煤炭安全生产。但是整顿成果还远远没有达到按规范办煤矿的要求。针对煤矿整顿成果差强人意、煤矿安全生产环节配套欠账、煤炭资源浪费等严重问题，为了推出煤矿技术进步，推行科学管理，《决定》要求对所有地方国营和乡镇煤矿进行深层次、高水平的全面整顿和发展，在继续严格执行"巩固提高一类矿，停产整顿二类矿，坚决消灭三类矿，彻底取缔私开矿"原则的同时，以安全生产为中心，以加强煤矿规范管理为重点，以改革采煤方法为主攻方向，大力推进联合办矿之路，全面提高煤矿的企业管理水平。

三、价格双轨制和收取能源基金政策

改革开放带来管理体制的巨大变化。"五统一"开始破冰。这一时期，国家经济体制正处于计划经济松动、市场经济兴起的交叉阶段，煤炭产业政策带有强烈的双轨制印记，内容丰富。适应国家总体经济建设方针，煤炭产业政策强调深化改革，国有矿转换经营机制。

（一）实行煤炭价格双轨制政策

改革开放初期，煤炭等上游生产资料产品价格改革通过双轨制分步进行。20 世纪 80 年代初，煤炭价格实行计划内煤炭价格和计划外煤炭价格双轨制，计划内煤炭又包括指令性和指导性两块，价格由国家统一定价，计划外价格实行国家最高限价。统配矿煤炭产品执行指令性计划价格，地方国有矿执行指导性计划价格。乡镇煤矿的出省外销煤炭执行指导性计划价格，本地销售煤实行计划外价格。1992 年《山西省提高和放开地方煤炭价格的实施细则》，上调指令性计划煤炭价格 10 元 / 吨，放开指导性煤炭和计划外煤炭价格，实行市场调节。国统矿除规定数量内的煤炭执行计划价格外，超出部分的煤炭产量也有一定的自销权利，其价格可执行市场价格。这一时期通过双轨制，煤炭产品从指令性计划价格为主，逐步过渡到以市场价格为主。到 1994 年，我国生产资料产品价格基本上都已放开，山西省除重点合同电煤外，煤炭价格管制也基本上全面放开。

政策实施评估：指令性计划价格是计划经济体制的基本特点。在改革开放初期，由于上游生产资料严重短缺，不具备完全放开价格管制的条件。实施双轨制价格政策，尽管期间有大量漏洞使国家和企业

利益流失，但毕竟是过渡到市场价格的阶梯，从总体上看是科学可行的，避免了煤炭价格改革对国民经济可能带来的震荡。

（二）收取能源基金调节各方利益政策

背景与政策依据：到 1985 年，山西省内煤炭生产能力大于运输能力即"产大于运"的局面已经形成，运力不足使地方煤矿生产的煤炭销售不畅，山西各地方煤矿只好相互压价竞销，造成山西省内煤炭市场价格一再压低。20 世纪 80 年代中期，山西省内一度吨煤价格最低仅有 10 元左右。与其他实行双轨制的产品不同，山西境内的煤炭市场价格明显低于计划价，地方煤矿的价格大大低于统配矿。乡镇煤矿以低价和统配矿竞争，挤占统配矿的市场份额，对统配矿的正常经营造成极大干扰。同时，由于地方矿价格过低，也使煤矿和产煤地区应该得到的利益大量流失。

政策内容：20 世纪 80 年代至 90 年代，在煤炭市场热销的时期，山西境内煤炭产地价格与东部销售市场价格有巨大的价差空间。为了把这部分价差更多地留在省内，同时缩小省内统配矿和地方小矿的销售价格差距，山西省把当时国家对山西地方煤炭发展的许多项优惠政策捆绑起来，另外再增加部分资源损耗和环境损耗的补偿费用，经国务院批准，山西地方煤矿从铁路外运出省的煤炭，每吨向用户加收 20 元能源基地建设基金，简称能源基金。当时征收能源基金的主要目的是：补偿地方煤矿造成的资源损失和环境损失；缩小地方煤矿与统配矿的价格差距；通过向用户征收基金，调节产煤地区和用煤地区的利益。价外收费还希冀起到抑制煤炭产量、缓解产大于运局面的作用。在 20 世纪 80 年代，我国市场经济体制很不完善，大量利益调节都是采取政府性收费的措施。山西收取能源基金虽然数额较大，但由于其作用重要，同时取消了其他煤炭发展优惠政策，从总量看增加的数额并不大，因此得到了中央政府的批准。能源基金从 1986 年开始征收，当时计划 1995 年左右停止征收，属于阶段性政府收费政策。之后在 1989 年，山西公路外运煤炭开始征收能源基金，同年省政府向地方煤矿外运出省煤炭收费又增加了每吨 10 元的煤炭生产补贴款；1991 年增加专项维简费（维持简单再生产费用）5 元、水资源费 2 元，山西每吨出省煤炭由煤运公司征收的政府性收费项目共 37 元。2003 年生产补贴款和专项维简费停止征收，2007 年 3 月能源基金停止征收。

20 世纪 80 年代一段时期内，各主要产煤县或邻近省界的产煤县还对地方煤炭另外再征收一些名目的地方性政府收费。这部分地方性收费在理论上有一定的级差地租性质。地方市县收费大部分用于地方公益事业、地方建设、工业投资和地方政府的其他开支。地方收费最多时每吨煤可达 50 元以上。到 20 世纪 90 年代，除省政府规定的收费项目以外，其他地方性收费一律被清理。

政策实施评估：征收能源基金是在市场经济体制尚未建立健全的条件下，为调节地方煤炭工业价格、调节产煤地区与用煤地区利益的一项阶段性措施。实施初期起到维护地方利益和煤炭工业流通领域秩序的重要作用。但是政府性收费本身带有浓厚的计划经济色彩，是政府干预企业经营的行政手段。大量的价外收费必然导致严重的封关设卡和政府对煤矿经营的过多干预，不利于在地方煤炭企业建立正常的市场竞争机制。由于能源基金数额巨大，成为省政府及产煤市县政府的主要预算外收入，各级政府对基金高度依赖，以致未能着力于完善市场调节机制，培育接续产业，为尽早取消基金创造条件；而是尽力维护本地煤炭产量，一再要求国家延期取消基金收取。利益导向客观上起到阻碍煤炭产业进入市场的步伐，是山西省市场化进程滞后的原因之一，也是山西煤炭长期产大于运的原因之一，强化了支柱产业单一的局面。

四、条块结合的煤炭管理体制政策

该阶段山西煤炭管理体制政策强调条块结合，继续体现着短期性和随意性的特征。

1976 年"文化大革命"结束，山西煤炭工业开始扭转混乱局面，并着手酝酿管理体制改革。1978 年，中共十一届三中全会以后，中共中央国务院作出了把山西建成能源重化工基地的战略决策，煤炭工业管理体制和管理机构为适应生产力发展进行了较大的调整，一些关系国民经济全局的大型骨干煤炭企业陆续收回中央管理，重新实行以煤炭工业部为主的部、省双重领导体制。

随着农村各项经济政策的逐步落实，1979 年，山西省集体煤矿发展迅速。为了加强对集体煤矿的管理，12 月，山西省决定由山西省社队企业管理局和山西省地方煤炭工业管理局对全省社队煤矿企业实行双重领导。山西省社队企业管理局所属的山西省矿业公司，在原管理全省小煤窑集运车队和煤炭集运站的基础上，具体负责社队煤矿的管理工作。

1980 年，山西省政府决定，除矿山行政管理（审批权）和煤炭销售的分配计划仍由山西省地方煤炭工业管理局统一管理外，全省社队煤矿全部由山西省社队企业管理局所属的矿业公司负责管理。山西省煤炭工业管理局只负责全省国有煤炭企业的管理，内设地方煤炭工业管理局和安全监察局，即山西煤炭工业管理局管理大同等 7 个国家统配矿务局，山西省地方煤炭工业管理局管理霍县矿务局等六个非统配矿务局，山西省社队企业管理局（通过矿业公司）管理全省社队煤矿。这一体制的确立，在当时条件下对于调动各类煤矿积极性、扬长避短、发挥各自优势、建设山西能源重化基地，发挥了一定的作用。同年5月，中共山西省委决定，山西省地方煤炭工业管理局改为二级局，隶属于山西省煤炭工业管理局。6月成立地方煤炭对外贸易公司，隶属于山西省进出口委员会，负责管理全省煤炭出口事宜。1981年底，为适应晋煤出口业务不断发展的需要，将"山西地方煤炭对外贸易公司"改为山西省煤炭进出口公司，隶属于山西省进出口委员会。原山西省五金矿产进出口公司经营的统配煤矿出口业务全部移交煤炭进出口公司。全省所有涉及出口的煤炭，均由煤炭进出口公司统一经营。1982年11月，又根据煤炭工业部和国家对外经济贸易部的通知精神，将山西省煤炭进出口公司改为中国煤炭进出口总公司山西分公司，下设大同、阳泉、雁北、秦皇岛4个办事处。分公司接受总公司和山西省的双重领导。业务以总公司为主，山西省通过省煤炭工业管理局和地方煤炭工业管理局进行管理。

1983年4月，山西省在管理体制改革中，将山西省煤炭工业局改为山西省煤炭工业厅，山西省地方煤炭工业管理局为厅属二级局。至此形成了由山西省煤炭工业厅直接管理大同等7个统配局（矿）和地方国营（含军办、手工业）煤矿，山西省人民公社企业管理局下设的省矿业公司管理全省社队煤矿。

为了加强山西省煤炭资源的管理，1983年10月，中共山西省委和山西省人民政府决定成立山西省煤炭资源管理委员会，统一划分和审批各类煤炭企业对山西煤炭资源的占用；协调统配和地方煤矿开采中发生的资源归属矛盾，调处和裁决采矿权属和矿界纠纷；制定有关煤炭资源开发方面的地方性法规，贯彻国家有关法令、法规并监督其执行情况。同时，为了加强对出省煤炭的统一管理，在山西省经济委员会下设山西省煤炭运销总公司。各地市设立分公司，在总公司的统一领导下，组织全省地方煤炭外运销售。1992 年晋政发《山西省人民政府关于全省地方煤炭运销系统管理体制的通知》，出于维护正常的煤炭运销秩序，加强对地方煤炭产运销的宏观调控，决定将全省煤炭运销系统由块块管理为主改为条块结合、以条为主。各地、市、县煤炭运销公司领导班子上划一级管理，由上一级煤炭运销公司征求当地组织、人事意见后任免。

1984 年 7 月 15 日，中国煤炭进出口总公司在大同、阳泉分别成立了中煤总公司大同和阳泉矿务局办事处，原中煤进出口总公司山西分公司经营的统配煤炭出口业务分别转交两个矿务局办事处，其业务和财务实行以中煤进出口总公司为主的管理体制。即总公司、分公司为两级经营管理部门，总公司、口岸办事处为二级核算单位，矿务局办事处为中国煤炭进出口公司办理出口煤炭调运业务的派出机构。至此，山西省煤炭工业的管理体制为：山西省煤炭工业厅直接管理大同等 7 个地方统配局（矿）和地方国营（含军办、手工业）煤矿；山西省人民公社企业管理局管理全省的社队煤矿；山西省煤炭资源管理委员会管理全省煤炭资源；中国煤炭进出口公司山西分公司管理全省煤炭出口业务。

1985 年，煤炭工业部对全国统配矿实行总承包。国家将山西七大统配矿务局和基本建设局、煤田地质公司、煤矿机械厂、煤矿设计院、煤炭管理干部学院、煤矿安全培训中心、煤炭中心医院、煤炭环境保护监测站等，按 1984 年底在册人数全部收归煤炭工业部，将山西省煤炭工业厅改为煤炭工业部山西煤炭工业管理局，为煤炭工业部的派出机构，统一管理山西部属企业事业单位（内设安全生产监察局），实行垂直管理。原由煤炭工业部直属的院校、研究院、公司维持原管理体制。其中大同矿务局由煤炭工业部直接管理，太原煤炭气化公司原为煤炭部和山西省合营企业，仍由原董事会领导，所有上划单位的常务工作仍接受所在地党委统一领导。原作为山西省煤炭工业厅内设机构的山西省地方煤炭工业管理局与乡镇企业管理局所属的山西省矿业公司合并，组建成了山西省煤炭工业厅，管理全省各类地方煤矿，厅下设立安全监察局，督察煤矿安全。

1988 年，国务院组建能源部，撤销煤炭工业部，成立中国统配煤矿总公司。山西省煤炭工业管理局则改为中国统配煤矿总公司山西分公司，其管理范围不变。到 1990 年，山西省煤炭工业管理体制演变为：由中国统配煤矿总公司直接领导大同矿务局、平朔露天煤矿和煤炭科学研究院太原分院、山西矿业学院等企事业单位；由山西煤炭工业管理局管理管理阳泉、西山、汾西、潞安、晋城、轩岗 6 个矿务局及其他上划的企事业单位，由山西省煤炭工业厅管理霍州矿务局和东山等 7 个地方统配矿务局及省、地（市）、县（区）非统配地方国营煤矿、军办矿、手工业合作社经营矿和乡镇煤矿。

1993 年 3 月，国家撤销能源部和中国统配煤矿总公司，再次组建煤炭工业部。1994 年，国务院决定将管理国有重点煤矿的山西煤管局与管理全省地方国有煤矿、乡镇煤矿及其他煤矿的山西省煤炭工业厅两个机构合并为一个机构，但保留两块牌子，两块牌子的隶属关系和管理范围不变，原隶属于两个机构、各自独立的两个安全监察局合并，实现以煤炭工业部为主的双重领导。至此，山西煤炭工业管理体制得到初步理顺，机构改革迈出了重大一步。

五、煤炭运销公司统一地方煤炭销售政策

20 世纪 80 年代初期地方煤矿崛起，产量迅速上升，山西开采的煤炭很大一部分需要销往省外。20 世纪 80 年代初期煤炭外销主要依靠铁路，为支持山西地方煤炭工业的发展，国家给地方煤矿也分配了 3000 万吨铁路计划，由省计委直接掌握。由于地方煤矿已经产大于运，而铁路运输环节还处于垄断经营阶段，1983 年政府决定成立统一经营铁路外运煤炭的山西省煤炭运销总公司，负责省内地方煤炭的出省销售。1986 年山西确定征收能源基金，也需要有垄断地位的煤运公司承担这一任务。继煤运公司之后，政府还授予乡镇煤炭运销公司、煤炭进出口公司、山西能源公司等几个单位有经营地方煤炭运销和收取能源基金的权力，这几个公司销售量很少，地方煤炭运销还是以煤运公司为主。

1983 年，针对当时山西地方煤炭销售主体太过多、散、乱，全省地方经济利益流失严重的现状，山西省对全省煤炭流通体制进行改革，成立山西省煤炭运销总公司。1983 年 10 月，省里把矿业公司、几个小型运输公司和地方煤管局并到一起，组建了山西省煤炭运销总公司(以下简称煤运公司)，山西省人民政府晋政发 [1983] 147 号文件批准成立山西省煤炭运销总公司，接受国家煤炭部的业务指导，负责对全省除国有统配煤矿之外的所有地方煤矿实行统一 (铁路外运) 计划和销售。煤运公司在各地市县组建基层公司，形成覆盖全省的地方煤炭统一销售网络和管理机构。

1985 年，随着国家统配矿的上划，山西煤炭运销的统一格局被打破。山西煤炭管理局对 6 个统配矿务局实行集中管理，成立了山西统配煤炭经营公司和大同矿务局、平朔煤炭工业公司的煤炭运销机构。山西煤炭运销总公司名称不变，划归省煤炭工业厅领导，负责山西地方煤炭的运销，受政府委托，对地方外销煤炭征收"山西能源基地建设基金"，中止了对地市分公司和县分公司的垂直领导。

20 世纪 80 年代后期，山西对公路外运的煤炭也征收能源基金，煤运公司在各公路出省口及各县级公路均开设收费站严格收取基金。省政府为支持煤运公司全额征收能源基金，1986 年在省政府在第 25 号文件中赋予煤运公司"五统一"的权力，即煤运公司对地方煤矿外销业务实行统一价格、统一合同、统一票据、统一计量和统一结算，进一步强化了公司在煤炭运销行业的垄断地位。各基层煤运公司逐步转变为行政职能为主、经济职能次之的公司。而省公司多年来并不直接经营煤炭运销业务，其职能是管理行政性收费的工作，是一个完全的行政性公司。

在公司成立初期，尽管煤运公司拥有铁路计划特权，但煤运公司主要通过煤炭运销业务获取效益。当时省物价部门为其制定了服务费、管理费、短途集站费、站台装卸费等收费标准。其中，服务费为向省外用户征收煤价的 2.5%。管理费为：通过铁路外运的煤炭向煤矿征收煤价的 3%，通过公路运输的煤炭向煤矿征收煤价的 1.5%，并向用户和煤矿各征收 0.1 元的交易费，这些收费标准一直延续。煤运公司在最初成立时，虽然收入较高，但其性质和其他类型公司的区别还不明显，经济收入是合理的。后来煤价不断上升，地方煤炭的运销量也大幅提高，管理收费水涨船高，煤运公司的决策性收入突飞猛增。

1989 年，随着中国人民解放军矿局的成立，原在山西境内的军办矿的运销，从省煤炭运销公司划归到军矿局管理。1989 年，山西晋煤实业公司成立，业务范围是经营统配煤炭，实际上主要是收购地方煤炭。1991 年 10 月，山西省腐殖酸公司更名为山西省乡镇煤炭运销公司，经营乡镇企业生产的原煤（含精煤）、焦炭及腐殖酸类产品。1992 年全系统人事上划一级管理。至此，山西省煤炭运销管理体制演化为：由山西煤炭管理局管理 6 个统配矿务局，山西煤炭运销公司负责全省地方煤炭运销；山西境内军办矿的运销划归军矿局；山西晋煤实业公司经营统配煤炭，实质上主要是收购地方煤炭；山西省乡镇煤炭运销公司经营乡镇企业生产的原煤（含精煤）、焦炭及腐殖酸类产品；各地市煤炭运销公司划归各地市、县领导。山西煤炭进出口权由中国煤炭进出口公司代理，山西省煤炭进出口公司只负责货源。

在承担收取能源基金的职能后，政府在基金收取额中给煤运公司 0.5% 的手续费和可观的奖励以及分成，这部分收入高于运销业务的服务费等收入，成为煤运公司的主要经济收入。到 90 年代初，地方煤炭价格放开，原来向省外用户征收的能源基金转为向煤矿征收。煤运公司征收能源基金的相关收入，没有经营风险，收入稳定，即使不包括垄断权力带来的灰色收入，煤运公司的合法收入已经十分可观。长期以来，煤运公司的收入大大高于煤矿，为此在省内非议不断。

煤运公司收取的能源基金等各项收费是省财政预算外收入的主要来源，其数额巨大，最初已达数亿元，到 90 年代中期稳定在 40 亿元左右，最高达到 50 亿元，煤运公司是省内上缴财政预算外收入最高的单位，在山西是性质特殊、地位也很特殊的公司。

政策实施评估：煤运公司的存在与能源基金紧密相连，其性质是计划经济管理体制管理模式以及管理思维的延续。强化"五统一"虽然有利于基金的全额征收，但运销环节对地方煤炭工业发展的促进作用弱化甚至在一定程度上成为障碍。煤运公司垄断销售割断了煤矿和用户的直接联系，在煤炭市场疲软时期不利于煤矿按用户需求组织生产，扩大销售。煤运公司在发煤以前先收取基金和各项费用，待收回货款后再向煤矿回款的销售程序，不利于及时收回货款。不顾煤矿的实际经营状况刚性收取基金的职能以及巨大的收入差距，使煤运公司与地方煤矿的矛盾表面化。到90年代，煤运公司僵化的运行机制并不能起到保持价格平稳和保护地方煤矿利益的作用，体制缺陷逐步显现。煤运公司从90年代后期开始谋划转型，能源基金停止征收后，煤运公司转型为煤炭生产及多种经营公司。

第三节 煤炭产业市场化改革时期的政策

1993年，党的十四届四中全会召开，确立了实行社会主义市场经济体制的经济体制改革目标，国民经济进入了一个全新的发展阶段。为适应这一体制，国家先后出台了一系列经济改革方案。如煤炭价格放开、新税制的实施等，给山西煤炭产业带来了挑战，也带来了机遇。山西煤炭工业经过十年的高强度大规模开发，能源基地建设取得举世瞩目的巨大成就，其产能规模已基本能够保障国民经济持续稳定发展，山西煤炭产业升级的需求出现。在这一时期，山西煤炭产业政策的重心从保障全国能源供应转向深化改革，通过技术进步和产业延伸开拓，进行产业结构重组，提高煤炭产业适应市场的能力和可持续发展能力。

一、价格和税费改革政策

20 世纪 90 年代，随着我国改革开放的不断深入，我国市场化改革步伐日渐加快。放眼煤炭产业，煤炭产品已经基本实现供求平衡。在加工业产品价格基本上全部放开并取得良好效果的基础上，煤炭价格、税费等改革也逐渐铺开并加快推进。

在投资体制改革方面，20 世纪 80 年代，国家投资已由"全方位、高强度、大规模的区域投资"转化为"重点项目投资"。继而国家不再为大部分国有企业直接投资而开始实行"拨改贷"政策。1992 年，中央下发了中发〔1992〕12 号文，制定了国有大中型企业实行"债转股"的相关规定。1999 年 7 月 5 日，国家煤炭工业局和国家经贸委研究部署，在 64 家煤炭企业实施"债转股"。20 世纪 90 年代后期，国有重点煤矿完成股份制改造，开始进入股票市场融资。

在价格改革方面，从 1995 年起，除对电煤价格实行指导价以外，其他煤炭产品价格全部放开，实行国家宏观指导下的市场调节。同时，在运销环节实施多年的煤炭统配制度，转变为重点购销合同和一般合同。国家统配矿的名称取消，改为国有重点煤炭企业。

在税费改革方面，变革煤炭企业的征税种类。1994 年 3 月，我国《矿产资源法实施细则》第 31 条规定，采矿权人应当依法缴纳资源税和矿产资源补偿费。按照国家税制改革要求，1993 年，国家制定了《中华人民共和国资源税暂行条例》，根据"普遍征收，级差调节"的征税原则，首次对煤炭企业实行新的课税政策：即取消产品税，改征增值税；税率为 3 元 / 吨—5 元 / 吨。为了保障和促进矿产资源勘查、保护与合理开发，维护国家对矿产资源的财产权益，1994 年，我国出台了《矿产资源补偿费征收管理规定》，煤炭征收费率 1%。同时，增加了消费税和土地增值税税种；资源税改按原煤销售量征收；其他的铁路建设基金、电力建设基金、港口建设基金、维简费、排污费、环境治理费等继续保留。

国家统配矿的亏损补贴政策，1992 年中央财政对 94 家国有重点煤矿的亏损补贴为 60 亿元。煤炭部原要求从 1993 年起逐步放开煤价和收回补贴，后又考虑到煤炭企业的实际困难，1995 年及以后又保留了 10 个亿的亏损补贴，加上 17% 增值税取代原 3% 的产品税，增加了煤矿 10% 以上的负担，财政将其返还给煤炭部，共计 17.1 亿元，两项共计 27.1 亿元用于亏损补贴。另外，原来煤炭部每年从其所属的 94 家重点矿中的盈利企业收取利润 10 亿元用于补贴亏损煤矿，重点矿下放地方后不再上缴利润，其缺口由中央财政拿出 10 亿元补足，三项共计 37.1 亿元，按照国务院重点国有煤矿管理体制改革的有关规定，每年由中央财政划转到地方财政，地方政府再落实到企业。

20 世纪 90 年代由于国内煤炭产量已从短缺逐步过渡到产大于销，国家开始鼓励煤炭企业出口创汇。1998 年、1999 年，国家两次提高煤炭出口退税率，并出台出口煤免征部分铁路建设基金、减免港杂费等政策；1999 年 4 月 1 日起，通过营口、天津、秦皇岛、青岛、日照、连云港、京唐港等港口出口的煤炭免征港口建设基金，同时下调外贸出口煤炭装船费 5.7 元 / 吨；铁路运输部门也免收大秦、京原、丰沙大、京秦四线的铁路建设基金，调动煤炭企业扩大出口的积极性。

资源税、矿产资源补偿税的征收体现了市场条件下资源开发利用的有偿性和公平性。以上各项完善经济杠杆作用的改革，是建立市场经济体制的必要措施，尽管在短时间内效果不明显，或有不恰当之处，但其总体来讲，适应国家经济体制改革的总体要求与国家经济改革相向而行。

二、地方煤矿进行全面清理整顿政策

20世纪90年代以来，全国经济增速下滑，对煤炭的需求增长速度降低，一方面，面对煤炭产大于销的市场现状，需要淘汰部分落后产能，使保留下来的生产能力有较充足的生存空间。另一方面，在"有水快流"时期积存下来的效益低下、资源和环境破坏、事故频发等问题，也亟待解决，煤炭产业进行新一轮的重组整改势在必行。1992年，山西制定出台了《山西省人民政府关于全省地方煤矿整顿改造的决定》，拉开了在20世纪90年代对地方煤矿进行多次整顿改造的序幕，有效提高了地方煤矿的整体技术水平和规模化生产能力，推进了地方煤矿的健康发展。

强化小煤矿整顿改造，鼓励其通过联产联营，走规模化发展道路。数量众多的小煤矿曾为缓解煤炭供需紧张做出了巨大的贡献，但同时也造成山西煤炭产业集中度低、整体发展水平不高以及资源浪费、环境污染等问题。为解决这一系列问题，自1992年起，山西省连年颁发加强整顿小煤矿的通知、方案等，对小煤炭实行关、停、并、转，多次对地方煤矿的生产秩序进行整顿。1994年，提出对小煤矿采取"扶持、改造、整顿、联合、提高"的方针，加强对地方煤矿的行业管理。1995年《山西省人民政府转发省煤炭厅（局）〈关于继续整顿小煤矿的实施意见〉的通知》中，对办矿的各项法规和要求执行情况提出严格、具体的审核规定，严格审查各矿的办矿资格、各项法规制度的执行情况、安全生产情况、资源利用情况、安全及各项管理标准。对需要进一步整顿的煤矿列出详细名单限期整改；对于买卖、出租证照的，不具备安全生产条件、越层越界的矿，则立即关闭。要求对整顿工作按乡镇进行逐个验收。1998 年，全国煤炭总量过剩与市场需求低迷的矛盾更加突出。国家出台了"关井压产"的宏观调控举措。山西省委、省政府在认真总结经验的基础上，确立了"理顺管理体制，重审发展规划，调整发展政策，制定整顿方案"的指导思想，提出了"统一领导，联合竞争，优质廉价，占领市场"的煤炭营销 16 字方针，对全省煤炭产运销秩序进行进一步整顿。经过全省上下努力，1998 年取缔私开煤矿 1453 个，压减生产能力 2679 万吨；1999 年关闭布局不合理煤矿 1565 个，压减生产能力 4399 万吨。通过多次整顿，地方煤炭工业生产集约化程度大幅提高，规模效应显现。到 21 世纪经济高速增长阶段，地方煤矿显示出强劲的发展后劲。

用生产能力、安全管理水平、资源回采率、环保标准、资源回采率等技术经济指标"关井压产"，虽不是完全的市场行为，但符合市场发展的要求，促进地方煤矿力争上游，提高了地方矿依法依规办矿意识、环保意识和安全意识，促使地方煤矿加快向现代化方向发展。

三、强化安全管理水平政策

我国煤炭开采以井工开采为主，且地质条件较差，一直以来都属于高危行业。山西煤炭行业百万吨事故率虽然低于全国平均水平，但由于产量基数大，煤炭行业事故在全国十分突出。80 年代小煤矿无序发展带来的煤矿安全条件恶化、安全投入不足、安全风险加大、安全事故居高不下之现实，越来越引起社会的高度关注，安全生产问题的存在和安全形势的恶化成为山西煤炭产业和山西经济社会实现安全发展的主要"瓶颈"。从政策源头上把控、从管理体制上监管、从企业内

123

部上重视，甚至从法律上强制煤炭安全生产的呼声越来越高。通过政策规制形成系统化、规范化的长效安全机制，从根本上解决煤炭产业安全生产问题成为山西煤炭产业政策对安全形势恶化带来的安全压力的最好回应。

在安全管理上下重拳，是山西煤炭行业的管理重点。安全管理要首先强化煤矿安全规制。建立和实行煤炭生产许可证制度，不具备安全生产条件的不发放煤炭生产许可证；全面落实煤矿法人代表安全责任，构建了煤矿安全生产长效机制是这一时期煤炭产业政策的重要规制。在 1992 年《山西省人民政府关于全省地方煤矿整顿改造的决定》中，明确各级政府是煤矿安全的第一责任者，乡镇长是乡村煤矿的第一责任者，并对矿长及主要技术工种人员统一进行专业考试。1995 年在《关于继续整顿小煤矿的实施意见》中，把瓦斯管理、水区管理、地下水防治等安全隐患是列为整顿重点。山西省先后出台了《山西省安全生产条例》《山西省实施〈中华人民共和国矿山安全法〉办法》两个地方法规以及一系列政府规章和规范性文件，形成了较为完整的安全生产法律和制度体系；省政府把亿元 GDP 事故死亡率和煤炭百万吨死亡率两项指标纳入了全省国民经济和社会发展指标体系，逐年对煤矿安全生产情况进行定量控制和考核。率先在全国开展了瓦斯抽采利用工作，实现了煤矿本质安全，变害为利；率先在全国建设了煤矿瓦斯监测监控、生产矿井产量监控和井下人员管理"三大系统"，有效地遏制了瓦斯超限生产、超核定能力生产和超定员生产的"三超"行为，提高了全省煤矿的安全保障能力。

在淘汰落后产能的过程中，把安全水平列为淘汰标准之一，起到事半功倍的作用，是合理的。把地方行政负责人推上煤矿安全的第一责任人，在当时煤矿产权还不明晰的情况下，也是合理可行的，起到了强化安全监督检查的责任追究作用。通过完善煤矿安全制度，并严格监督检查，山西煤炭工业安全水平明显提高，百万吨事故率逐年下降，国有重点煤矿与先进国家的安全水平差距不断缩小，实现了由高危行业向"本质安全型"行业的转变，煤炭工业可持续发展能力增强。

四、侧重环境保护的产业政策

煤炭产业的快速发展带来生态破坏，使得生态环境恶化成为山西煤炭发展的伴生物。一个时期，山西的大气污染、水污染和固体废物堆积已到了难以为继的地步，严重制约山西的经济社会发展，也是煤炭工业自身发展的重要制约因素。山西生态环境改善依赖于煤炭生产的低碳化、洁净化和煤炭资源的综合开发利用。由于市场经济体制还不完善，环境损耗成本还未进入煤炭产品成本的时期，需要政府制定相关政策，通过相应规制措施，把环境保护和综合治理与煤炭开发利用许可联系在一起，以扭转生态环境不断恶化的趋势。

国家在改革开放的初期即1979年已颁布了《中华人民共和国环境保护法(试行)》，对"三同时"制度从法律上加以确认，规定防止污染和其他公害的设施，必须与主体工程同时设计、同时施工、同时投产。随后，为确保"三同时"制度的有效执行，中国又规定了一系列的行政法令和规章。1989年颁布的《中华人民共和国环境保护法》第十三条规定：建设污染环境的建设项目，须上报环境影响报告书，经主管部门及环保行政主管部门批准后，计划部门方可批准建设项目设计书。1995年颁布《中华人民共和国固体废物污染环境防治法》，规定工业固体废物的存放环保标准，并要求县以上政府应当制定治理规划，推广减少固体废物排放的先进工艺和设备。

1995 年，山西省物价局在晋价重字（1995）148 号文中，规定了地方煤矿除 37 元省级收费和服务费、管理费以外，每吨原煤的收费项目为：地方煤矿造林费为 0.15 元，修路费 1 元，矿产资源补偿费为销售收入的 1% 乘以回采率系数。造林费全部用于当地造林。多年后，在煤炭产区已看到大片人工造林，山西的生态环境已有明显改善。

山西国有重点煤矿在 80 年代的大规模建设中，都执行了国家规定的三同时政策法律，环保工作取得显著成绩。到 90 年代，山西煤管局围绕省政府下达的环境保护考核目标，确定省局和矿务局行政一把手的环保责任，每年由省局和七局（含大同局）一公司签订环保目标责任书，并严格考核验收，奖罚兑现，连续多年荣获省政府环保目标责任制优秀单位称号。国有重点煤矿工业废气、废水处理率，固体废物综合治理率及综合能耗都达到全国行业先进水平。

地方煤矿特别是乡镇煤矿点多面广，采取治理污染的技术措施在技术上和经济上均难度很大甚至不可行。90 年代结合地方煤矿的联营改造和关井压产，在生产集约化程度提高的前提下，加强对地方煤矿的环境管理，推广瓦斯、矿井废水和矸石的综合利用，生态恶化的局面有所缓解，矿区面貌明显改善。

煤矿"三废"的综合利用，在环境效益提高的同时，煤矿也取得一定的经济效益，特别是能够直接改善矿区环境，提高矿区居民的生活质量。煤矿通过"三废"综合利用，有力地延长了产品链条，促进了企业转型升级。

五、鼓励煤矿延伸产业链条的政策

山西是煤炭生产大省。由于长期计划经济模式形成的思维定式，在经济工作中更多地考虑的是原煤的生产和按国家指令性计划调出，而对煤炭的加工转化和增值考虑较少，煤炭产业的增加值一度占到全省GDP的40%左右。支柱产业单一不利于国民经济和社会平稳发展。在产大于运、产大于销的市场形势下，低价出售原煤产品也使资源优势难以转化为经济优势。同时，机械化程度的提高使大量职工脱离了原煤生产岗位，大量人员需要安置再就业。按照能源基地建设当初制定的战略目标，参考国内外大型煤炭生产基地的可持续发展途径，山西煤炭工业在80年代大规模提高生产能力之后，开始重视延伸产品链条，发展多种经营，从提高产能转向以提高综合效益为中心。

山西从20世纪80年代后期开始，全省煤炭工业积极推进产品结构调整，大力发展第三产业和多种经营，取得可喜成绩，国有重点煤矿"多经三产"的经营总额自1990年以来以年均近30%的速度递增，1997年达到44亿元，占到企业生产经营总值的27%，从业人员达到12万人，"八五"期间累计安置转产分流人员和待业人员5.4万多人。地方国有煤矿加工转化、综合利用、多种经营、第三产业的发展步伐也明显加快，"多经三产"的产值以每年近20%的速度递增。阳泉、潞安、晋城等矿区的煤层气开发利用大力推进，成为全省煤炭行业一个新的利润增长点。在2001年颁布的《山西省煤炭管理条例》的第三条中，明确提出"鼓励煤炭的加工转化，推广洁净煤技术，提供多种煤炭产品，以适应市场需求，提高经济效益"。

到1999年，山西省委、省政府提出"控制总量、优化布局、调整结构、提高效益、扩大出口"的煤炭工业发展战略并付诸实施。山西煤炭工业淘汰了一大批落后的生产能力；煤炭洗选工艺技术和洁净化水平明显提高，煤炭综合利用取得重大进展；国有大型煤炭企业组建大集团快速推进；煤炭企业上市步伐加快，拓宽了行业融资渠道，促进了现代企业制度的建立与规范。

延伸产业链和多种经营是煤炭行业提高经济效益以及资源合理利用的有效途径，也是山西这样的煤炭生产大省实现产业平衡和区域经济、社会可持续发展的正确选择。

六、打破条块分割煤炭产业管理体制

在 20 世纪 90 年代我国经济体制改革已取得显著成效，市场经济体制的框架初步建立。80 年代国家对山西煤炭工业高强度投资建设，统配矿的现代化程度和适应市场能力均大幅度提高，具备了进一步推进机构改革和企业转换经营机制的条件。

1994 年的条块结合、双重领导管理体制，是山西省介入统配矿的管理的先导。1994 年，国务院将管理国有统配煤矿的山西煤炭工业管理局和山西省煤炭厅合并为一个机构，挂两套牌子，受煤炭部和山西省政府双重领导。一个牌子为山西煤炭工业管理局，是煤炭部的派出机构；一个牌子为山西省煤炭工业厅，为山西省政府职能部门，列入政府序列。新机构是山西省内各类所有制和各种隶属关系煤炭企业的行政主管部门。新机构由煤炭部和山西省政府协商组建。山西省国有重点煤矿主要领导由煤炭部征求省政府意见后负责任免，副职领导干部由山西省煤炭管理机构任免，报部、省备案。通过这一机构设置改革，山西省开始介入对统配矿的管理。

1998 年国有重点煤矿管理权限彻底下放。1998 年，《国务院关于

改革重点煤矿管理体制有关问题的通知》（〔1998〕22 号）下发，作出了将国有重点煤矿下放地方管理的重大决策，除平朔煤炭工业公司、太原煤炭气化总公司隶属中煤能源集团公司外，将原属中央直属的大同、阳泉、西山、汾西、潞安、晋城、轩岗、霍州等八大矿务局及山西煤管局所属的事业单位下放山西省管理，彻底和永久打破了长期以来多头行政、条块分割的山西煤炭产业管理体制。2000 年 9 月山西省煤炭工业厅改为山西省煤炭工业局，负责全省煤炭工业的宏观调控和行业管理；山西省煤炭工业管理局改组为山西煤矿安全监察局，隶属国家煤矿安全监察总局，负责监督、检查各级煤矿安全监察执法情况。2004 年，全省煤矿安全管理职能重新划归山西省煤炭工业局。2007 年，针对山西煤炭管理部门机构重叠、职能交叉等问题，山西省委、省政府办公厅联合下发了《关于调整煤炭工业管理体制的通知》（2007 年 11 号），对煤矿安全监管体制再次进行调整。

　　至此，山西省煤炭管理体制为：由山西省煤炭工业局负责全省煤炭工业宏观管理；国家派出机构山西煤矿安全监察局负责依法行使煤矿安全监察职能；山西省安全生产监督管理局负责全省各行业安全监管；山西省国土厅负责资源的规划、管理、保护与合理利用。此外，省内涉煤部门还有山西省发展改革委员会、山西省经济委员会、山西省国有资产监督管理委员会等综合经济管理部门。职能分散、多部门协作的煤炭产业管理体制确立。在企业管理上，全省除平朔煤炭工业公司、太原煤炭气化集团公司隶属中煤能源集团外，山西五大国有重点煤炭企业，以及地方国有煤矿、乡镇煤矿和其他煤矿，均由山西省煤炭工业局归口管理。

　　在国民经济体制改革和市场化进程的推动下，煤炭产业实现了从计划体制下国家对产业的全面管控向市场体制下的全面放开，再到煤炭市场疲软影响下的以规范整顿为政策重点的演进。煤炭产业政策逐渐由政府意志主导向市场导向转变，政府对煤炭行业的管理从直接干预向宏观调控转变。煤炭产业市场化改革的深入，推动了煤炭产业技术进步、规范化发展和集约化经营。

行政管理转向法制管理。1992 年颁布《中华人民共和国矿山安全法》，1996 年全国人大制定并颁布《中华人民共和国煤炭法》和《中华人民共和国矿产资源法》，推动煤炭行业发展走上了规范化、法制化的轨道。对完善我国煤炭法律法规体系，合理开发利用和保护煤炭资源，规范煤炭生产、经营活动，促进和保障煤炭行业的发展发挥了重要和积极的作用。为煤炭安全生产提供了法律规制，为煤炭产业政策制定划定了红线，明确了方向。

国有重点煤矿转划地方管理，是煤炭工业管理体制的重大改革，是市场经济的客观要求，有利于政府职能转变和企业经营机制转换，也有利于煤炭工业结构调整和健康发展。

第四节　煤炭产业快速发展时期的政策

从 2002 年开始，随着国内外市场煤炭价格的迅速飙升，煤炭产业进入超常规快速发展阶段，煤炭产量大幅增加，山西煤炭产业进入了"黄金十年"发展期。这一时期是山西煤炭工业发展最好最快、对全省经济社会发展贡献最大的时期，是煤炭经济结构加速优化、发展方式加快转变的关键时期。同时，随着我国社会主义市场经济体制改革的不断深化、经济社会发展方式的不断变化以及科学发展观理念的提出，对煤炭产业的政策、法规的设置提出了新的要求，全国性的煤炭生产管理体制发生深刻变化，煤炭产业开始走上可持续发展道路，在安全生产、环境保护、资源综合利用等规制性政策的约束下，逐步形成了宏观管理与市场调节相结合的煤炭产业政策体系。尤其是十六届三中全会（2003年）的召开，为深化和完善我国社会主义市场经济体制改革指明了方向，在科学发展观的指导下，山西煤炭产业政策实现了向规范化、系统化方向的演进。主要包括以下政策内容：

一、煤矿安全生产政策

（一）背景与政策依据

煤炭采掘业是高危行业。作为煤炭大省，全省矿难事故频发，造成重大人员伤亡和巨大经济损失，引起社会各界的普遍关注。仅2003年，山西省就发生死亡10人以上特大事故8起，全部为煤矿事故，共造成234人死亡，煤矿安全生产形势十分严峻，矿难不止已成为山西省经济社会发展中一个突出的问题。为了全面贯彻落实科学发展观，构建和谐山西，根据《中华人民共和国安全生产法》《中华人民共和国矿产资源法》《中华人民共和国煤炭法》《国务院关于预防煤矿生产安全事故的特别规定》等有关法律法规规定，针对我省煤矿安全生产工作中存在的突出问题，本着对国家资源和人民生命安全高度负责的精神，加强煤矿安全生产监督管理，保护煤矿职工的人身安全和身体健康，并在全省范围内开展严厉打击非法违法煤矿活动。2004年2月山西省政府制定《山西省煤矿安全生产监督管理规定》，自2004年3月10日起施行；2004年4月出台了《山西省人民政府关于继续深化煤矿安全整治的决定》；2005年9月出台了《山西省人民政府关于严厉打击非法违法煤矿有效遏制重特大事故的决定》（晋政发〔2005〕30号），把预防煤矿生产安全事故，保障煤矿职工生命安全作为监管监察的主要目标，把严厉打击非法违法煤矿作为监管监察的工作重点；2005年10月28日山西省人民政府第58次常务会议通过《山西省非法违法煤矿行政处罚规定》，自2005年12月1日起施行。

（二）主要内容

1. 煤矿安全生产监督管理

建立健全煤矿安全生产监督管理体系。组织有关部门依法查处私挖乱采煤炭资源行为；每年组织两次以上煤矿安全生产联合执法检查；每季度召开一次以上安全生产例会，协调解决煤矿安全生产中存在的重大问题；制定煤矿重特大生产安全事故的应急救援预案，建立煤矿应急救援体系，组织煤矿事故的抢险救灾工作；其他应当履行的煤矿安全生产监督管理职责。

煤矿安全监察机构依照《煤矿安全监察条例》《安全生产许可证条例》及有关规定对煤矿企业实施安全监察，负责安全生产许可证的颁发和管理。县级以上人民政府有关部门，依照有关法律、法规规定，在各自职责范围内对煤矿安全生产工作进行监督管理。县级以上人民政府安全生产监督管理部门和其他有关部门在监督检查中，应当互相配合，实行联合检查；确需分别进行检查的，应当互通情况。检查过程中发现存在煤矿安全问题并应当由其他有关部门进行处理的，应当及时移送其他有关部门并形成记录备查。接到移送的部门应当及时依法进行处理。

监察机关依照行政监察法的规定，对县级以上人民政府和县级以上人民政府负有煤矿安全生产监督管理职责的部门及其工作人员履行煤矿安全监督管理职责实施监察。工会依法组织职工参加煤矿安全生产工作的民主管理、民主监督，维护煤矿职工在安全生产方面的合法权益，并有权参加煤矿事故的调查处理。煤矿企业必须达到煤矿安全生产基本条件方可组织生产。煤矿企业应当依照安全质量标准化的要求，强化现场管理，提高煤矿安全生产水平。

2. 加强煤矿安全整治

按照资源整合、能力置换、关小上大、有偿使用的原则。政府统一规划引导，企业自愿联合改造，对现有小型煤矿特别是9万吨以下矿井的煤矿资源、已关闭矿井的剩余资源及零星边角资源，以现有生产矿井为基础，根据资源赋存情况、地质条件、市场辐射面、交通状况等进行资源整合，公开出让；不宜进行公开出让的依法按程序审定并按规定收取采矿权价款。要合理确定井型，提高单井生产规模、机械化水平和资源回收率，增强安全保障能力。

继续关闭浪费资源、不具备安全生产条件的小煤矿。对2003年底前应关未关的煤矿、2004年已通过验收但复查中发现存在严重隐患未达验收标准的煤矿以及死灰复燃的煤矿要按照关井六条标准坚决实施关闭。对2004年3月前未通过验收的煤矿，由各地市坚持标准，严格把关，达不到标准的予以关闭。对新开煤矿必须严格按照规定程序审批，生产能力应当在30万吨／年以上，必须实现规模化经营和机械化开采，实现高产高效和资源有效利用。

3. 严厉打击非法违法煤矿

通过严厉打击非法违法煤矿行动，彻底关闭非法煤矿，杜绝煤矿违法生产和违法建设行为，有效遏制煤矿重特大事故，推动我省煤炭工业本质安全程度显著提高。各级政府及其有关部门严厉打击的重点是非法煤矿和违法煤矿。其中，非法煤矿是指：未依法取得采矿许可证、安全生产许可证、煤炭生产许可证、营业执照，矿长未依法取得矿长资格证和矿长安全资格证，擅自从事生产的煤矿；未取得采矿许可证和未按有关程序批准，擅自进行建设的煤矿。违法煤矿是指：取得有关证照，但在生产或建设中违反安全生产有关法律法规规定、拒不执行监管监察执法指令进行生产或建设的煤矿。

煤矿安全监察机构要认真履行煤矿安全的"国家监察"职责，加强煤矿安全的经常性监察、重点监察、专项监察和定期监察，及时查处煤矿各种违法行为，严格煤矿安全生产许可证管理，严格建设项目"三同时"监察执法，依法组织查处煤矿事故，认真落实事故责任追究的有关规定。

安全生产监督管理部门要认真履行煤矿安全的"地方监管"职责，对辖区内的煤矿安全工作实施统一监管，加强煤矿安全日常监管和安全生产考核指标控制，严格煤矿矿长资格证管理，认真开展煤矿安全基本条件审核评价等安全基础工作，依法查处煤矿生产和建设中的违法行为。

4. 矿山建设与开采的安全保障政策

矿山新建、改建、扩建和技术改造工程项目的安全设施，必须与主体工程同时设计、同时施工、同时投入生产和使用。矿山建设工程项目的可行性研究报告必须对其安全条件进行论证。初步设计中应按规定编制安全专篇。矿山建设工程安全设施的设计审查和竣工验收必须有安全生产监督管理部门参加。安全设施设计未经审查批准的工程项目，不得组织施工；未经验收或验收不合格的工程项目，不得投入生产和使用。

矿山开采必须具备保障安全生产的条件，执行矿山安全规程和行业技术规范。矿山企业必须按国家有关规定设置矿山安全标志。煤矿矿井必须具备以下基本安全生产条件：每个生产矿井至少有两个独立的、能行人的、直通地面的安全出口；矿井有合理的通风系统，保证井下有足够的新鲜风量，采用机械通风的，主要通风机安装在地面；井下电气设备符合国家安全标准和防爆要求，供电系统有过流、漏电和接地保护措施，年产 21 万吨以上的煤矿采用双电源供电；有采掘工程平面图、通风系统图、地面井下对照图、供电系统图、避灾路线图；竖井升降人员的提升系统设有防坠井、防过卷装置和两级声、光信号装置，倾斜井（巷）提升设有防跑车装置，提升容器明确标明载重（人）量；按规定配备矿灯、瓦斯检定器、便携式瓦斯报警仪、自救器、测风仪、放炮器和消防器材；井下采取防尘措施；矿井的瓦斯等级、煤尘的爆炸性，按国家有关规定进行鉴定；井口和工业广场内的建筑物高于当地历年最高洪水水位，低于的构筑防洪设施，井下有水患威胁或地质情况不明的配备探水钻；矿井有与外界相通的通信设施，年产 21 万吨以上的矿井配备救护装备。

（三）政策实施评估

进入 21 世纪以来，山西中小煤矿经过连续 3 次大规模的关井压产和安全整治，矿井数量减少、规模扩大，安全生产状况总体上趋向好转。全省煤矿的百万吨死亡率由 2001 年的 1.66 下降到 2005 年的 0.902，5 年下降 54.34 %，其中，乡镇煤矿百万吨死亡率由 2001 年的 3.64 下降到 2005 年的 1.994，5 年下降 54.67 %。由于乡镇小煤矿百万吨死亡率的大幅度下降，使全省煤矿原煤生产百万吨死亡率 2004 年、2005 年分别降为 0.98 和 0.902，比全国同期的 3.1 和 2.836 分别低

2.12 和 1.94。2008 年，山西煤矿发生事故起数同比减少 7.14%，死亡人数同比减少 33.89%，百万吨死亡率首次降到 0.5 以下，为 0.42，比上年下降 42%，比全国同期的 1.182 低 0.762。到 2010 年，山西省煤矿累计发生事故 63 起，死亡 139 人，事故起数同比减少 8 起，下降了 11.27%；死亡人数同比减少 63 人，下降了 31.19%。全省煤矿百万吨死亡率 0.1876，同比减少了 0.1407，下降了 42.86%。

二、煤炭资源有偿使用政策

(一) 背景与政策依据

长期以来，我国煤炭资源一直是无偿开采。这使滥采滥挖现象屡禁不止，更使许多煤矿，特别是一些乡镇煤矿和个体煤矿无序生产，进行掠夺性开采。为了根治上述弊端，山西从 2004 年 4 月起在临汾市试行煤炭资源有偿使用办法。一年后，该市煤炭资源利用率由过去的 20% 一下提高到 60% 以上。在总结临汾经验的基础上，山西省政府于 2005 年 6 月 27 日下发了《关于推进煤炭企业资源整合和有偿使用的意见 (试行)》；2005 年 8 月制定了《山西省煤炭企业资源整合和有偿使用实施方案》；2006 年 2 月 21 日山西省人民政府第 66 次常务会议通过了《山西省煤炭资源整合和有偿使用办法》，并于 2 月 28 日公布，自公布之日起施行。煤炭资源整合和有偿使用，是山西省政府从贯彻落实科学发展观的高度，以市场经济手段解决煤炭工业发展进程中诸多问题的一次战略性抉择。

(二) 主要内容

1.资源整合政策

煤炭资源整合是指以现有合法煤矿为基础，对两座以上煤矿的井田合并和对已关闭煤矿的资源（储量）及其他零星边角的空白资源（储量）合并，实现统一规划，提升矿井生产、技术、安全保障等综合能力；并对布局不合理和经整改仍不具备安全生产条件的煤矿实施关闭。煤炭资源整合可以采取收购、兼并、参股等方式。鼓励大中型企业参与煤炭资源整合，组建和发展大型企业集团。

通过实施资源整合和关闭矿井，各市煤矿数量要减少30%以上，其中重点产煤县生产能力在9万吨/年以下的小型煤矿要在2005年底前全部淘汰；到2010年，大型煤炭基地内的小型煤矿数量减少70%，全省30万吨/年以上矿井煤炭产量占到总产量的90%以上；到2015年所有小型煤矿全部淘汰，全省煤矿个数控制在2000个以内。

煤炭资源整合后的煤矿必须实现壁式开采，达到一矿一井、两个安全出口、全负压通风等法律、法规规定的安全生产条件。对历史原因形成的多井口煤矿，因地质构造因素不能整合为一矿一井的，由省煤炭工业部门会同省国土资源部门、安全监察机构进行认定，并由国土资源部门分立采矿许可证。厚煤层采区回采率不低于75%，中厚煤层不低于80%，薄煤层不低于85%。煤炭资源整合后的煤矿必须依法办理采矿许可证、煤矿安全生产许可证、煤炭生产许可证、企业法人营业执照，煤矿矿长应当取得矿长资格证和矿长安全资格证。

2. 有偿使用政策

煤炭资源有偿使用是指通过行政审批取得采矿权的采矿权人，除缴纳采矿权使用费外，还应当依法缴纳采矿权价款。在资源整合过程中，适宜公开竞价的空白或者已关闭煤矿的资源应当按照公开竞价的方式出让。

实施煤炭有偿使用。采矿权价款收缴方式有三种：一是货币收缴，主要适用于资源量较少、规模较小的煤矿，按煤种和资源（储量），采取"标准一次确定、价款一次交清"的办法。其余煤矿，采取资源（储量）定量、分期分段出让，价款标准由省人民政府适时调整。二是采矿权价款转为国有股份，主要适用于资源量较多、规模较大的煤矿，在政府与采矿权人和投资人协商同意的基础上，按规定经批准后，可将采矿权价款转为国有股份。三是采矿权价款转为国家资本金，主要适用于国有重点煤矿和地方国有骨干煤矿，其采矿权价款按照有关规定批准后可以转为国家资本金。上述三种有偿使用方式的确定，既维护了矿产资源国家所有者权益，体现了"在保护中开发，在开发中保护"的原则，也考虑到了资源整合中矿山企业的合法权益和现实状况。

采矿权价款由县级人民政府国土资源部门负责收取。省人民政府可以根据市场情况调整采矿权价款收取标准。县级人民政府国土资源部门收取的采矿权价款，按照省、市、县 3：2：5 比例分配；资源整合过程中通过公开竞价出让采矿权收取的采矿权价款，按照省、市、县 2：3：5 比例分配。县级人民政府国土资源部门收取的采矿权价款应当上缴同级财政专户，并由县级人民政府财政部门按照价款比例分别上缴省、设区的市财政专户。煤炭有偿使用费主要用于因煤炭开发而引发的污染治理、植被恢复、资源保护、环境整治等。

煤炭资源有偿使用对许多由个人承包经营而造成的产权不明晰的乡镇煤矿有特别重要的意义，即通过交纳有偿使用费，煤矿采矿权价款的缴纳者成为煤矿的投资者或经营者。这对明晰产权关系，提高煤炭产业的集中度，加强煤炭资源的保护和合理开发利用将起重大作用。

（三）政策实施评估

截至 2006 年 10 月底，全省有 52 个主要产煤县和 15 个非主要产煤县的《资源整合和有偿使用工作方案》已经省资源整合和有偿使用工作领导组批准实施。其余 8 个主要产煤县和 16 个非主要产煤县的《方案》已经省资源整合和有偿使用工作办公室审查通过，经资源整合，市国有煤矿以下矿井个数由资源整合前的 4397 个减少到 3006 个，压减率为 31.6%。60 个主要产煤县和 31 个非重点产煤县分别淘汰了年生产规模 9 万吨／年以下和 3 万吨／年以下的矿井，生产能力保持基本平衡；经批准《方案》的县级政府，已经开始组织有关部门进行储量核查、编制整合矿井初步设计和收缴资源价款或转国有资本金的工作。到 2008 年，全省约有各类煤矿 2600 座，国有大集团和地方区域小集团产量已经占到全省煤炭产量的 60% 以上，其中国有重点煤矿产量所占比重由 2005 年的 43.2% 提高到 2008 年的 49.8%，提高了个 6.6 百分点。煤炭资源整合提升了全省煤炭行业抗风险的能力，同时提高了全省煤炭行业的安全生产能力，有效地改善了煤矿安全保障程度，煤矿安全事故明显减少，百万吨死亡率大幅下降。

三、煤炭工业可持续发展试点政策

（一）政策背景与依据

改革开放以来，我国煤炭工业快速发展，煤炭产量持续增长，对国民经济和社会发展发挥了重要作用。但煤炭工业在体制、资源、安全、环境和转产发展等方面的深层次矛盾仍然很多，产煤大省山西遇到的问题更为突出，煤炭工业、区域经济和社会可持续发展面临严峻挑战。为解决煤炭开采带来的资源破坏和浪费、生态环境污染严重等一系列问题，促进煤炭工业可持续发展，根据《国务院关于同意在山西省开展煤炭工业可持续发展政策措施试点意见的批复》（国函〔2006〕

52 号），2007 年 3 月山西省出台了《山西省煤炭工业可持续发展政策措施试点工作总体实施方案》。2007 年 10 月，出台了《山西省煤炭可持续发展基金征收使用管理实施办法（试行）》、制定了《山西省煤炭可持续发展基金分成入库与使用管理实施办法(试行)》。2008 年 2 月又制定了《山西省煤炭可持续发展基金安排使用管理实施细则（试行)》等一系列相关政策。

（二）主要内容

1. 加强煤炭行业宏观管理

进一步理顺煤炭行业管理体制。加强煤炭行业管理，科学确定职能，充实和加强煤炭管理力量，健全和完善管理制度，优化政策环境，加强对煤炭生产经营全过程的监督管理。具体的机构调整、职能配置及编制核定等事宜，由省编委专题研究审定。山西煤矿安全监察局依法履行国家监察的职能。

加强煤炭行业宏观调控。按照国家宏观调控政策和全省"十一五"煤炭发展规划，山西省要率先实行煤炭生产总量控制，并建议国家在全国范围内强化煤炭总量调控。省发展改革部门要结合国家煤炭行业宏观调控，根据国民经济发展、国家能源中长期发展规划和"十一五"规划，统筹国内外各种因素，合理确定山西煤炭产量等中长期规划目标；省国土资源管理部门会同煤炭行业主管部门编制山西省煤炭资源勘查开发利用规划，指导和规范全省煤炭资源的保护、勘查、开采和审批管理。省煤炭行业主管部门编制和实施山西省煤炭生产开发规划。各级各部门要严格按照规划，结合各自职能，加强对煤炭行业的具体调控，优化资源配置和煤炭开发布局，确保煤炭总量平衡和煤炭行业健康发展。

改革完善煤炭运销体制。在提高煤炭生产集中度的同时，要注重提高煤炭销售集中度，尤其要提高地方中小煤矿的销售集中度，避免无序竞争带来的利益流失，真正变资源优势为生产优势和经济优势，提高全省煤炭整体效益。以煤炭工业可持续发展为目标，统筹煤炭企业改革、地方煤炭运销体制改革、培育煤炭交易市场、建立煤炭交易中心等相关工作。

2. 规范征收（提取）、合理使用煤炭工业可持续发展相关基金（资金）。

为形成提高煤炭资源回采率的内在促进机制，建立生态环境恢复补偿机制和煤炭城市转型、重点煤炭接替产业发展援助机制，从而促进煤炭工业可持续发展，促进产煤地区经济和社会的协调发展，对山西省境内所有煤炭生产企业统一征收煤炭可持续发展基金，设立矿山环境治理恢复保证金和煤矿转产发展资金。

规范征收煤炭可持续发展基金。征收范围：山西省行政区域内，从事煤炭开采的所有生产企业。征收标准：按动用（消耗）资源储量、区分不同煤种，确定适用煤种征收标准为，动力煤5元/吨—15元/吨、无烟煤10元/吨—20元/吨、焦煤15元/吨—20元/吨。计征办法：矿井基金月征收额＝适用煤种征收标准×矿井核定产能规模调节系数×矿井当月原煤产量；企业基金月征收额＝所属各个矿井基金月征收额之和。其中，具体适用煤种征收标准由省煤炭工业可持续发展试点工作领导组组织省财政厅、省发展改革委、省经委、省煤炭局、省国土资源厅等部门，根据山西省矿区总体规划，按煤种、煤质、资源赋存条件及煤炭市场价格变动情况，适时提出区域性适用煤种征收标准，报省人民政府批准后公布执行。

加强煤炭可持续发展基金管理。煤炭可持续发展基金征收主体为省人民政府。省财政部门负责基金的征收和预算管理，省发展改革部门负责基金使用的综合平衡和计划管理，省人民政府相关部门负责本行业领域项目的组织和实施。省煤炭工业可持续发展试点工作领导组负责协调解决基金征收、使用中存在的重大问题。省财政部门委托省地方税务局具体组织基金征收工作。根据山西实际情况，地税部门可委托相关单位进行查验补征。各级基金收支纳入同级财政预算管理，按《国务院关于投资体制改革的决定》（国发〔2004〕20号）和政府投资管理要求，编制收支计划，纳入年度国民经济和社会发展计划及投资计划总盘子管理，严格执行收支两条线制度。

科学合理使用煤炭可持续发展基金。煤炭可持续发展基金主要用于单个企业难以解决的跨区域生态环境治理、支持资源型城市转型和重点接替产业发展、解决因采煤引起的社会问题。其中，跨区域生态环境治理主要内容包括：煤炭开采所造成的水系破坏、水资源损失、水体污染；大气污染和煤矸石污染；植被破坏、水土流失、生态退化；土地破坏和沉陷引起的地质灾害等。支持资源型城市、产煤地区转型和重点接替产业发展主要包括：重要基础设施；符合国家产业政策要求的煤化工、装备制造、材料工业、旅游业、服务业、高新技术产业、特色农业等。解决因采煤引起的社会问题包括：分离企业办社会；棚户区改造；与煤炭工业可持续发展密切相关的科技、教育、文化、卫生、就业和社会保障等社会事业发展。基金用于以上三个方面的支出，原则上按50%、30%、20%的比例安排。具体支出使用方案，由省财政厅、省发展改革委商有关部门综合平衡提出意见。

建立矿山环境治理恢复保证金制度。山西省内所有煤炭生产企业应依据矿井设计服务年限或剩余服务年限，按吨煤 10 元分年按月提取矿山生态环境治理恢复保证金（以下简称保证金），按"企业所有、专款专用、专户储存、政府监管"的原则管理。经省人民政府批准，省属国有重点等煤炭开采企业，由企业设立保证金专户储存，专款专用，接受政府有关职能部门监督。其他煤炭开采企业，其保证金由煤炭可持续发展基金代征机构监督缴入同级财政部门专户储存。

由企业专户储存保证金的煤炭企业，其环境治理方案经政府相关部门批准后，由企业组织实施，环境治理恢复后由政府环保行政部门组织相关部门验收。在财政部门专户储存保证金的其他煤炭开采企业使用保证金时，企业按照治理方案提出项目实施计划申请，经同级环保部门及相关部门审查同意，并按要求完成治理任务的，资金由财政部门按项目进度直接拨付企业。对未完成环境恢复治理任务的，由相关部门监察监管，发出建议通知书督促限期完成。如逾期不完成的，由同级人民政府向社会公开招标进行治理恢复，费用从治理恢复范围内的企业的保证金中支付。

对终止经营或关闭清算的煤炭企业，已提取保证金有结余的，其环境恢复治理经环保等有关部门评定达标的，财政部门将保证金返还企业，企业作为清算收益处理；经评定未达标的，结余资金由政府通过社会公开招标方式，继续用于环境治理恢复方案的实施。

合理提取和管理煤矿转产发展资金。山西境内所有煤炭生产企业要建立煤矿转产发展资金。转产发展资金"成本列支，自提自用，专款专用，政府监督"。煤矿转产发展资金根据原煤产量，按月提取，提取标准为 5 元／吨。煤矿转产发展资金的使用实行项目管理制度，主要用于煤炭企业转产、职工再就业、职业技能培训和社会保障等。企业转产资金的使用，由政府相关职能部门监管。对无力单独进行转产项目实施的小型煤炭企业，可由当地政府组织转产项目的实施，转产资金按股份享受权益。对终止经营的煤炭企业，已提取转产发展资金有结余的，应首先用于本企业的职工安置，职工安置完成后仍有结余的，补交所得税后企业作为清算收益处理。

不断完善煤炭生产企业成本核算。科学界定煤炭企业成本和费用支出范围，构建科学、合理的煤炭成本核算新体系，逐步实现煤炭开采外部成本内在化，完善煤炭价格市场形成机制。现阶段应在现行成本项目中增加资源、环境和生态成本及转产成本。企业缴纳或提取的矿业权价款、煤炭可持续发展基金、矿山环境治理恢复保证金、煤矿转产发展资金计入生产成本，按有关会计准则进行处理。

3.建立煤炭开采生态环境恢复补偿机制

按照"统筹兼顾、突出重点，预防为主、防治结合，过程控制、综合治理"的原则，加强产煤地区生态环境恢复治理，建立健全煤炭开采生态补偿机制，构筑煤炭开发的"事前防范、过程控制、事后处置"三大生态环境保护防线，做到"渐还旧账，不欠新账"，争取用 10 年左右时间使全省矿区生态环境明显好转。

煤炭开采生态环境恢复治理的内容主要包括：地表沉陷治理、煤矸石治理、水资源保护、土地复垦、水土保持、矿区造林绿化、植被恢复、生物多样性保护、煤场和集运站除尘、污水处理和中水回用、矿区居民环境条件改善、生态环境监管能力建设等。

依照国家制定的生态环境恢复治理的标准和要求，全省煤炭开采生态环境恢复治理项目总投资按 10 年期规划，需资金 1400 亿元左右，规划期内通过矿山环境治理恢复保证金、煤炭可持续发展基金、煤炭两权价款等渠道共可筹集 1000 亿元左右，约 400 亿元资金缺口需通过中央财政转移支付、地方政府投入解决，同时要鼓励引导民间资本参与煤矿生态环境恢复治理工程。抓好煤炭开采的生态环境治理重点项目。其中，对于企业负责治理的生态环境问题，如矿井废水处理、煤矸石治理、除尘防治、矿区植被恢复、造林绿化和水土保持等项目，由企业利用生态环境恢复治理保证金实施。对于企业无法解决的区域生态环境问题，如较大范围采煤地表沉陷、水系破坏、林木损毁、矿区生态恢复治理等项目，由政府利用煤炭可持续发展基金等负责组织实施。使用政府资金的项目，按《国务院关于投资体制改革的决定》要求，严格实行政府投资项目审批制，由环保等有关部门实施监督。项目建设实行工程项目法人负责制、招投标制、工程建设监理制和合同管理制管理。

强化事前防范和过程控制，构建煤炭开采环境污染与生态破坏防治机制。严格执行《中华人民共和国环境影响评价法》，强化全省煤炭开发规划和建设项目环境影响评价工作，具体制定煤炭开发环境影响评价的内容、标准和规范。从区域生态环境安全角度出发，合理确定全省煤炭生产规模、布局、开采时段，划定禁采、限采区。要严格禁止有可能诱发严重生态衰退和环境灾难的采矿活动，建立起长期有效的防范和规避机制。

强化煤炭开发过程控制，实行矿区生态质量季报制度和煤炭企业生态环境保护年度审核制度。建立环境监理制度，加强对煤炭开采活动的环境监理，预防和减少环境污染与生态破坏。新建和已投产各类煤炭生产企业必须提交规范的环境影响报告书，作为发放生产许可证的条件。新建和已投产各类煤炭生产企业必须按照环境影响评价批复要求，制定矿山生态环境保护与综合治理方案，并经环保部门审批后实施。煤矿生态建设、环境保护工程要与生产设施同时设计、同时施工、同时投产使用。煤矿闭坑时，必须提交生态环境恢复治理评估报告书，经环保部门验收合格后，方可办理有关手续。

强化矿区生态环保能力建设，完善煤炭开采生态环境恢复治理保障体系。加强煤矿开采生态环境监测监理能力建设。加强矿区生态环境遥感监测与科学研究，重视生态环境恢复治理项目可行性研究、投资及工程实施效果的技术审核与评估。建设以遥感和地面观测站相结合，野外核查与室内纠正相补充的矿区生态环境综合监测体系。将生态监测和生态质量评价纳入环保等有关部门的日常监管工作中，全面及时掌握煤炭开采生态环境质量现状及动态变化情况。

推进煤炭开采生态环境恢复治理法制化建设。组织拟定《山西省煤炭开采生态环境保护管理条例》，提高生态环境恢复治理的法制化水平，统筹协调矿区生态建设与城市化、新农村建设、生态村建设、工业反哺农业、生态移民等关系。

（三）政策实施评价

通过征收煤炭可持续发展基金和提取矿山环境治理恢复保证金，山西省在全国率先建立起了资源开发的生态环境补偿机制，这是加快生态环境补偿市场化和法制化进程的一项有益探索，是一项具有里程碑意义的体制改革和制度创新。主要表现在：

一是合理界定了政府和企业的责任。按照"统筹兼顾、突出重点、预防为主、防治结合、过程控制、综合治理"的原则，出台了《山西省煤炭开采生态环境恢复治理规划》《山西省煤炭开采企业生态环境恢复治理方案》《山西省循环经济发展总体规划》；制定了《山西省煤炭企业生态环境保护年度审核办法》《山西省矿山生态环境质量季报管理办法》《山西省矿山生态环境恢复治理保证金使用实施细则》；下发了《山西省矿山生态环境保护与综合治理方案编制细则（试行）》《山西省市、县煤炭开采生态环境恢复治理规划编制指导》等，合理界定政府与企业责任，完善环境保护目标责任制，利用煤炭可持续发展基金和矿山环境恢复治理保证金，加强产煤地区及跨区域生态环境恢复治理，事前防范、过程控制、事后处置，逐步建立起生态环境恢复补偿机制，实现部分外部成本内部化。

　　二是科学合理确定了外部成本内部化标准。煤炭企业足额核算安全成本、劳动力成本、资源成本、环境成本、转产成本等煤炭开采的外部成本，分别以三大基金和企业缴纳的矿业权价款的形式缴纳或提取，计入生产成本，使煤炭开采外部成本内在化，实现煤炭成本合理化。按照开采吨煤造成的外部成本，制定三大基金和矿业权价款的计提标准：对各类煤矿按动用（消耗）资源储量、区分不同煤种，征收煤炭可持续发展基金；依据矿井设计服务年限，按煤炭销售收入的一定比例，分年预提矿山环境治理恢复保证金。据测算，山西省每开采1吨煤炭造成的资源与环境损耗成本高达115元，累计达上万亿元。通过征收平均吨煤27元的煤炭可持续发展基金和提取吨煤10元的矿山环境治理恢复保证金，使37元的资源开发生态环境损耗外部成本内部化，最终通过价格机制传导到消费者，从而有效弥补了煤炭开采的生态环境损失。

　　三是建立起了资源开采与生态环境保护的调节机制。煤炭可持续发展基金是按照《国务院关于在山西省开展煤炭工业可持续发展政策措施试点的意见》（国函〔2006〕52号）规定，由山西省政府对省内各类煤矿按动用（消耗）资源储量、区分不同煤种征收的一项政府性基金。其主要功能在于解决煤炭开采的外部不经济性，实现与采煤相关的生态、环境、资源等外部成本内部化、煤炭成本完全化，充分体现"谁开发、谁保护，谁破坏、谁恢复，谁污染、谁治理"的原则，是构建山西资源环境补偿机制、建立转型转产发展援助机制、解决企业办社会包袱及因采煤引起的各种社会问题的重要支撑。煤炭可持续发展基金侧重于煤炭开采对资源环境损耗的补偿，是解决历史欠账的重要经济政策。资源税主要功能定位于充分调节资源级差收入和保障资源的国家所有者收益。两类政策都对促进资源性产品价格改革，建立反映市场供求和资源稀缺程度、体现生态价值和代际补偿的资源生态补偿制度有着积极作用，但同时在功能上有质的区别，不可替代。

四是建立起了煤炭开采生态补偿征管用体系。省政府先后颁布实施了《煤炭可持续发展基金征收管理办法》《基金安排使用管理流程图》和《加强矿山环境恢复治理保证金和煤矿转产发展资金提取使用管理的通知》等一系列政策措施，建立了基金和保证金征收、提取及安排使用管理框架制度，形成了系统的征收、使用、稽查三位一体的组织体系，做到了征收制度化、使用规范程序化、稽查考核科学化。

截止到 2012 年底，山西共征收煤炭可持续发展基金 970 亿元、矿业权价款 353 亿元，企业提取矿山环境恢复治理保证金 311 亿元，提取煤矿转产发展资金 140 亿元。通过推动企业实施矿区清洁环保节能生产，对采煤沉陷矿区、矸石山、水土流失等进行大规模的生态恢复治理，全省矿山生态环境明显改善。仅 2007—2009 年，山西省共安排基金 113.37 亿元用于跨区域生态环境综合治理，集中支持汾河流域生态环境修复与保护、太原西山地区生态环境综合整治、10 市生态环境综合治理、应急水源等六大水利工程、造林绿化工程、节能减排和淘汰落后产能、循环经济项目等重点工程。通过治理，汾河流域地下水位止降回升；通过绿化工程，汾河流域造林 29.82 万亩，交通沿线荒山造林 133.08 万亩，通道绿化 1364 万亩；通过污染治理，全省已建成 72 座生活污水处理厂，城市污水处理率已达到 72％；通过对沉陷区治理，大同、轩岗、古交等 9 个采煤沉陷矿区治理开工面积 546 万平方米；通过实施节能降耗工程，2008 年全省万元 GDP 能耗年度降幅 7.39％，2009 年降幅 5.6％，降幅均居全国第一。一大批生态环境重大项目的实施，使全省环境质量明显提升，化学需氧量、二氧化硫排放量分别下降 3.6％和 2.7％，11 个城市空气质量优良率达到 85％，10 个重点城市和 70 个县（市）空气达到国家二级标准。

四、煤矿兼并重组政策

（一）政策背景与依据

20 世纪 80 年代，国家为了满足能源、特别是煤电需求，在山西实行有水快流的阶段性政策，小煤矿如雨后春笋般破土而出，这在一定程度上缓解了煤炭供应紧张的局面，但却衍生出非常严重的资源浪费、生态破坏、事故频发等问题。

中小煤矿是山西省煤炭产业的主力军，"多、小、散、乱"是其煤炭开采基本格局。中小型煤矿矿难频发、私挖乱采现象触目惊心。很多私营小型煤矿的安全存在隐患。在这种背景下，加快培育大型煤矿企业和企业集团，加快推进煤矿企业兼并重组整合，是山西淘汰落后产能、提高煤炭产业集中度和产业水平，促进煤炭产业结构优化升级的重要举措，是推进煤炭工业转型发展、安全发展、和谐发展的重大决策。根据《国务院关于促进煤炭工业健康发展的若干意见》（国发〔2005〕18号）、《煤炭产业政策》（国家发展改革委公告2007年第80号）的精神，2008年以来，山西省先后下发了《山西省人民政府关于加快推进煤矿企业兼并重组的实施意见》（晋政发〔2008〕23号）、《山西省人民政府关于进一步加快推进煤矿企业兼并重组整合有关问题的通知（晋政发〔2009〕10号)》，2009年6月还出台了《山西省煤炭产业调整和振兴规划》，其核心内容就是全力推进山西煤炭产业整合。煤矿企业兼并重组整合是贯彻落实党的十七大精神、践行科学发展观的具体行动，是落实党中央、国务院的决策部署，加快结构调整和转型发展的重要举措，是解决山西煤炭发展中资源浪费、环境污染、生态破坏、安全事故频发等诸多问题的治本之策。

（二）主要内容

1.兼并重组的范围、途径和模式

兼并重组的范围。参与兼并重组的煤矿企业包括现有山西省境内国有重点煤矿企业、在晋中央煤矿企业、市营煤矿企业和经省煤炭资源整合领导组批准单独保留和整合的市营以下地方煤矿。其中，因安全生产事故确定为关闭和资源枯竭、非法违法矿井不得作为基数进行兼并重组，其所剩资源可按《山西省煤炭资源整合和有偿使用办法》（省人民政府第187号令）有关新增资源的规定执行。

兼并重组的途径和模式。以三个大型煤炭基地和18个规划矿区为单元，以市、县（市、区）为单位，以资源为基础，以资产为纽带，通过企业并购、协议转让、联合重组、控股参股等多种方式，由大型煤炭生产企业兼并重组中小煤矿，并鼓励大型煤矿企业之间的联合重组；鼓励电力、冶金、化工等与煤炭行业相关联的大型企业以入股的方式参与煤矿企业兼并重组，但必须由煤矿企业控股，以实现专业化管理、煤炭与相关产业一体化经营。股份制是煤矿企业兼并重组的主要形式，兼并重组企业应在被兼并企业注册地设立子公司。国有企业之间的兼并重组，可采用资产划转的方式；非国有之间或非国有与国有之间煤矿企业的兼并重组，可采用资源、资产评估作价入股的方式。

重组主体与矿区划分。按照"一个矿区尽可能由一个主体开发，一个主体可以开发多个矿区"的原则，合理确定兼并重组主体企业和矿区划分：大力支持大同煤矿集团、山西焦煤集团、阳泉煤业集团、潞安矿业集团、晋城无烟煤集团和中煤平朔公司等大型煤炭生产企业作为主体，兼并重组中小煤矿，控股办大矿，建立煤炭旗舰企业，实现规模经营。其他允许作为兼并重组主体的企业，要通过严格的检验资质并经省人民政府批准予以公告后，可兼并重组一些中小煤矿，建立煤源基地。

2. 兼并重组整合的目标与模式

明确兼并重组整合目标。到 2010 年底，全省矿井数量控制目标由原来的 1500 座调整为 1000 座，兼并重组整合后煤矿企业规模原则上不低于 300 万吨／年，矿井生产规模原则上不低于 90 万吨／年，且全部实现以综采为主的机械化开采。各市保留矿井数量分别为：太原市 50 座，大同市 71 座，阳泉市 50 座，长治市 95 座，晋城市 118 座，朔州市 65 座，忻州市 63 座，晋中市 110 座，吕梁市 100 座，临汾市 127 座，运城市 18 座。国有重点煤炭集团公司保留矿井 133 座。

加快关闭小矿和兼并重组，提升产业发展水平。按照省兼并重组规划确定的矿井控制指标，加大关闭小矿和兼并重组力度。各市人民政府作为兼并重组的责任主体，要按照省里的统一部署，加强领导，科学组织，采取措施，在规定时间内完成本地区关闭小矿和兼并重组任务。省内国有大型煤炭企业要积极配合，主动参与兼并重组工作。省、市有关部门要建立"一站式"服务机构，简化审批程序，提高办事效率，全力推进兼并重组工作。

推进大基地大集团建设，提高产业集中度。根据国家晋北、晋中、晋东三大煤炭基地总体规划，加快建设煤—电—路—港—航为一体的晋北动力煤基地，煤—焦—电—化为一体的晋中炼焦煤基地和煤—电—气—化为一体的晋东无烟煤基地。积极培育大同煤矿、山西焦煤、平朔煤业、阳泉煤业、潞安矿业、晋城煤业、山西煤销等企业成为亿吨级和5000万吨级的大型煤炭企业集团。加大煤炭资源勘查力度，为煤炭产业可持续发展提供资源保障。

加大技术改造力度，提高矿井现代化水平。国有重点煤矿要积极采用世界先进技术装备，建成一批世界一流的自动化、智能化矿井。地方煤矿及兼并重组后的煤矿要全部实现机械化开采，建成安全质量标准化矿井。在薄煤层矿井推广使用刨煤机或连续采煤机，在急倾斜煤层矿井推行机械化采煤技术。积极推广连续牵引车和无轨胶轮辅助运输，努力提升井下运输水平，实现煤炭运输连续化。

（三）政策实施评估

通过兼并重组，山西煤炭产业工业化水平和集中度明显提高。全省矿井个数由2600座减少到1053座，办矿主体由2200多个减少到130个，70%的矿井生产规模达到90万吨以上，30万吨以下煤矿全部淘汰，保留矿井全部实现机械化开采。形成4个年生产能力亿吨级、3个5000万吨级、11个1000万吨级的大型煤炭企业集团和72个300万吨／年级左右的地方集团公司，大基地、大集团战略构架已具雏形。通过这一轮整合重组，山西省煤炭工业进入了一个全新的发展阶段，产业水平显著提高，安全生产状况明显改善，能源基地的地位进一步巩固，在由煤炭大省向煤炭强省的跨越中迈出了重要的一步。

第四章　山西现行煤炭产业政策

　　2010 年以来，在国际国内复杂经济环境因素影响下，在国内经济下行压力进一步加大的背景下，山西作为能源大省，煤炭产业遭受到近 40 年以来最大的市场冲击。面对煤炭市场疲软、煤炭产量过剩引发的煤炭价格快速下跌等一系列问题。2011 年以来，山西省政府针对出现的问题，密集出台了一系列促进煤炭产业平稳发展的相关政策。2013 年 7 月，山西省以强素质、调结构、转方式为核心，果断出台了《进一步促进全省煤炭经济转变发展方式实现可持续发展增长的措施》（又称"煤炭 20 条"）。2013 年 8 月，又连续出台了"低热值煤发电 20 条"、《关于加快推进煤层气产业发展的若干意见》（"煤层气 20 条"）等多项政策。这些政策措施是一套多功能的"组合拳"，直接针对山西煤炭产业发展所面临的市场环境变化，其核心都是支持、引导山西的煤炭产业转型升级，努力打造煤炭经济的"升级版"。在这些多功能的"组合拳"政策实施过程中，针对山西煤炭行业的具体问题，山西省政府又密集出台了一系列具体的政策措施，包括煤电一体化、涉煤收费清理规范工作方案、资源税改革、运销售管理体制改革、煤炭管理体制改革、深化国家企业改革的实施意见、煤炭供给侧结构性改革等一系列实质性改革政策。几年来，政策的实施取得了较好的成效，尤其

154

是 2016 年中后期煤炭价格有所回升，但总体来看，煤炭产业的发展仍然不容乐观。

第一节　现行煤炭产业政策出台背景

煤炭产业一直是山西省的主要支柱产业，"一煤独大"的产业结构，受国际和国内市场波动的影响巨大。煤炭市场的国际、国内形势以及山西煤炭产业自身存在的诸多问题，需要我们认真对待，深入分析，为有效制定山西煤炭产业发展制度和措施提供基础。

一、国际煤炭市场低迷

2010 年以来，受全球经济增速放缓、能源结构调整、气候变暖、能源新技术突破以及石油价格萎靡不振等因素影响，国际煤炭市场需求低迷，煤炭消费量减少。短期内，国际煤炭市场供大于求的态势难以改变，市场下行压力依然较大。

（一）世界经济增速放缓

2011 年以来，受有效需求普遍不足、人宗商品价格大幅下滑、全球贸易持续低迷、金融市场频繁震荡等不利因素叠加影响，世界经济增速放缓。发达经济体总体温和复苏，但基础并不牢固。2015 年，美国、英国相对较好，全年分别增长 2.4% 和 2.2%，但受贸易低迷等因素拖累，美国四季度经济环比增长 1.4%，增速较三季度回落 0.6 个百分点；欧元区全年增长 1.6%，较 2014 年提高 0.7 个百分点；日本经济仍陷低迷，全年仅增长 0.5%，四季度再度出现萎缩。新兴经济体经济增速连续第五年放缓且严重分化，部分国家出现资本外流、货币贬值、外储下降、汇市动荡相互作用的共振现象。中国和印度仍然保持高增长，但已有所减缓；巴西和俄罗斯出现严重衰退，年度增长下降幅度均超过 3.0%；中东地区经济保持增长，但油价下跌和地缘政治紧张局势对部分国家产生冲击；受大宗商品价格下跌等因素影响，撒哈拉以南非洲国家增速明显下滑，其中尼日利亚经济仅增长 2.7%，大幅下滑3.6 个百分点。国际货币基金组织统计显示，2015 年世界经济增长3.1%，为 2009 年以来最低增速。其中，发达国家增长 1.9%，高出2014 年 0.1 个百分点；新兴市场和发展中国家增长 4.0%，低于 2014年 0.6 个百分点。

进入 2016 年，全球经济呈现企稳迹象，金融市场信心回升，大宗商品价格反弹，多数主要经济体货币对美元小幅升值，但实体经济依然脆弱，市场需求依旧低迷，宏观政策效力减弱，世界经济低增长高风险局面难有根本改观。发达经济体复苏势头放缓，美国经济好于其他发达国家，日本经济政策效应衰减，经济增长动力进一步减弱。新兴经济体总体反弹乏力，巴西、俄罗斯等国工业产值萎缩，增长前景不容乐观。国际货币基金组织预计，2016 年世界经济增长 3.2%，高于2015 年 0.1 个百分点，延续弱势复苏格局。其中发达国家增长 1.9%，与 2015 年持平。新兴经济体和发展中国家增长 4.1%，高于 2015 年0.1 个百分点见表 4.1。

表 4.1　2014—2017 年世界经济增长趋势

	2014 年	2015 年	2016 年	2017 年
世界经济	3.4	3.1	3.2	3.5
发达国家	1.8	1.9	1.9	2.0
美国	2.4	2.4	2.4	2.5
欧元区	0.9	1.6	1.5	1.6
英国	2.9	2.2	1.9	2.2
日本	0.0	0.5	0.5	−0.1
新兴市场和发展中国家	4.6	4.0	4.1	4.6
俄罗斯	0.6	−3.7	−1.8	0.8
中国	7.3	6.9	6.5	6.2
印度	7.3	7.3	7.5	7.5
巴西	0.1	−3.8	−3.8	0.0
南非	1.5	1.3	0.6	1.2

注：2016 年和 2017 年为预测值。
资料来源：国际货币基金组织，《世界经济展望》，2016 年 4 月。

（二）原油价格下跌打压煤炭需求

原油作为全球重要大宗商品，国际油价和全球经济增长始终处于正相关的关系。全球经济形势低迷，能源消费需求下降，国际油价承压走低。由于石油与煤炭在很大程度上可互相替代，根据替代产品价格跟跌原理，石油价格的大跌，必然导致煤炭需求的大幅度减少，进而带动煤价下降。

2013 年，世界石油供需宽松的形势持续，2014 年以来，国际原油市场供需严重失衡，国际油价不断震荡下跌。据相关资料显示：自

2014 年 6 月中旬以来，国际原油价格一路走低，到 10 月，短短四个月，国际油价每桶从 107 美元的高位降至 80 美元一桶，下降了 29%，油价跌入四年来新低。2015 年，国际原油市场风雨飘摇，继 2014 年高位下跌后，上半年震荡上升，下半年破位下跌，全年原油期货均价为 53.60 美元 / 桶，较 2014 年大幅回落 45.15 美元 / 桶。2016 年，国际油价探底后有所回升，但全年平均价比上年低，布伦特和 WTI 原油期货年均价分别为 45.13 美元 / 桶和 43.47 美元 / 桶，比上年分别降8.47 美元 / 桶和 5.29 美元 / 桶。

原油价格下跌导致化工用煤需求下降。众所周知，煤化工的经济效益取决于其产品与石油化工产品的价格竞争，据测算在每桶 100 美元左右的原油价格条件下，煤制烯烃、煤制油、煤制乙二醇等煤化工产品均有较好的经济效益。过去数年，由于国际油价持续上涨，我国煤化工产业出现了前所未有的投资热潮。特别是在 2013 年，在煤炭价格持续下跌的背景下，全国各地煤化工的投资热情反而激增。然而从2014 年 6 月开始，国际原油价格开始持续下跌，煤化工产业的盈利平衡也随之被打破，煤化工用煤需求减少。

据相关资料分析，原油价格在 100 美元 / 桶时，煤化工行业一般都有较好的经济效益。在 90 美元 / 桶时，有些企业已是微利。若在当前煤价等静态条件下分析，煤制气和煤制油产品的盈亏点分别在油价为 65 美元 / 桶—75 美元 / 桶和 75 美元 / 桶—85 美元 / 桶，烯烃和甲醇等化工产品的盈亏点约在油价为 65 美元 / 桶—70 美元 / 桶。当前的油价已低于煤化工产品的盈亏点，煤化工行业已无盈利可言。

（三）技术因素和气候变化限制

能源技术进步影响世界煤炭市场的需求。能源技术进步对煤炭市场的影响可分三种类型：常规油气能源领域的新型技术、非常规油气资源的开发与应用技术以及广阔的能源应用技术和低碳经济技术。

一是常规油气技术的不断发展和非常规油气开发技术的重大突破。对于常规油气来讲，关键是采油技术的进步。2011年，一些采油国在提高采收率方面取得了技术新进展，开辟了低碳环保采油新领域。随着常规油气资源的减少和成本上升，油砂、重油、页岩气等非常规油气资源日渐重要。据估算，世界非常规天然气资源约为常规天然气资源量的4.46倍。如美国的页岩气革命，大幅提高了美国的天然气产量，还同时带动了美国石油产量的增长。据EIA预测，从2001年—2035年，页岩气占全部天然气供给比例将从23%提高到49%。[1]

二是新能源技术得到快速发展。新能源生产效率的提高与成本的降低是近年来能源领域的重大变化。光伏发电技术、风电技术、生物能源技术等都取得了相当大的进步。比如，随着风电技术的不断进步，国际风能协会（GWEC）预测，到2020年现行资本成本降至1790美元／千瓦，2030年降至1590美元／千瓦。

三是全球气候变暖和温室气体减排的影响。联合国政府间气候变化专门委员会指出，气候系统变暖是事实，具体表现在全球空气和海洋平均温度升高，冰雪大范围融化等。因此，大多数国家宣布了2020年的中期碳减排目标，但这些目标大多远低于气候专委会关于到2020年比1990年减少25%—40%的预期。如要将升温限制在20℃之下，就必须实现这一减排目标。这对发展中国家特别是中国这样一个煤炭生产和消费大国而言，有着重要的影响，对煤炭消费的限制是显而易

---

① 赵平：《页岩气：一个新能源的新时代》，载《国外测井技术》，2012年4月15日。

见的。

4.国际煤炭市场需求疲软

据中国报告大厅发布的《中国煤炭行业深度调研及发展趋势分析报告》显示：从2008年到2011年，全球煤炭市场一直比较繁荣，动力煤价格达到200美元/吨的高位。但是2012年以后，受世界经济增长放缓、原油价格下跌以及能源技术和气候变化的影响，煤炭市场供需宽松，呈现价格持续走低趋势。

2013受煤价持续下行和下游企业需求不济影响，大部分煤炭企业减价倾销，对于压缩产能意愿不足。这对于国际动力煤价格进一步形成压制。另外，随着美国经济的持续复苏，美联储计划逐步退出货币量化宽松措施。受此影响，美元指数企稳回升，以美元定价的国际大宗商品价格承压下行，动力煤价格同样受到冲击。同样，焦煤产能继续释放，供过于求问题严重，国际焦煤市场跌势不止，价格大幅回落。

2011年以来，供应过剩似乎已成为国际煤炭市场不变的主旋律。据相关报道：澳大利亚、印尼、南非、哥伦比亚等煤炭出口国近年来不断提高产量，但工业领域的煤炭需求增长却并不明显，新兴市场的需求增速也不及供应增长步伐，无法消化新增产量。2014年，全球煤市过剩将超1000万吨，2012—2014年的3年来，煤炭价格已下跌过半。据相关资料显示：目前美国煤炭行业上市公司的总市值还不到93亿美元，相比2011年，煤炭行业的总市值下跌了80%（詹姆斯·斯塔福德，《中国能源报》，2015年08月24日）。有24家美国煤炭开采公司破产，剩下的1/6处于亏损状态。即便是在澳大利亚，低成本的露天煤矿开采——其地位好比沙特阿拉伯在石油界的地位一样举足轻重，也依然惶惶不安。

2015 年全球动力煤市场形势依然严峻，需求疲弱，煤价跌势难止。具体来看，受主要消费国需求疲弱影响，煤价跌幅明显，屡创新低，部分地区价格同比降幅高达 20% 以上。全球煤炭市场仍然是供大于求，而且随着全球能源结构的转变，政府倡导低碳能源的行动，煤炭市场供应过剩局面短期难以缓解，国际大型能源企业纷纷退出或缩减煤炭业务也印证了煤炭市场短期内无法回暖的事实。据《中国煤炭报》(2016 年 6 月 15 日)《BP 世界能源统计年鉴 2016 年》数据显示：2015 年世界煤炭产量为 78.61 亿吨，同比下降 4%。其中中国煤炭产量占世界的 47.7%，同比提高 0.5%。全球煤炭消费量为 38.4 亿吨油当量，同比下降 1.8%。其中中国煤炭消费占世界总量的 50%，同比提高 0.2%。全球一次能源消费量同比增长 1%，低于 2014 年 1.1 百分点，更低于 10 年来 1.9% 的平均增幅。全球一次能源消费中，石油占比为 32.9%，煤炭占比降至 29.2%，这是 2005 年以来的最低点。

2016 年，国际动力煤市场区域分化明显，价格震荡调整。亚太地区动力煤市场贸易商购买积极性不高，价格变化不大；大西洋地区市场成交情况一般，价格震荡调整。据《经济参考报》(2016 年 11 月)资料显示：2016 年，国际煤炭价格一改去年下跌 30% 的势头，步入明显回升阶段。对于市场后期，认为煤价上涨不会持续太长时间。《BP 世界能源统计年鉴 (2017)》显示：2016 年，煤炭这种含量最高的化石燃料的使用量连续两年出现急剧下滑，跌幅 1.7%。

IEA 在《世界能源展望 2016》报告预计：到 2040 年，全球煤炭需求将增长 2.14 亿吨油当量，比其去年预计的 4.85 亿吨油当量减少了一半还多。IEA 指出，虽然煤炭需求仍将继续增长，但是，未来的增长速度将大大放缓。"经过了近年来的快速增长后，煤炭用量的增长已经基本停了下来。未来全球煤炭需求的增长将保持在每年 0.2% 的平均值。"据了解，这一估值是 IEA 去年预期的一半，是其 2012 年预期的 1/4。

二、中国煤炭经济下行压力大

2015 年，世界煤炭在一次能源消费中的比重约为 30%，我国煤炭在一次能源消费中的比重高达 64%。决定煤炭未来趋势的更重要的因素是经济增长速度。宏观经济增降与煤炭消费增降呈正相关，经济增速放缓必然带来煤炭消费需求增长放缓。近几年，我国经济发展速度放缓，经济结构的变化，直接影响着煤炭需求。经济增长率与煤炭价格有明显的正相关关系，经济增长刺激了煤炭消费，煤炭消费需求的增加必然导致煤炭价格的上涨。反之，经济增长缓慢或下降也必然导致煤炭价格的下跌，从而影响整个煤炭行业的经济效益。经过 30 年的高速发展，目前我国经济进入结构调整时期。新常态下，经济从高速增长转为中高速增长是最基本特征，经济增长模式由数量扩张型增长向质量提升型增长转变，经济增长动力由主要依靠投资向更多依靠全要素生产效率提高转变。新常态下经济增长对能源依赖程度降低，能源需求增长速度将下降，这必将打压煤炭消费增速。

我国 GDP"十五"期间年均增长 9.5%，"十一五"年均增长 11.2%，与此相适应，我国煤炭产量分别增长 11.28%、7.98%，由 2000 年的 12.99 亿吨达到 2010 年的 32.35 亿吨；煤炭消费分别增长 10.60%、8.34%，由 2000 年的 13.2 亿吨达到 2010 年的 31.80 亿吨。"十三五"规划纲要提出，我国未来 5 年发展目标是经济保持中高速增长，GDP 增长大于 6.5%，与"十二五"平均增长 7.8% 相比，增速明显下降。随着经济增速放缓，煤炭需求增长速度下降，煤炭行业发展困难。

（一）经济下行压力增大

在工业化进程取得一定成绩之后，增长速度出现回落是追赶型经济体普遍存在的一个现象。以日韩两国为例，20 世纪 70 年代，随着工业化后期阶段的来临，日本经济增速显著下降，年均增长速度仅为 4.5%，尚不及高速增长时期的一半。韩国经济增长于 1991 年达到历史高点，此后 10 年，其平均经济增速只有 6.1%，较起飞时期的平均增速下降了 1/3 左右。当然，日本经济在 20 世纪 70 年代深受"石油危机"的困扰，其经济增长表现可能低于潜在水平；而韩国则抓住了全球化发展的机会并进行了深刻的经济改革，其增长表现可能高于潜在水平。对上述两个数字进行简单平均，我们大体可以认为，在工业增加值占比达到峰值后的 10 年，经济的平均增速约为前期高速增长阶段增速的 60% 左右。把上述结论套用到我国，则意味着 2011—2020 年我国经济的潜在增长率大体为 6%。

"十二五"期间，中国经济是中高速增长，五年中 GDP 平均增长 7.8%，2015 年增长 6.9%，经济总量达到 67.67 万亿，经济增长对全球的贡献超过 25%。但上述成绩的取得，是以各地"千方百计"挖掘土地财政潜力和地方政府举债潜力的基础上实现的。考虑到转型的基本事实，今后一段时期我国经济增速减缓在所难免。

经济下行压力就是指衡量经济增长的各项指标都在不断地降低，比如 GDP、PPI、CPI 的增长率等，也就是经济增长率从一个上升趋势变成一个下降趋势的这种经济下行所带来的压力。在 1978—2010 年的 32 年间，中国经济年平均增速为 9.8%，被国际社会誉为"中国奇迹"。但在 2010 年一季度 GDP 增速达到 12.1% 的高点后，一直持续下行，

2015 年增速下降为 6.9%，2016 年增速为 6.7%，经济触底特征比较明显见图 4.1。在经过了 30 余年的高速增长后，我国经济的基本面正在发生重要变化。综合各方面的研究，一个大的判断是，中国经济已经告别了持续 30 多年的高速增长，进入到一个中高速增长阶段。

总之，中国经济正处于增长速度换挡期、结构调整阵痛期和前期刺激政策消化期"三期"叠加的新阶段。在这一大背景下，中央提出了关于"新常态"的重大战略判断。这表明中国经济将彻底摆脱过去的 "速度情结"，从高速增长转为中高速增长。在这一阶段转换的关键时期，增速适当回落是经济回调过程中出现的必然现象，也是必然承受的代价。

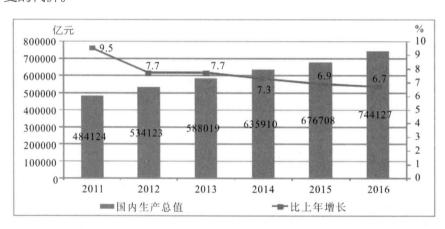

图 4.1　2011 年—2015 年国内生产总值及其增长速度

资料来源：2016 年国民经济和社会发展统计公报。

（二）国家能源政策调整

近年来，煤炭消费的过快增长及其低效、不清洁利用使得我国资源、环境、经济和社会可持续发展问题日益突出，尤其是面对日益严重的大气污染和雾霾问题，我国开始实施新的能源政策。

一是实施煤炭总量控制。倒逼能源结构调整和煤炭清洁高效利用，已成为我国推进生态文明建设的必然要求。事实上，我国政府已开始高度重视能源结构调整，特别是控制煤炭消费总量和降低煤炭在能源消费中的比重。《煤炭工业发展"十二五"规划》提出，2015 年我国煤炭产量和消费量都要控制在 39 亿吨。2013 年 9 月国务院印发的《大气污染防治行动计划》提出，到 2017 年，煤炭占一次能源消费比重降低到 65%以下。2014 年 6 月 13 日召开的中央财经领导小组第六次会议上，习近平同志提出要大力推动能源消费革命，抑制不合理能源消费。2014 年 11 月 19 日，国务院办公厅印发了《能源发展战略行动计划（2014—2020 年)》，其中，针对我国煤炭控制目标明确指出：到 2020 年，煤炭消费总量控制在 42 亿吨左右，煤炭消费占一次性能源消费的比重控制在 62%以内。这意味着，消费侧敞开口子消费煤炭的模式将终结，煤炭消费将受到新的更大限制。

二是我国能源结构调整步伐不断加快。随着国家转变经济发展方式力度加大，节能减排政策愈来愈严格，能源结构调整步伐加快。天然气和电力占比快速提升，煤炭被替代程度逐步加深。我国承诺非化石能源占一次能源消费比重在 2020 年、2030 年、2050 年分别达到 15%、20%和 50%左右。

三是节能环保压力。国家未来几年的环保政策，将会一直抑制煤炭消费的增长。2015 年 6 月，我国向联合国提交了《强化应对气候变化行动——中国国家自主贡献》，该文件提出，到 2030 年，我国单位国内生产总值二氧化碳排放比 2005 年下降 60%至 65%，在环保压力下，我国将会大幅度减少煤炭的消费量。我国新电改政策的实施，对煤炭行业带来的影响也不容小视。新电改政策的实施将阻止电网垄断力的延伸，加大市场竞争，提高发电效率，从而降低能耗。我国高耗能机组发电小时倒挂，新电改政策将会淘汰一大批落后产能，据测算，如果优先让高效能机组发电，每年将减少煤耗5亿吨，这对煤炭行业来说，也是一个很大的冲击。

当前，就煤炭需求的大户来讲，只有火力发电厂是煤炭需求增长的主要客户源，约占50%，由于环保压力，水电、风电、太阳能、核能、生物能等新能源的发展都排在火电之前，依靠燃煤发电的火电企业不在优先发展之列，这也是造成当前煤炭滞销、价格走低、煤企效益下滑的又一重要原因。特别是未来几年，国家将严格控制京津冀、长三角、珠三角等区域煤电项目，新建项目禁止配套建设自备燃煤电厂，除热电联产外，禁止审批新建燃煤发电项目。2014年，京津冀鲁将实施联防联控，削减原煤消费1700万吨。全国将关停小火电机组200万千瓦。全国能源工作会议提出"以大气污染防治为契机，加快淘汰能源行业落后产能，着力降低煤炭消费比重，提高天然气和非化石能源比重"。未来受到节能环保压力加大、清洁能源冲击等因素影响，煤炭消费需求量有可能零增长，甚至负增长。

四是天然气利用大幅提升。天然气的利用效率与煤炭相比优势明显，但由于价格劣势，一直不能形成对煤炭的大规模替代。美国页岩气技术的大规模应用对我国煤炭市场产生了重要的影响。我国也是页岩气储量大国，国内丰富的页岩气资源在用电量大而电煤资源短缺的南方和华北地区多有分布，大规模开发利用的时间并不遥远，必将彻底改变我国能源消费结构。

（三）煤炭产能过剩制约

据相关资料显示："十一五"以来，在惯性发展思维的引导下，全国煤炭投资热情高，在近 8 年多的时间，投资近 3 万亿元，形成全国煤矿总产能 40 亿吨左右，产能建设超前 3 亿吨—4 亿吨。又据相关资料介绍，自 2006 年以来，全国煤炭投资累计完成 3.6 万亿元，累计新增产能近 30 亿吨。其中，"十二五"期间累计投资 2.35 万亿元，年均投资近 5000 亿元，煤炭产能过剩局面已经形成。

煤炭在经历了"黄金十年"的鼎盛发展期后，煤炭行业内外投资规模、扩张发展势头不断加快。特别是山西、内蒙古等主要产煤省区，资源整合和兼并重组取得突破性进展，由此形成了一大批大中型煤矿。随着诸多新建矿井的陆续投产，煤炭产能得到集中释放，导致当前煤炭市场出现产能严重过剩。从投资看，近十年来煤矿建设投资加速增长，"十五"期间建设投资仅 2253 亿元，"十一五"期间建设投资达到 1.25 万亿元，是前 55 年总和的 2.6 倍。进入"十二五"，超前建设产能和资源整合产能陆续释放。

"十二五"前三年，在煤炭价格持续下跌的情况下，国内煤炭产能仍不断上升。2013 年我国原煤产量达到约 37 亿吨，产能达 42.2 亿吨，产能利用率下降到 87.7%。2014 年煤炭产量达到 38.7 亿吨，煤炭供应能力达到 40 亿吨，在建产能 10 亿吨左右，总数在 50 亿吨。2013 年，由于煤炭价格持续下跌，国内煤炭固定资产投资额近 10 年来首次出现同比下降，降幅 2%，但投资额仍然高达 5263 亿元。据相关资料显示：2015 年末，全社会存煤已持续 48 个月超过 3 亿吨，煤炭企业存煤 1.01 亿吨，比年初增长 16.7%，重点发电企业存煤 7358 成吨，比年初降 22.2%，中国煤矿总产能已达 56.47 亿吨，22 亿吨的过剩产能使得我国煤炭行业前进时步履沉重，"十三五"期间这些过剩产能必须退出市场。

中煤协称，"十二五"期间，全国累计淘汰落后产能 5.6 亿吨。

2015 年底，全国煤矿数量约为 1.08 万处，其中年产 120 万吨以上的大型煤矿为 1050 处，比 2010 年增加了 400 处，产量比重从 2010 年的 58% 提高到 68%。但年产 30 万吨以下的小煤矿，目前仍有 7000 处。每年的产能为 5.7 亿吨，其中 9 万吨／年及以下的 5000 多处。煤炭落后产能的退出速度仍待提升。

据中煤协近期对外公布的"摸家底"数据显示：截至 2015 年年底，我国煤矿产能总规模为 57 亿吨，其中正常生产及改造的产能为 39 亿吨，新建及扩产的产能为 14.96 亿吨，其中有超过 8 亿吨为未经核准的违规产能。如果按照 2015 年煤炭消费量 35 亿吨估算，我国煤炭产能过剩高达 22 亿吨。这意味着，"十三五"期间，即使加快清理"僵尸企业"，淘汰落后产能、化解煤炭产能过剩问题仍很严峻。

（四）煤炭需求增速放缓

中国经济总量的发展必然带动煤炭需求的增长，通常我国 GDP 增长 1% 会拉动煤炭需求增长 0.5% 至 0.6%。目前，我国经济的增长速度从高速变为中高速，对能源的需求有所下降，这也就意味着我国煤炭的需求增速开始放缓。从 2012 年起，煤炭消费弹性系数即呈下降趋势，2012 年为 0.5，2013 年约 0.4。以经济增长率 7%—8% 计算，煤炭消费弹性系数只能维持在 0.2 至 0.3。2000 年以来，我国煤炭消费经历了由低迷向加速，再到低速的过程。自 2000 年到 2013 年，我国煤炭消费量年均增加 2.18 亿吨，年均递增 8.8%。2013 年煤炭消费量达到 42.4 亿吨的最大值。而到了 2014 年，全国煤炭消费量出现首次下降，同比下降了 2.9%。2015 年，煤炭消费量继续下降，下降 3.7%，煤炭消费量占能源消费总量的 64%，比 2014 年下滑 2 个百分点。

电力等主要耗煤行业煤炭需求增速放缓。在我国，煤炭主要用于电力、钢铁、建材和化工四大行业，因此这四大行业的发展情况直接影响着煤炭的需求，四大行业的煤炭总消耗量占煤炭总需求的近 8 成。发电是世界公认的最经济、最高效、最环保的煤炭利用方式。世界发达国家煤炭主要用来发电，美国 90％以上煤炭用于发电，澳大利亚 80％以上煤炭用于发电，欧盟约 2/3 的煤炭用于发电，而且这一比重仍在增加。虽然我国电煤消费量仅占煤炭消费总量的 50％左右，钢铁、建材和化工占 25％左右，但我国煤炭消费总量占世界消费量的一半，煤炭消费总量控制成为必然。煤炭消费总量控制，必然导致耗煤行业煤炭需求下降。2015 全年，我国电力、钢铁、建材行业煤炭消费量同比分别下降 8.9％、3.4％和 8.1％。有关部门预测，煤电装机的峰值区间为 11—13 亿千瓦，对应的煤炭需求增量为 5—7 亿吨。煤炭作为重要的化工原料，在生产石油替代燃料方面有较大潜力，但制约因素很多，中长期看增长潜力为 2—3 亿吨。我国钢铁和建材行业累计产品产量已接近峰值水平，未来一段时间煤炭需求量将进一步下降。

此外，中国经济进入新常态后，能源消费总量下降速度比预期降幅更大。据相关资料显示：2012 年—2015 年，中国能源消费总量增幅低于 4％，2015 年已经降到 0.9％。其中，2014 年，我国能源消费总量约为 38.4 亿吨标准煤，增速比 2013 年下降 1.4 个百分点，增速创 16 年来最低值。其中全国煤炭消费量在 2014 年下降 2.9％、2015 年下降 3.7％的基础上，2016 年同比继续下降 1.3％。相关部门预计 2020 年能源需求量达到 45—48 亿吨标煤，其中煤炭需求比重由 2013 的 66％下降到 62％以内，约为 30 亿吨标煤，与目前的煤炭产量基本持平。据《世界能源展望 2016》报告预计，到 2040 年，中国的煤炭需求将减少 15％左右；燃煤发电量则将仅仅增长 4％。中国很可能将提前实现其能源和减排的目标。而 Carbon Brief 更是指出，鉴于一些新政策的推出，中国煤炭需求的下降速度可能会比 IEA 的预期更快。

（五）煤炭价格由低走向合理区间

2012 年以来随着经济增速减缓，环保压力增大、能源结构调整、进口煤冲击，煤炭市场的"黄金十年"终结，煤炭价格回落。2011 年 10 月至 2015 年底，环渤海 5500 大卡动力煤吨煤价格从 860 元左右降到了 370 元。中间甚至一度更低，整体下降幅度为 57%。2015 年初，5500 大卡动力煤价格还在 520 元 / 吨，2015 年 10 月份以后降到接近 370 元 / 吨。秦皇岛港煤炭价格（5500 大卡）从 2011 年 10 月的 853 元 / 吨跌落到 2015 年 10 月的 380 元 / 吨，跳水 473 元 / 吨，跌幅 55%。根据历年经验，每年 10 月份是煤炭行业传统销售旺季拐点，煤炭消费量和价格会出现季节性反弹上翘。2015 年四季度虽然受传统需求旺季、水电逐步下降等利好因素的影响，但仍无法使价格下行趋势"刹车"，消费量也难出现明显改观。2015 年 10 月 21 日发布的环渤海动力煤价格指数显示，5500 大卡动力煤综合平均价格报收 384 元 / 吨，环比下跌 3 元 / 吨，继续刷新发布以来的最低纪录。据《中国煤炭报》2016 年 1 月 29 日报道：2015 年末，秦皇岛港 5500 大卡市场动力煤平仓均价 370 元 / 吨，比年初降 29.5%，已跌至 2004 年水平。2015 年，中国煤炭价格指数 125.1 点，比年初下降 12.7 点，降幅 9.2%（对于什么价格是合理水平，一个普遍的认识是：若按热量计值，每大卡价格在 0.1—0.12 元，是比较合理的）。

随着年初煤炭去产能和减量化生产政策实施，2016 年以来煤炭价格出现回升。秦皇岛港 5500 大卡市场动力煤 8 月 10 日平仓价 445-455 元 / 吨，比年初回升 80 元 / 吨，比去年同期高 40 元 / 吨，与去年 4 月中旬水平大体相当。炼焦煤价格 2016 年 4 月份以来回升约 100 元 / 吨—150 元 / 吨，与去年同期基本持平。2016 年 7 月 15 日动力煤期货价 427 元 / 吨，比年初回升 127 元 / 吨，涨幅 42.3%，炼焦煤期货价 742 元 / 吨，回升 204 元 / 吨，涨幅 38%。相对于去年年末，2016 年 1—8 月份，CCI 炼焦煤均价涨幅每吨达到 50 元。2016 年 10 月 10 日，秦皇岛港 5500 大卡煤炭平仓价每吨 575 元，比年初上涨 205 元，涨幅为 55.4%，5000 大卡煤炭平仓价每吨 520 元，比年初上涨 185 元，涨幅为 55.2%，4500 大卡煤炭平仓价每吨 460 元，比年初上涨 160 元，涨幅为 53.3%。

2016 年 1—10 月煤炭价格上涨情况，主要是受发电企业冬储煤、运输需求阶段性上升等因素影响。2016 年 11 月中旬以来，随着煤炭先进产能加快释放、铁路运力大幅度提升、电煤中长期合同开始执行，煤炭产区及北方港口库存开始增加，价格开始回落。2016 年 12 月 5 日，秦皇岛港 5500 大卡动力煤市场价跌至每吨 650 元至 660 元，较 2016 年最高价降幅超 14%，煤炭库存升至 702 万吨，较 2016 年 8 月份最低 236 万吨增加 466 万吨，增长 197%。2016 年 12 月份以来，焦煤、焦煤期货价格持续下跌，在过去的十个交易日内，跌幅均已超过 15%。2016 年 12 月 12 日发布的中国太原煤炭综合交易价格指数为 139.90 点，环比上涨 0.19%。其中，动力煤指数 129.45 点，环比下跌 0.12%；炼焦用精煤指数 165.94 点，环比上涨 0.68%；喷吹用精煤指数 15841 点，环比下跌 0.12%；化工用原料煤指数 9552 点，环比持平。

据国家统计局数据显示：2016 年来，秦皇岛港 5500 大卡市场动力煤平仓价 639 元 / 吨，比年初回升 269 元 / 吨，增长 72.7%；其中上半年价格回升 30 元 / 吨，7—11 月回升 300 元 / 吨，11—12 月价格下降了 60 元 / 吨。山西焦肥精煤综合售价 1489 元 / 吨，比年初回升 920 元 / 吨，增长 161.7%。

（六）全国煤炭产量持续下降

2000 年—2010 年，全国煤炭产量年均增加约 2 亿吨，年均增长 8.9%。2012 年以来，我国煤炭产业虽然保持了一定增速，但增速下降明显。据国家统计局数据显示：2013 年全国煤炭产量完成 39.74 亿吨左右，同比增长 0.7%，占世界煤炭产量的 47%，增加的产量从前 10 年年均 2 亿多吨，首次降至 5000 万吨左右。2014 年，全国原煤产量 38.7 亿吨，比上年下降 2.5%，是 14 年来，同比首次下降。2015 年全国原煤产量再次下降到 37.5 亿吨，同比下降 3.3%。

2016 年煤炭产量继续下降。1—8 月份，全国煤炭产量为 21.8 亿吨，同比下降约 10%。前三季度，全国规模以上原煤产量为 24.6 亿吨，同比减少 2.9 亿吨，下降 10.5%（《中国煤炭报》10 月 10 日—10 月 21 日）。其中大型煤炭企业产量下降幅度较大。《中国煤炭报》2016 年 4 月 8 日报道：2016 年 1—2 月，90 家大型煤炭企业原煤产量完成 3.7 亿吨，同比下降 5.3%。其中，排名前 10 位的企业原煤产量合计约 2.2 亿吨，约占大型企业原煤产量的 60%。据国家统计局数据显示：2016 年全国规模以上原煤产量 33.64 亿吨，同比下降 9.4%。

社会存煤明显回升，运力增加，煤炭供需平衡。2016 年 11 月 1 日《人民日报》资料显示：9 月份全国铁路煤炭运量 1.6 亿吨，比 8 月份日均增长 5.2%，同比增长 3%。全国主要港口发运煤 5323 万吨，同比增长 9.2%，10 月份以来铁路煤炭运量进一步增加。近日环渤海 5 个主要港口存煤达到约 1500 万吨，比前期低点增长 47.5%，达到正常水平；全国电厂煤炭库存突破 1 亿吨，比前期低点增长 14%，可用 23

天，其中重点电厂存煤近6500万吨，比前期低点增长35.4%，可用21天，当前煤炭供需基本平衡。

（七）企业经营状况尚未好转

2012年以来，煤炭价格下跌，企业经济效益大幅下滑，销售收入由增转降。根据国家统计局数据显示：规模以上煤炭企业个数由2008年的9212家，下降至2014年的6850家，煤炭企业规模在2014年达到5.23万亿元，较2000年扩张了12.5倍，企业收入自2012年达3.4万亿元后开始下降，到2015年下降到2.5万亿，降幅将达15%左右，3年收入减少8000多亿元。企业利润额也从2012年开始快速下降，2015年煤炭企业利润440.8亿元，降幅65.0%。2015年，煤炭工业协会统计的90家大型煤炭企业（产量占全国的68.7%）实现利润21.9亿元，同比减少574.1亿元，下降96.3%。行业亏损面积"大"。国内煤炭行业盈亏结构由2013年的1/3盈利、1/3盈亏平衡、1/3亏损，急速跌至2015年90%以上的煤炭企业亏损。煤炭去产能过程中，债务问题是继职工安置之后最为棘手的问题。煤炭行业总负债已超3.5万亿，甚至超出煤炭行业2015年全年主营业务收入，且考虑到伴随兼并重组大幕拉开，存量负债基础上叠加并购重组的新增负债将进一步扩大负债总规模（《中国煤炭报》2016年2月22日）。

2016年煤炭行业收益有所增加。2016年前8个月，行业实现利润224.8亿元，而去年同期为亏损4亿元。中国煤炭工业协会统计的90家大型煤炭企业（产量占全国的68%），在2016年前5个月亏损40.65亿元，6月后利润实现正增长。2016年前11个月，全国规模以上煤炭企业主营业务收入2.06万亿元，同比下降4%。利润总额850亿元，同比增长156.9%；90家大型煤炭企业实现利润277.4亿元，同比增加

219.19 亿元（《中国煤炭报》2017 年 1 月 25 日）。总体看，2016 年末，全国规模以上煤炭企业应收账款净额 3120.7 亿元，同比下降 9.2%；主营业务收入 2.32 万亿元，同比下降 1.6%；利润总额 1090.9 亿元，同比上升 223.6%，负债总额为 3.76 万亿元，同比增长 3.7%，平均资产负债率达到 69.5%，同比上升 1.2%。

三、山西煤炭产业发展艰难

山西作为传统煤炭基地，相比于其他煤炭产地和煤炭企业，有着更多的历史遗留问题，企业负担沉重，整个行业面临的困境更加严重。过去 10 年，随着经济快速发展，煤炭市场需求量大增，是煤炭的黄金发展期，山西行业发展不够理智，重规模、轻质量，大量资金进入煤炭行业，后果是产量严重供过于求。尤其是连续 3 年煤价跳水式下跌，山西煤炭产业发展艰难。

（一）经济下行压力大

近 20 年来，全球经济发生了两次较大的危机，经济增速放缓、市场需求不足，这对以能源供应为主的山西经济影响巨大，2009 年山西 GDP 增速仅为 6%，为全国最低；2010 年重新增长两位数 13.9%，在"十二五"开端之年，全省地区生产总值完成 1.1 万亿元，在全国跨入万亿梯队，增速为 13%。2011 年开始下滑，经济增长从 2011 年的 13%，下降到 2012 年的 10.1%，2013 年的 8.9%，2014 年中国经济进入新常态发展，山西省的 GDP 从 2013 年的 8.9% 断崖式下滑至 2014 年的 4.9%，增速在全国再次垫底，经历断崖式下降之后，2015 年，全省 GDP 增速降至 3.1%（辽宁增速为 3%），排在全国倒数第二的位次，全省一般公共预算收入 1642.2 亿元，下降 9.8%，税收收入 1056.5 亿元，下降 6.8%，工业生产者出厂价格下降 12.3%。2016 年，GDP 增速 4.5%，比上年同期加快 1.4 个百分点，出现了经济向好的态势，但经济仍未走出改革开放以来最困难的时期，仍存在诸多不确定因素，经济下行压力仍然较大（见图 4.2）。

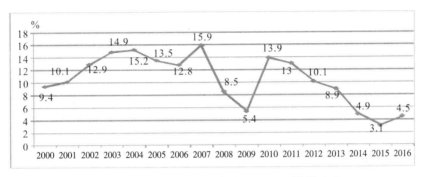

图 4.2　2000 年—2016 年山西 GDP 增长速度

（二）煤炭产能过剩严重

"十二五"以来，受煤炭需求增速放缓，非化石能源替代，山西煤炭产能过剩问题严重。2013 年山西煤炭生产能力 13.6 亿吨，产量 9.6 亿吨，产能利用率不足 74%，低于全国平均水平。2014 年，山西全省销售煤炭 8.16 亿吨，比上一年度下降 26%。2015 年山西煤炭产量接近 10 亿吨，产能约 14.6 亿吨，而煤炭外销量同比减少了 1.4 亿吨，降幅 26.91%，产能利用率不足 70%。炼焦产能为 1.45 亿吨，实际利用率只有 60%，产能建设超前。随着我国经济增速回落，煤炭需求空间进一步缩小，加之内蒙古、陕西等省（自治区）的竞争，山西煤炭产量提升幅度非常有限。据相关资料显示：2015 年，山西全行业的库存约有 5076 万吨，比年初增长了 44.6%，比 2011 年底增长了三倍。

（三）价格下跌幅度大

从 2002 年开始，煤炭行业进入"黄金时代"，吨煤价格从最初的不到 200 元 / 吨一路飙升，作为市场风向标的环渤海动力煤价格在 2011 年最高达到 853 元 / 吨。山西煤炭价格自 2011 年第四季度开始下降，2012 年 5 月更是出现"断崖式"下跌。到 2015 年，煤炭价格连续 55 个月下降，与最高点的价格相比，跌幅已破 60%。据统计，全省五大煤炭集团吨煤综合售价从 2011 年 5 月的 656.1 元，一路下滑到 2014 年 10 月的 323.44 元，跌了一半还多。2015 年，五大集团煤炭综合售价为 260 元 / 吨，吨煤价格较去年同期减少 76 元，大幅下降 23%。若按 2015 年 370 元的动力煤价格倒推，山西坑口价格在每吨 180 元左右，而山西国有大矿的吨煤成本却在 270 至 350 元，每生产 1 吨煤要亏损 100 多元。山西坑口地区煤价处于震荡走跌态势，部分煤种价格持续下跌。喷吹煤市场需求不振，钢厂库存高企，采购消极。无烟煤价格平稳运行，但成交表现不佳，下游化工企业采购衰弱。炼焦煤价格降幅最显著，山西焦肥精煤综合售价由 2012 年 5 月的 1540 元 / 吨降至 2015 年上半年的 640 元 / 吨左右。2016 年煤炭价格有所回升，综合售价 291.6 元 / 吨，同比增加 28.6 元，增长 10.9%，煤炭价格结束了从 2011 年 5 月至 2016 年 4 月连续 59 个月下跌的局面。

（四）企业经营亏损严重

从企业层面看，2011 年以来，体现为"两升一降"，即企业应收账款上升，负债率上升，效益严重下降。据统计，全省煤炭企业 2011 年实现利润 1021.4 亿元，增长 35.5%；2012 年实现利润 739.3 亿元，下降 27.6%；2013 年实现利润 364.9 亿元，下降 50.6%；2014 年，全省煤炭行业实现销售收入 6781 亿元，下降 8%，实现利润 28.7 亿元，下降 91.4%，销售利润率 0.4%，同比下降 4.1 个百分点；1155 户规模以上煤炭企业中 577 户亏损，亏损面 50%，同比提高 7.4 个百分点；亏损企业亏损额 227.2 亿元，同比增长 37.4%。

以全省煤炭年销量折算为吨煤经营情况看：2011—2013 年吨煤平均利润分别为 138.97 元、97.15 元、45.16 元；2014 年 1—9 月吨煤平均利润 2.57 元，形势非常严峻。2015 年 1—12 月份五大集团累计销售收入 9367 亿元，同比下降 11.0%。利润方面，1—12 月份，五大集团利润较去年同期同比下降 85%，降幅较前 11 月扩大 11 个百分点。其中晋煤集团和焦煤集团跌幅分别高达 85%、94%。据中国煤炭资源网数据显示，其他四大集团（晋能集团、煤炭进出口集团、平朔煤炭公司及正华实业）2015 年销售收入 1905 亿元，同比减少 1365 亿元，降41.7%；净亏损 38 亿元，亏损程度较去年同期扩大 22 亿元。山西省属五大煤企应收账款已达到 678.2 亿元，比年初增长了 39.4%，是 2011 年的 2.4 倍。负债让山西煤炭企业不堪重负。五大煤炭集团负债率 2015 年达 81.79%，全省整个煤炭行业 2015 年亏损达到 94.25 亿元，同比减利增亏 108.29 亿元。2015 年以来，山西煤炭产销减少，库存增加，效益下滑，产业运行更加困难。数据显示，2015 年上半年山西省原煤产量 4.63 亿吨，同比下降 3.2%。而煤炭企业库存达到 4700 万吨，比年初增长 35%，占到近半数的全国库存。全省吨煤综合售价 287.97 元，同比下跌 72.09 元，下降 20.02%。一些煤炭企业出现延期发放工资、欠缴社保的困难。一家省属煤炭企业延期发放工资 3 亿多元，延缴社保 7 亿多元，涉及职工 2 万多名。近年来，经历了资源整合、矿井改造、资源价款缴纳的山西煤炭企业遭遇市场"寒冬"，导致资金链一度紧张。截至 2015 年 6 月底，山西省属七大煤企全口径融资总量 7275 亿元，其中贷款 4400 亿元，平均资产负债率 80% 左右。2015 年，山西省煤炭企业累计亏损 94.25 亿元，同比减利增亏 108.29

亿元。山西煤炭赔着卖，外销量同比还降了两成多。2015 年，全省规模以上工业增加值比上年下降 2.8%，国有企业增加值比上年下降 4.5%。全省规模以上工业企业利润盈亏相抵后净亏损 47.2 亿元，2015 年 1 月—11 月，全省规模以上工业企业亏损面达 47.3%。2016 年，随着煤炭价格回升，山西省属七大煤炭企业上市公司实现盈利。

第二节　新常态下山西煤炭产业政策新进展

经过"黄金十年"的快速发展，山西煤炭工业现代化程度大幅提高，山西经济社会进入转型跨越的发展阶段。但自 2012 年以来，煤炭供需形势发生突变，出现了煤炭产量下降、库存居高不下、价格大幅下跌、企业利润下滑、应收账款增加等新情况和新问题，企业一步步陷入经营困境。山西作为煤炭大省，因煤而兴，因煤而困，一方面是资源环境对经济发展的约束，另一方面是财政收入下滑带来的压力，山西陷入"经济发展最为困难的时期"。如何在困境中实现转型发展，如何帮助煤炭工业走出困境、走上可持续发展道路，考验着山西省委、省政府以及各级管理部门的智慧和能力，也牵动着全国经济发展的大盘。

近年来，为促进煤炭行业平稳运行和持续健康发展，国务院颁发了《关于促进煤炭行业平稳运行的意见》（国办发〔2013〕104 号，以下简称《意见》），国家有关部委下发了《国家能源局关于调控煤炭总量，优化产业布局的指导意见》（〔2014〕454 号）和《商品煤质量管理暂行办法》《关于实施煤炭资源税改革的通知》《工业领域煤炭清洁高效利用行动计划》等政策文件。山西作为煤炭大省，山西省委、省政府认真落实中央宏观调控政策和各项决策部署，在国家宏观政策的指导下，立足山西实际，也出台了一系列促进煤炭工业平稳运行和持续健康发展的政策。主要有晋政发〔2013〕26 号《进一步促进全省煤炭经济转变发展方式实现可持续增长措施》（简称"煤炭 20 条"）和晋政发〔2014〕15 号《山西省人民政府关于印发进一步落实"煤炭 20 条"若干措施的通知》（简称"煤炭 17 条"）。"煤炭 20 条"和"煤炭 17 条"既着眼于解决当前的具体突出问题，又立足于化解体制性深层次矛盾，创优发展环境，优化能源工业总体布局，是一套多功能的"组合拳"。内容包括清理涉煤收费、推进煤焦公路运销体制改革和煤炭资源税改革等一系列改革措施，着力规范行政权力，减轻煤炭企业当前的压力，符合山西煤炭产业发展的规律和趋势。在这一时期，山西省相关管理部门还颁发了多项政策措施，如 2013 年 8 月，山西省连续出台了"低热值煤发电 20 条"、《关于加快推进煤层气产业发展的若干意见》（"煤层气 20 条"）、"保障工业运行 12 条"等一系列政策措施，2015 年出台了《关于深化煤炭管理体制改革的意见》（晋发〔2015〕3号），这些政策措施的核心都是支持引导山西的煤炭工业走出困境，努力打造煤炭经济的"升级版"。具体政策见表 4.2 和表 4.3。

表 4.2　2012 年以来山西出台的煤炭产业政策一览表

2012 年 3 月	《山西省人民政府关于坚持科学发展安全发展促进全省安全生产形势持续稳定好转的实施意见》(晋政发〔2012〕6 号)
2012 年 4 月	《山西省煤炭工业厅关于进一步加强全省煤炭行业科技创新工作的意见》(晋煤科发〔2012〕341 号)
2012 年 7 月	山西省人民政府办公厅下发《山西省促进煤炭电力企业协调发展实施方案》(晋政办发〔2012〕51 号)
2013 年 4 月	《山西省人民政府关于进一步推进现代化矿井建设的意见》(晋政发〔2013〕14 号)
2013 年 7 月	山西省人民政府关于印发《进一步促进全省煤炭经济转变发展方式实现可持续增长措施》(简称"煤炭 20 条")(晋政发〔2013〕26 号)
2013 年 8 月	山西省政府下发《山西省核准低热值煤发电项目核准实施方案》(晋政发〔2013〕30 号)
2013 年 8 月	《山西省人民政府关于加快推进煤层气产业发展的若干意见》("煤层气 20 条")(晋政发〔2013〕31 号)
2014 年 3 月	《山西省人民政府印发关于围绕煤炭产业清洁安全低碳高效发展重点安排的科技攻关项目指南的通知》(晋政发〔2014〕8 号)
2014 年 5 月	成立山西煤炭工业深化改革稳定运行领导小组
2014 年 6 月	《山西省人民政府印发进一步落实"煤炭 20 条"若干措施的通知》(简称"煤炭 17 条")(晋政发〔2014〕15 号)
2014 年 6 月	按照财政部、国家税务总局《关于全面清理涉及煤炭原油天然气收费基金有关问题的通知》(2014 年 74 号);山西省人民政府制定《涉煤收费清理规范工作方案》(晋政发〔2014〕20 号)
2014 年 11 月	山西省人民政府出台《山西省煤炭焦炭公路销售体制改革方案》(晋政发〔2014〕37 号)
2014 年 12 月	全部取消相关企业代行的煤炭、焦炭公路运销管理授权,撤销煤焦公路检查站点

续表

2015 年 1 月	经山西省政府同意,山西省财政厅联合省地税局下发《关于我省实施煤炭资源税改革的通知》(晋财税〔2014〕37 号)
2015 年 1 月	山西省人民政府办公厅《关于贯彻落实〈能源发展战略行动计划(2014—2020 年)〉的实施意见》(晋政办发〔2015〕1 号)
2015 年 1 月	山西省委和省人民政府联合印发《关于深化煤炭管理体制改革的意见》(晋发〔2015〕3 号)
2015 年 8 月	山西省人民政府下发《山西省煤炭行政审批制度改革方案》(晋政发〔2015〕37 号)
2015 年 12 月	山西省人民政府出台《山西省煤炭资源矿业权出让转让管理办法》(晋政发〔2015〕53 号)
2016 年 4 月	山西省委、省政府下发《山西省煤炭供给侧结构性改革实施意见》(晋发〔2016〕16 号)

表 4.3　2012 年以来国家出台的煤炭产业政策一览表

2013 年 2 月	国家发改委和国家能源局发布《煤炭产业政策(修订稿)》
2013 年 7 月	《关于同意委托山西省核准低热值煤发电项目的函》(国能电力〔2013〕228 号)
2013 年 9 月	国务院《关于印发大气污染防治行动计划的通知》(国发〔2013〕37 号)
2013 年 11 月	《国务院办公厅关于促进煤炭行业平稳运行的意见》(国办发〔2013〕104 号)
2014 年 9 月	国家发改委等六部委联合下发《商品煤质量管理暂行办法》(2014 年 16 号令)
2014 年 10 月	《国家能源局关于调控煤炭总量,优化产业布局的指导意见》(国能煤发〔2014〕454 号)
2014 年 10 月	《国务院办公厅关于印发能源发展战略行动计划(2014—2020 年)》(国办发〔2014〕31 号)
2014 年 10 月	财政部、国家税务总局下发《关于实施煤炭资源税改革的通知》(财税〔2014〕72 号)
2015 年 3 月	工信部、财政部共同推出《工业领域煤炭清洁高效利用行动计划》(工信部联节〔2015〕45 号)
2016 年 6 月	《国务院关于煤炭行业化解过剩产能,实现脱困发展的意见》(国发〔2016〕7 号)

一、四个纲领性文件的主要内容

在众多政策文件中，国家发改委、能源局发布的《煤炭产业政策》(修订稿)、国务院颁发的《关于促进煤炭行业平稳运行的意见》（以下简称《意见》）和《山西省进一步促进全省煤炭经济转变发展方式实现可持续增长措施》(简称"煤炭20条")、《山西省关于深化煤炭管理体制改革》四个文件是纲领性政策文件。

（一）《煤炭产业政策》（修订稿）内容

现行的《煤炭产业政策》于2007年11月由国家发展和改革委员会以第80号公告发布，对调整煤炭产业结构、加快转变煤炭工业发展方式、推动煤炭工业健康发展发挥了积极作用。在当前煤炭产业面临的新形势下，为全面贯彻落实科学发展观，合理、有序开发煤炭资源，提高资源利用效率，推进矿区生态文明建设，促进煤炭工业健康发展，根据《中华人民共和国煤炭法》《中华人民共和国矿产资源法》等法律和规范性文件，2013年2月，国家发改委、能源局发布了《煤炭产业政策》（修订稿）（以下简称《修订稿》）。

《修订稿》提出了八个方面的煤炭产业发展目标：一是坚持依靠科技进步和体制创新，推动煤炭生产和利用方式变革，推进绿色发展、循环发展、低碳发展，走资源利用率高、安全有保障、经济效益好、环境污染少的煤炭工业可持续发展道路，为全面建成小康社会提供能源保障；二是深化煤炭资源有偿使用制度改革，加快煤炭资源整合，形成以合理开发、强化节约、循环利用为重点，生产安全、环境友好、协调发展的煤炭资源开发利用体系；三是严格产业准入，规范开发秩序，完善退出机制，形成以大型煤炭基地为主体、与环境和运输等外部条件相适应、符合全国主体功能区规划要求、与区域经济发展规划相协调的产业布局；四是深化煤炭企业改革，推进煤炭企业的股份制改造、兼并和重组，提高产业集中度，形成以大型煤炭企业集团为主体、中小型煤矿协调发展的产业组织结构；五是推进煤炭技术创新体系建设，建立健全以市场为导向、企业为主体、产学研相结合的煤炭技术创新机制，形成一批具有自主知识产权的行业重大关键技术，培育科技市场，发展服务机构，形成完善的技术创新服务体系；六是强化政府监管，落实企业主体责任，依靠科技进步，以防治瓦斯、水、火、煤尘、顶板、地压、地温等灾害为重点，健全煤矿安全生产投入及管理的长效机制；七是把生态文明建设放在突出地位，加强煤炭资源综合利用，推进清洁生产，发展循环经济，建立矿区生态环境及水土保持恢复补偿机制，建设资源节约型和环境友好型矿区，促进人与矿区和谐发展；八是推进市场化改革，完善煤炭市场价格形成机制，支持煤炭产运需三方建立长期稳定的合作关系，鼓励供需双方签订中长期合同，加强煤炭生产、运输、需求的衔接，促进总量平衡，保障稳定供应。

为实现煤炭产业的发展目标，《修订稿》在产业布局、产业准入、产业组织、产业技术、安全生产、贸易运输和国际合作、高效利用与环境保护、劳动保护等各个方面，制定了具体的政策，它是我国煤炭产业的基本政策，其他专项政策是以《修订稿》为基础，根据专项特点而制定的。

《修订稿》在产业布局方面，明确提出了"控制东部地区煤炭开发强度，稳定中部地区煤炭生产规模，加强西部地区煤炭资源勘查开发"的思路。规划在神东、陕北、黄陇（陇东）、宁东基地有序建设大型现代化煤矿，重点建设一批千万吨级矿井群；晋北、晋中、晋东基地加快整合煤矿升级改造，适度新建大型现代化煤矿；冀中、鲁西、河南、两淮基地限制 1000 米以深新井建设；蒙东（东北）基地优先建设大型露天煤矿；云贵基地加快建设大中型煤矿，大力整合关闭小煤矿；新疆基地作为我国重要的能源战略后备基地，实行保护性开发。

在产业准入方面，《修订稿》提出，山西、内蒙古、陕西北部等地区煤矿企业规模应不低于 300 万吨／年，福建、江西、湖北、湖南、广西、重庆、四川等省（区、市）煤矿企业应规模不低于 30 万吨／年，其他地区煤矿企业规模不低于 60 万吨／年。此外，山西、内蒙古、陕西等省（区）新建、改扩建矿井规模原则上不低于 120 万吨／年。重庆、四川、贵州、云南等省（市）新建、改扩建矿井规模不低于 15 万吨／年。福建、江西、湖北、湖南、广西等省（区）新建、改扩建矿井规模不低于 9 万吨／年。其他地区新建、改扩建矿井规模不低于 30 万吨／年。"十二五"期间禁止新建 30 万吨／年以下高瓦斯矿井、45 万吨／年以下煤与瓦斯突出矿井。

在产业整合方面，《修订稿》鼓励以现有大型煤炭企业为核心，打破地域、行业和所有制界限，以资源、资产为纽带，通过强强联合和兼并重组中小型煤矿，发展大型煤炭企业集团。鼓励发展煤炭、电力、铁路、港口等一体化经营的具有国际竞争力的大型企业集团。鼓励大型煤炭企业参与电力、冶金、化工、建材、交通运输企业联营。

《修订稿》明确表示，我国将研究建立煤炭期货市场；支持优势煤炭企业参与境外煤炭资源开发；重点在沿海、沿江港口及华中等地区部署国家煤炭应急储备，鼓励支持大型煤炭、港口企业参与应急储备建设。

在资源开发方面，《修订稿》提出，煤炭资源开发坚持"先规划、后开发"的原则。国家统一管理煤炭资源一级探矿权市场，由国家出资完成煤炭资源的预查、普查和必要详查，编制矿区总体规划，有计划地将二级探矿权和采矿权转让给企业，规范交易行为，禁止非法炒卖矿业权。

（二）国务院出台《意见》的政策取向

2012年以来，受市场需求下降、煤炭工业转型升级滞后以及税费负担与历史包袱较重等因素影响，煤炭行业出现结构性产能过剩、价格下跌、企业亏损等问题，运行困难加大。为促进煤炭行业平稳运行和持续健康发展，2013年11月，国务院办公厅出台了《关于促进煤炭行业平稳运行的意见》（国办发〔2013〕104号）（以下简称《意见》），国家对煤炭主产区遇到的困难高度重视，从国家层面确定了山西等煤炭主产区的政策取向。其主要内容：一是科学调控煤炭总量，遏制煤炭产量无序增长。严格新建煤矿准入标准，重点关闭不具备安全生产条件的煤矿。煤炭企业必须严格按照核准的煤矿建设规模和生产能力组织生产，建立煤矿产能登记及公告制度。有效整合资源，鼓励煤炭企业兼并重组，促进煤炭集约化生产。二是严格清理各种不合理涉煤收费，加快资源税改革，切实减轻煤炭企业税费负担。三是按照节能减排和环境保护要求，研究制订商品煤质量国家标准。研究完善差别化煤炭进口关税政策，优化煤炭进出口结构，加强煤炭进出口环节管理，减少煤炭进口以平衡国内煤炭市场。四是进一步加强企业内部管理，提高煤炭企业生产经营水平，提高煤炭企业应对市场变化的活力。五是调动各方面力量，营造煤炭企业良好的发展环境。

（三）山西"煤炭 20 条"政策概览

按照中央宏观调控政策的要求，统筹考虑当前经济运行和长远可持续发展需要，2013 年 7 月，山西省政府研究制定了《进一步促进全省煤炭经济转变发展方式实现可持续增长措施》（简称"煤炭 20 条"），提出的各项政策措施可分为立足于近期、中期和长期效益的三大类。

近期为帮扶煤炭企业走出困境的政策措施主要是通过减少政府规定的收费以降低企业负担。共有 5 项内容：2013 年 8 月 1 日至 2013 年 12 月 31 日，暂停提取两项煤炭资金，即暂停提取煤炭企业矿山环境恢复治理保证金和煤矿转产发展资金。减半收取煤炭交易服务费。为拓宽煤炭销路，鼓励电力企业清洁高效就近用煤。为煤炭企业的发展，妥善解决煤炭企业参与高速公路建设投入资金问题。同时积极争取国家宏观政策支持。

中期立足于煤炭工业稳步发展的政策措施有 6 项：一是做好清费立税工作，规范企业社会责任，把应由政府承担的社会责任交给政府。二是推动金融机构对煤炭企业债务重组，缓解债务压力。三是积极稳妥建立政府煤炭储备机制，缓解库存压力。四是各级政府积极配合，解决好前一阶段重组整合的遗留问题。五是建立和谐的煤电关系，继续推进煤电联营、煤电一体化，鼓励煤电企业以资本为纽带，相互参股，共同发展。

为煤炭工业增强可持续发展能力的长期政策措施有 9 项，主要是完善市场机制，推动煤炭工业的现代化。具体政策包括：进一步加强煤矿安全生产监管，大力发展现代煤炭清洁高效、就地转化项目，加快现代化矿井建设，进一步完善现代企业制度，进一步提升企业经营管理水平，加强国有煤炭企业绩效考核，改革完善煤炭资源配置办法。

探索煤炭资源勘探、开采的价格补偿机制，稳步推进煤炭现货、期货交易。坚持全省煤炭经营的市场化改革方向。

2013年，山西省出台"煤炭20条"，大力清理涉煤收费，为全省煤炭企业减负近200亿元。面对煤炭价格持续下跌，煤炭企业盈利能力下降的现状，2014年6月，为着力解决山西煤炭企业实际困难，提升企业利润空间，山西省政府下发《进一步落实"煤炭20条"的若干措施》（简称《措施》），《措施》是对"煤炭20条"的补充和细化，具体内容包括：2014年，煤炭开采企业继续暂停提取煤矿转产发展资金和矿山环境恢复治理保证金，暂停时限调整为2014年1月1日起至2014年12月31日止。同时，要求减半收取煤炭交易服务费。这将缓解企业资金流动不足的问题，一定程度上提升企业利润空间。继续推进深化煤炭管理体制改革、鼓励煤炭企业与用户签订长协工作、加大煤炭加工力度，稳定老用户、开拓新市场，科学安排生产总量，规范煤炭生产、经营秩序，稳定煤炭价格。另外，山西省将协调金融机构，及时办理煤炭企业续贷手续。鼓励煤炭企业与用户签订中长期购销协议。同时，加快推进严厉打击私挖滥采等非法违法采矿行为、遏制超能力生产等措施。

《措施》提出要进一步改善煤炭企业经营环境，加大煤炭清费立税工作力度，凡省级以上人民政府批准的涉煤收费项目，一律进行清理，合理的予以保留，不合理的予以取消；未经省级以上人民政府批准的涉煤收费项目，一律取缔。减少各级各类检查。改革公路运销煤炭管理体制，规范公路运销煤炭管理行为，禁止强行统一经销。

（四）山西深化煤炭管理体制改革政策

煤炭管理体制是煤炭行业发展的关键。在山西，煤炭领域内行政干预过多、审批事项繁杂，部门多头管理、监管方式落后，市场机制不完善、权力监督不健全，企业主体不活、矛盾问题累积；政企政事不分，权力设租寻租等积弊挥之不去，阻碍煤炭业科学规范发展。为此，2015 年 1 月，山西省印发《关于深化煤炭管理体制改革的意见》（以下简称《意见》），这标志着作为煤炭大省的山西，一场影响深远的煤炭管理体制全面改革正式拉开大幕。

《意见》共 12 部分 36 条，分别从资源配置、项目审批、建设生产、生态治理、安全监管、销售体制、市场体系、企业改革、权力监管、法治建设、保障措施等重点领域和关键环节提出了明确的要求。《意见》中，山西省委、省政府对"煤炭管理革命"已经制定了较为详细的路线图和时间表。提出的改革目标是：到 2017 年基本实现煤炭管理体制和管理能力现代化，使市场对资源配置的决定性作用得到充分发挥，同时更好发挥政府作用、尊重企业的主体地位、有效制约和严格监管权力运行，使煤炭管理更加科学化和规范化。

《意见》要求，今后三年，山西将全面推进煤炭资源配置，消费、运销、煤炭企业改革，行政审批等重要领域和关键环节的深化改革。该《意见》释放了六大政策信号，设置了八大改革任务与八大创新事项。根据《意见》，山西还将在生态修复治理机制、煤矿安全监管制度、公路运销管理体制、煤炭企业股权结构、权力监管制度等多方面改革、探索。

二、严格控制煤炭产能政策

在经济增速放缓和煤炭供需宽松形势下，遏制煤炭产量无序增长，是改善供需关系、化解产能严重过剩矛盾、促进市场平稳运行的当务之急，国家和山西对这一问题高度重视，相继出台了控制产能的政策措施。

（一）国务院出台的控制产能政策

国务院办公厅于 2013 年发布了《关于促进煤炭行业平稳运行的意见》（国办发〔2013〕104 号）。该文件紧密联系煤炭行业结构性产能过剩的实际，提出了以下针对性措施。一是控制增量。国家将不再批准东部地区煤矿项目。停止核准新建 30 万吨／年以下煤矿、90 万吨／年以下煤与瓦斯突出矿井。新建煤矿必须严格履行基本建设程序，严厉查处未批先建、批小建大等违规行为。二是优化存量。从完善安全生产管理入手，逐步淘汰 9 万吨／年及以下煤矿，重点关闭不具备安全生产条件的煤矿，加快关闭煤与瓦斯突出等灾害隐患严重的煤矿；并鼓励各地主动关闭灾害严重和扭亏无望的矿井，能源局还公布了全国 2015 年煤炭行业淘汰落后产能计划，要求在 2015 年要淘汰煤炭行业落后产能 7779 万吨、煤矿 1254 座。三是抑制超能力生产。煤炭企业必须严格按照核准的煤矿建设规模和生产能力组织生产。建立煤矿产能登记及公告制度，提高超能力生产处罚标准，加大处罚力度，定期公布处罚结果。四是全面清理未按规定取得项目核准文件的煤矿建设项目，已开工的违规项目一律停产。建立在建违规项目名单，对列入名单的项目开展跟踪督查，严防私自复工复产。五是加快结构调整。有效整合资源，鼓励煤炭企业兼并重组，以大型企业为主体，在大型煤炭基地内有序建设大型现代化煤矿，促进煤炭集约化生产。六是鼓励各地结合实际探索建立枯竭煤矿平稳退出机制，逐步完善相关政策措施。

（二）国家能源局调控煤炭总量政策

2014 年 10 月 12 日，针对我国经济增速放缓、结构调整加快、能源需求强度下降、煤炭供需失衡矛盾日益突出的现状，为大力调控煤炭总量、优化产业布局、推动煤炭行业脱困、促进煤炭工业长期健康发展，国家能源局发布了《国家能源局关于调控煤炭总量优化产业布局的指导意见》（国能煤发〔2014〕454 号），对煤炭行业总量调控、优化布局、项目审批、产能管理、深化改革等工作提出一系列具体意见。该意见指出，当前，我国经济增速放缓，结构调整加快，煤炭需求减弱，煤炭供需失衡矛盾日益突出。煤炭行业要按照党中央、国务院关于化解产能严重过剩矛盾、节能减排、治理大气污染等工作要求，结合产业发展规律，以控总量、调结构、强管理、促改革为缓解当前煤炭行业困难的重要举措，以坚持规划引领、有序发展、优胜劣汰、强化监管为调控总量和优化布局的基本原则，进一步促进煤炭工业提质增效升级；根据该意见，今后一段时期，东部地区原则上将不再新建煤矿项目；中部地区（含东北）将保持合理开发强度，按照"退一建一"模式，适度建设资源枯竭煤矿生产接续项目；西部地区将加大资源开发与生态环境保护统筹协调力度，重点围绕以电力外送为主的千万级大型煤电基地和现代煤化工项目用煤需要，在充分利用现有煤矿生产能力的前提下，新建配套煤矿项目。该意见要求，各地不得核准新建 30 万吨／年以下煤矿、90 万吨／年以下煤与瓦斯突出矿井。要对未按规定取得项目核准文件的煤矿建设项目，进行全面清理；已开工的违规项目一律停建，已投产的违规项目一律停产，履行项目核准等相关法定手续。同时，要加强对现有煤炭生产能力管理，查处超能力生产行为；加快淘汰落后产能，继续淘汰 9 万吨／年及以下煤矿，鼓励具备条件的地区淘汰 9 万吨／年以上、30 万吨／年以下煤矿，鼓励各地主动关闭灾害严重或扭亏无望矿井。

（三）山西出台更加严格的控制产能政策

面对全国能源需求强度下降、煤炭开发和利用环境刚性制约增强、国家严格控制煤炭产能规模的新形势、新要求，山西省政府在《关于深化煤炭管理体制改革的意见》中提出更加严格的控制产能政策，重点强调了控制产能的原则：认真执行国家宏观调控政策。煤矿产能由省煤炭厅审核公告后，企业必须严格遵守，严禁超能力生产。煤炭监管部门对企业超能力生产行为要予以严厉处罚，并依法依规追究相关负责人和当事人的责任。2020 年前，山西要严格控制煤炭产能。除目前在建矿井投产新增产能，以及对现有少数生产条件好的矿井重新科学核定产能外，一律不再增加新的产能。严禁煤与瓦斯突出矿井、高瓦斯矿井和水文地质类型复杂矿井核增产能。除"关小上大、减量置换"外，不再审批建设新的煤矿项目（含露天矿），严格执行控制煤炭产能增长的产业调整政策，停止审批年产 500 万吨以下井工改露天开采项目。

三、煤电联营协调发展政策

火力发电是煤炭行业最主要的下游产业，稳定的电煤市场无论对煤炭工业还是电力工业都是十分重要的。但长期以来电力工业以及电煤的产销一直受到国家计划的控制，因此形成条块分割，国家和地方权力交叉，煤炭行业和电力行业难以在市场中形成抵御风险的合力。煤电联营政策，主要是着力推进煤炭工业和电力工业的市场化改革，有利于煤炭、电力在市场中联合，取得共赢的效果。

(一) 国务院出台深化电煤市场化改革意见

为加快完善社会主义市场经济体制，更大程度更广范围发挥市场在资源配置中的基础性作用，形成科学合理的电煤运行和调节机制，保障电煤稳定供应，促进经济持续健康发展，2012 年 12 月 20 日，国务院办公厅出台《关于深化电煤市场化改革的指导意见》（〔2012〕57号），该意见标志着煤炭行业结束了长期以来计划和市场并行的管理体制，煤炭行业的市场化改革取得了实质性进展。有利于加快形成企业自主经营、公平竞争，消费者自由选择、自主消费，商品要素自由流动、平等交换的现代市场体系，将有效解决制约煤炭行业发展的体制性矛盾和问题。

20 世纪 90 年代以来，我国煤炭订货市场化改革不断推进，价格逐步放开，对纳入订货范围的电煤实行政府指导价和重点合同管理，对保障经济发展曾经发挥了积极的作用。但由于重点合同电煤与市场煤在资源供给、运力配置和价格水平上存在着明显差异，限制了市场机制作用的发挥，造成不公平竞争，合同签订时纠纷不断，执行中兑现率偏低，不利于煤炭的稳定供应，越来越不适应社会主义市场经济发展的要求，改革势在必行。2012 年以来，煤炭供需形势出现了近年来少有的宽松局面，重点合同电煤与市场煤价差明显缩小，一些地方还出现倒挂，电力企业经营状况有所改善，改革的条件基本成熟。为此，应抓住当前有利时机，坚定不移地推进改革。改革任务主要以取消重点电煤合同、实施电煤价格并轨为核心，逐步形成合理的电煤运行和调节机制，实现煤炭电力行业持续健康发展。改革的具体内容是：建立电煤产运需衔接新机制，加强煤炭市场建设，完善煤电价格联动机制，推进电煤运输市场化改革，推进电力市场化改革。具体政策包括，自 2013 年起取消重点电煤合同，取消电煤价格双轨制，国家发展和改革委员会不再下达年度跨省区煤炭铁路运力配置意向框架。根据该意见，2013 年起，煤炭企业和电力企业将自主衔接签订合同，自主协商确定价格，鼓励双方签订长期合同。对大中型煤电企业签订中长期合同，适当优先保障运输。同时，为保障电企利益，提出当电煤价格波动幅度超过 5% 时，以年度为周期，相应调整电价，同时将电力企业消纳煤价波动的比例由 30% 调整为 10%。而之前国家规定，以不少于 6 个月为一个电煤价格联动周期，若周期内平均煤价较前一个周期变化幅度达到或超过 5%，便相应调整电价。

（二）国家发布煤电联营指导政策

煤电联营是指煤炭和电力生产企业以资本为纽带，通过资本融合、兼并重组、相互参股、战略合作、长期稳定协议、资产联营和一体化项目等方式，将煤炭、电力上下游产业有机融合的能源企业发展模式，其中煤电一体化是煤矿和电厂共属同一主体的煤电联营形式。发展煤电联营，有利于形成煤矿与电站定点、定量、定煤种的稳定供应模式，提升能源安全保障能力；有利于构建利益共享、风险共担的煤电合作机制，缓解煤电矛盾；有利于实现煤矿疏干水、煤泥、煤矸石和坑口电站乏汽的充分利用，促进绿色循环发展。

近年来，在国家政策引导下，我国煤电联营取得一定进展，截至 2014 年底，煤炭企业参股控股煤电达 1.4 亿千瓦，发电企业参股控股煤矿年产能突破 3 亿吨，形成了以伊敏电厂为代表的煤电一体化和以淮南为代表的大比例交叉持股等多种发展模式。经过多年实践，一些大型煤炭、电力企业依托自身优势，逐步形成了各具特色的煤电联营发展模式，并在多个方面发挥了煤电联营的积极作用。随着我国经济社会发展进入新的阶段，煤、电行业内外环境发生深刻变化，制约煤电发展的深层次矛盾进一步显现。相比国内煤、电产业规模，目前煤电联营规模仍然较小，行业融合度偏低，资源配置效率亟待提升、电煤市场波动剧烈，煤电矛盾依然突出，能源安全供应存在隐患，相关支持政策有待进一步完善。

为积极理顺煤电关系，促进煤炭、电力行业协同发展，国家发改委 2016 年 5 月 17 日对外印发《关于发展煤电联营的指导意见》（以下简称《指导意见》）。

《指导意见》制定了"市场为主、企业自愿，统筹规划、流向合理，调整存量、严控增量，互惠互利、风险共担，联营合作、专业经营"的发展原则，并明确了未来煤电联营的重点方向：重点推广坑口煤电一体化、在中东部优化推进煤电联营、科学推进存量煤电联营、继续发展低热值煤发电一体化、建立煤电长期战略合作机制。同时，为推动煤电联营，《指导意见》提出了多项扶持政策。具体包括："十三五"期间，在制定煤炭和电力发展规划时，优先规划符合重点方向的煤电联营项目，并将项目用电纳入配套电厂用电范围。对于符合重点方向的煤电一体项目，加大协调力度，优化核准相关程序，力争实现配套煤矿和电站同步规划、同步核准、同步建设；在同等条件下，电网调度优先安排煤电一体化及其他煤电联营项目电量上网；支持煤电一体化项目优先参与跨区、跨省等电力市场化交易。

（三）山西煤电企业协调发展政策

长期以来，受"计划电、市场煤"影响，2012 年，山西部分火电企业的资产负债率已超过 100%。2012 年，受煤炭价格持续下跌影响，煤炭企业也遭遇困境。山西是全国重要的煤电能源基地之一，担负着全国煤炭供应及外输电力的重任。积极妥善处理山西煤炭与电力发展的关系，化解煤电矛盾，建立煤电和谐发展机制，事关全国能源安全和山西转型发展的大局。为进一步推动山西煤炭、电力企业优势互补，相互融合，风险共担，利益共享，依据国家《指导意见》，结合山西实际，2012 年 7 月，山西省政府出台了《山西省促进煤炭电力企业协调发展实施方案》（晋政办发〔2012〕51 号），以下简称《实施方案》，明确提出加快煤炭、铁路、电源和电网的协调发展，推动煤、电供需双方建立长期协作合同，建立正常的煤电价格形成、调整及联动机制，促进煤电联营，推进煤电一体化。煤电联营符合煤电双方的市场利益，将被作为长期政策坚持下去。国家及地方政府为鼓励煤电联营深入推进，在项目审核批准方面采取特殊的推动措施。具体目标是到 2015 年，省调火电企业全部实现电煤长期协作合同管理，部分火电企业和煤炭企业实现以股权为纽带的煤电联营。

《实施方案》主要内容包括推动煤炭联营、建立电煤长期供需协作机制、充分发挥煤炭交易中心作用、建设坑口煤电一体化新型电源项目、探索构建省级煤炭储备体系等。按照"政府引导、自愿合作、一厂一策"原则，山西省煤电联营方式主要以股权联营为主，通过资本金注入、股权交换等方式，实现煤炭企业和省调现役火电企业的相互参股、控股或通过资产重组的方式成立新的煤电联营企业。煤电联营后，可仍按照原有的专业化分工，独立经营管理。同时推动煤电企业签订长期战略性供需协作合同，并建立长期协作合同全覆盖的省内电煤供需管理模式；充分利用中国（太原）煤炭交易中心煤炭现货交易平台，实现煤电双方直接见面，自主交易，开通绿色通道，减少中间环节；新建燃煤发电项目，原则上按照坑口煤电一体化要求进行规划。鼓励电力企业和煤炭企业共同出资成立新型煤电企业，对坑口煤电一体化的电源项目和配套煤矿，原则上优先立项报批、优先准予投产；探索建立以政府主导，煤炭企业、电力企业、交通物流企业等为承储主体的煤炭储备体系，争取纳入国家煤炭战略资源储备体系。

（四）山西煤电一体化深度融合措施

2015 年 9 月 25 日，根据山西省委、省政府联合下发的《关于深化煤炭管理体制改革的意见》(晋发〔2015〕3 号)要求，为进一步推进煤电一体化深度融合，以山西省政府制定的《实施方案》为基础，结合实际，山西省经济和信息化委员会下发《推进煤电一体化深度融合实施方案》（晋经信电力字〔2015〕225 号），以下简称《深度融合实施方案》，对煤电联合进行具体的部署。为全力推动煤电联营，山西专门成立煤炭电力企业协调发展领导组，领导组成员包括了经信委、发改委、监察厅及财政厅等 13 个部门。

《深度融合实施方案》明确提出，2015—2017 年，山西全省现役主力发电企业全部实现煤电一体化或长协合同运营全覆盖；2015 年，完成《山西煤电基地科学开发规划》的编制，并分年度分步骤推进目标的实现；2015—2017 年，除城市热电联产、电网安全需要建设的电源项目外，新核准建设燃煤发电机组原则上应按照坑口煤电一体化要求进行规划，且不断提高 60 万千瓦级及以上比例。

《深度融合实施方案》提出的推进煤电联合的具体措施包括：一是积极协调，扩大煤电联营范围。注重发挥资本市场作用，进一步扩大煤电联营的范围，鼓励省内煤炭企业通过资产重组、交换股份、赎买等方式参股、控股电力企业，促进省内煤炭企业与省外发电企业进行资产重组，深化煤电联营合作模式、商业模式和发展模式，实现煤炭电力行业协调发展。二是突出重点，引深煤电联营工作。发挥市场优化配置资源的决定性作用，充分发挥山西省资源、能源及原材料加工优势，走延伸循环发展之路。鼓励煤电联营企业参股或控股下游高载能产业或园区，做大做强符合国家产业政策的高载能产业，构建"煤—电—铝""煤—电—化""煤—电—材"等循环经济产业链；引导煤电联营发电企业参股下游企业、园区，探索成为其承担社会责任的自备电厂或参与大用户直供电，提高机组发电利用小时数，降低企业用电成本，提升整体市场竞争力。三是合作共赢，建立电煤长协机制。推动火电企业与省内煤炭企业签订长期战略供需合同，建立长协合同全覆盖的省内电煤供需机制。发挥好中国（太原）煤炭交易中心资源配置和现货交易指数作用，利用煤炭交易中心煤炭现货交易平台，促进供需协作，积极推动省调现役火电企业与省内煤炭企业签订长期战略性供需协作合同；积极推进动力煤期货交易，初步形成以太原价格指数定价、明确供煤数量的结算交易新模式。四是认真研究，推进煤电基地建设。围绕煤炭资源综合利用和清洁低碳发展，借鉴同煤塔山循环经济园区的做法，做好《山西煤电基地科学开发规划》编制，科学规划，有序推进晋北、晋中、晋东三个千万千瓦级清洁高效大型煤电基地建设，培育一批煤电循环经济园区，并分年度分步骤推进目标的实现。五是积极协调，加快外送和省内电网建设。充分发挥山西省晋北、晋中、晋东南三大煤电基地距华北、华中、华东电网距离较近的区位优势，促请国家电网公司加快建设国家已批复的山西省盂县电厂—河北南网 500 千伏交流、蒙西—晋北—天津南 1000 千伏特高压交流、榆横—晋中—潍坊 1000 千伏特高压交流、山西—江苏 ±800 千伏特高压直流等四条外送输电通道，努力扩大晋电外送规模。

四、低热值煤发电政策

我国是煤炭生产和消费大国，煤炭生产和洗选过程中产生了大量的煤矸石、煤泥、洗中煤等低热值煤资源。低热值煤如果长期堆存，不仅浪费有限的土地资源，破坏土壤质量，而且易自燃并释放有害气体，污染大气环境，为此，国家非常重视低热值煤、发电产业的发展。近年来，我国低热值煤发电取得积极进展，总装机已达2600万千瓦，但仍存在规模偏小、机组效率不高、管理基础薄弱、相关标准和政策不适应低热值煤发电产业健康发展需要等问题。进一步完善政策，促进低热值煤发电产业健康发展是构建资源节约型、环境友好型社会的必然要求。

(一) 国家低热值煤发电政策

为促进低热值煤发电产业健康发展，2011年12月，国家能源局下发《关于促进低热值煤发电产业健康发展的通知》（国能电力〔2011〕396号）（以下简称《通知》），《通知》要求，力争到2015年，全国低热值煤发电装机容量达到7600万千瓦，年消耗低热值煤资源3亿吨左右，形成规划科学、布局合理、利用高效、技术先进、生产稳定的低热值煤发电产业健康发展格局。具体要求是：用于发电的低热值煤资源主要包括煤泥、洗中煤和收到基热值不低于5020千焦（1200千卡）/千克的煤矸石；"十二五"期间，重点在主要煤炭生产省区和大型煤炭矿区，规划建设2×15万千瓦级及以上的高效低热值煤发电项目，鼓励具备条件的地区建设2×30万千瓦机组；低热值煤发电项目所用燃料优先采用皮带输送方式；低热值煤发电项目应以煤矸石、煤泥、洗中煤等低热值煤为主要燃料，以煤矸石为主要燃料的，入炉燃料收到基热值不高于14640千焦（3500千卡）/千克；根据燃料特性合理确定低热值煤发电项目的机组选型；低热值煤发电项目应尽可能兼顾周边工业企业和居民集中用热需要，采用热电联产或具备一定供热能力的机组；低热值煤发电项目原则上采用煤矿、洗煤厂、电厂为同一投资主体控股的"煤电一体化"模式；低热值煤发电项目要严格执行国家环保、土地、用水和灰渣综合利用等相关政策规定，确保达标排放和灰渣综合利用，严格控制土地占用量，高度重视节约用水，并优先考虑使用矿井水，水资源匮乏地区要采用空冷机组。

《通知》还提出了具体支持政策：凡符合条件的低热值煤发电项目，在各省（区、市）自用、外送火电建设规模中优先安排；对于以煤矸石为主要燃料的低热值煤发电项目，优先于常规燃煤机组调度和安排电量，并结合循环流化床锅炉发电机组负荷跟踪速度慢等特性，降低机组负荷调节速率要求；支持以煤矸石为主要燃料的低热值煤发电项目作为所在矿区工业园单个或多个符合国家产业政策企业的自备电厂，或参与大用户直供电。

（二）山西低热值煤发电政策

为全面落实国家能源局《关于同意委托山西省核准低热值煤发电项目的函》（国能电力〔2013〕228号）和《关于促进低热值煤发电产业健康发展的通知》精神，2013年8月7日，山西省人民政府发布了《山西省低热值煤发电项目核准实施方案》（以下简称《实施方案》）。《实施方案》提出，低热值煤发电是山西省加快推进电力建设的重要内容，是实现高碳产业低碳发展、黑色产业绿色发展的重要途径，关系到全省"十二五"电力目标实现和山西综合能源基地的顺利建成，对于全省能源产业转型、循环经济发展、生态环境治理、土地节约、能源利用效率提高具有重要的意义。山西省受托核准低热值煤发电项目，是行政审批制度的一项重大改革，是国家支持山西综改试验、转型跨越的一项重大举措。为全力推动低热值煤发电，山西省政府成立了山西省推进低热值煤发电项目工作领导组。

《实施方案》提出的项目准入条件是：布局在国家批复的煤炭规划矿区内，且矿区内低热值煤发电项目装机容量与低热值煤资源量相匹配；用于发电的低热值煤燃料主要为煤泥、洗中煤和收到基热值不低于 5020 千焦（1200 千卡）/千克的煤矸石；布局应依托大型洗煤厂(群)，依托多个洗煤厂的项目，燃料运输距离不应超过 30 公里；合理运输距离范围内原则上不重复规划建设低热值煤发电项目；以煤矸石为主要燃料的，优先选用国产大型循环流化床锅炉，入炉燃料收到基热值不高于 14640 千焦（3500 千卡）/千克；以洗中煤、煤泥为主要燃料的，可考虑采用高效煤粉炉，入炉燃料收到基热值不高于 17570 千焦（4200 千卡/千克）；选用单机容量 30 万千瓦级或以上的机组，所选设备需经实践证明技术成熟可靠，且设备制造商有定型产品和良好业绩。使用空冷机组，电厂生产用水限制使用地表水，严禁使用地下水；同步建设全封闭煤场和高效脱硫脱硝及除尘设施，主要污染物排放浓度达到排放标准，粉煤灰和废渣实现综合利用；原则上应采用煤矿、洗煤厂和低热值煤电厂为同一投资主体控股的煤电一体化模式，鼓励煤炭和电力企业通过资产重组、交换股份等方式实现煤电一体化；项目投资主体在省内有良好的燃煤火电项目建设和运行管理业绩。

《实施方案》制定的优先原则是：建设高效环保设施，污染物排放可以达到特别排放限值标准的项目优先；在工业园区或循环经济园区，有符合国家产业政策的高载能下游产业链的项目优先；属热电联产项目或能够兼顾周边工业园区和城市集中供热需要的项目优先；在省内有良好的低热值煤发电项目建设和运行管理业绩的企业、扩建项目特别是公用基础设施已建成的扩建项目优先；靠近大型煤矿，依托大型骨干洗煤厂，所用燃料采用皮带运输的项目优先；外送电市场和通道已落实的项目优先；使用城市中水和矿井水的项目优先；不占或少占耕地、集约节约用地、使用工矿废弃用地和未利用土地的项目优先；各项前期工作深入扎实，支持性文件齐备且层级较高的项目优先；大容量、高参数机组的项目或示范项目优先。

五、大力发展煤层气产业政策

煤层气是煤炭产业中最清洁、成本最合理的清洁能源。为促进煤层气产业发展，山西和国家都出台了扶持政策。山西作为国家煤层气开发的重点省份，出台相关政策比国家早，政策体系也比较全面。

（一）山西出台煤层气产业发展政策

煤层气是山西省的优势资源，大力发展煤层气产业对优化能源结构、发展清洁能源、保障煤矿安全生产、实现节能减排均具有十分重要的意义。

1. "煤层气20条"政策。把煤层气产业打造成为山西省资源型经济转型重要战略性新兴产业为2013年8月12日，山西省人民政府出台《山西省人民政府关于加快推进煤层气产业发展的若干意见》（简称"煤层气20条"）（晋政发〔2013〕31号），"煤层气20条"，提出的发展目标是：到"十二五"末，实现地面煤层气总产能195亿立方米，煤矿瓦斯抽采量52亿立方米。到2020年，地面煤层气总产能力争达400亿立方米，全省管线总里程突破1.5万千米。山西出台的"煤层气20条"，符合国家后来出台的相关煤层气产业政策。

　　"煤层气20条",提出着力打造"112335"煤层气产业开发布局。即:组建一个具有国际水平的煤层气综合研发机构;设立一个煤层气矿权改革试点区;建设太原、晋城两个装备制造业基地;打造河曲—保德、临县—兴县、永和—大宁—吉县三大煤层气勘探基地;形成沁南、沁北、三交—柳林三大煤层气开发基地;构建晋城矿区、阳泉矿区、潞安矿区、西山矿区和离柳矿区五大瓦斯抽采利用园区。在完善"三纵十一横"管网布局的基础上,结合全省城镇规划布局,大力构建"一核一圈多环"管网格局,即:围绕太原榆次同城化,建设大太原外环管网(一核);以"东纵""西纵"管线为基础,以长治—临汾、保德—原平两横管线为连接,构建省级气源调配大环网(一圈);在全省11个设区市建设环城输(储)气管网(多环),形成覆盖全省的大燃气网。重点实施改造各县(市、区)城市燃气工程,加快建设1000座加气站,大力推进太原、大同、长治、临汾、吕梁等应急调峰设施群建设,加快在建燃气电厂建设,积极推进新建燃气电厂的前期工作。"煤层气20条"政策,致力于进一步优化山西省的能源结构,形成光伏、煤层气、煤炭洁净能源三维发展新结构。

　　为了实现产业发展目标和产业布局,"煤层气20条"提出要加大资源勘探开发,加大煤矿瓦斯抽采,加快应急、调峰等储气设施建设,加快重点项目建设,加大市场开拓力度,加强生态环境保护,大力发展煤层气装备制造业;加大政府支持骨干企业力度,健全监管体系,创优投资环境,深化矿权管理改革,加强科研教育人才培养,建立健全法规体系,完善价格形成机制,加强金融创新,调整完善产业发展规划,加强组织领导。其中提出要将勘探开发示范工程列入省综改试验区重点项目,对重大开发项目给予一定贴息支持,继续争取国家提高对煤层气抽采利用的补贴标准，研究提高省级财政对开发利用煤层气的补贴标准；尽快取得国家对煤层气矿业权审批制度改革试点授权，进一步完善准入和退出机制，提高勘探阶段最低投入标准，实行限期开发制度，严格把好矿权延续关，做好探矿权转采矿权工作，合理配置资源，提高资源开发利用效率；支持设立各类民间煤层气创投基金，吸引煤层气风险投资资金，拓宽风险勘探阶段的融资渠道。

2. 瓦斯抽采全覆盖工程实施方案。为了认真贯彻落实山西省委、省政府提出的"六大发展"和煤炭产业"六型"转变要求，有效遏制煤矿瓦斯事故，促进山西省煤矿安全生产持续稳定发展，针对山西煤矿存在的瓦斯抽采系统不完善、应抽尽抽不到位、预抽不达标等问题，2015年7月17日，山西省政府制定了《山西省煤矿瓦斯抽采全覆盖工程实施方案》（以下简称《实施方案》），《实施方案》的总体要求是：坚持瓦斯抽采利用与安全发展、清洁发展、绿色发展相统筹的原则，煤矿井下瓦斯抽采与地面煤层气开发相统筹的原则，瓦斯抽采利用政府主导、企业负责、依法依规、集约利用的原则，煤矿建设准入先抽后建、先采气后采煤的原则，煤矿瓦斯防治以合理采掘部署为保障，先抽后掘、先抽后采、抽掘采平衡的原则，瓦斯抽采多措并举、应抽尽抽、抽采达标、以用促抽、以抽保安的原则。提出的工作目标是：到2017年，山西全省煤矿全面建立完善的瓦斯综合治理工作体系，重点建设一批高标准瓦斯抽采示范工程，引领和促进全省煤矿瓦斯井上、井下抽采协调发展，煤矿瓦斯防治能力得到显著提升。有效遏制煤矿瓦斯重特大事故，煤矿基本实现瓦斯零超限。按照全省煤层气开发总体规划要求，落实全省瓦斯抽采利用目标任务。提出的具体目标是：全省瓦斯抽采量在2014年基础上每年增加7亿立方米（地面瓦斯抽采量每年增加 4.5 亿立方米，井下瓦斯抽采量每年增加 2.5 亿立方米），到 2017 年瓦斯抽采量达到 113 亿立方米（地面瓦斯抽采量达到 50 亿立方米，井下瓦斯抽采量达到 63 亿立方米）；全省瓦斯利用量在 2014 年基础上每年增加 5 亿立方米（地面瓦斯利用量每年增加 3.5 亿立方米，井下瓦斯利用量每年增加 1.5 亿立方米），到 2017 年瓦斯利用量达到 65 亿立方米（地面瓦斯利用量达到 40 亿立方米，井下瓦斯利用量达到 25 亿立方米）。

《实施方案》还提出了五项重点任务：一是开展井上、井下联合抽采，建立立体化瓦斯抽采模式，即煤炭规划区实行"先抽后建"、煤炭准备区实行"先抽后掘"、煤炭生产区实行"先抽后采"。二是完善矿井瓦斯抽采系统，实现瓦斯抽采基础条件达标。三是优化矿井瓦斯抽采工艺，实现瓦斯抽采效果达标。四是强化瓦斯综合利用，加快"气化山西"建设步伐。五是重点实施瓦斯抽采示范工程，引领和推动全省瓦斯抽采全覆盖工程深入开展。

3. 山西获煤层气勘查开采审批权。山西省煤层气探明储量和产量均占全国九成以上，产业链已初步形成，具备率先突破的资源条件、产业基础和工作环境。但由于政策支持不足等多方面原因，煤层气产业在过去五年的发展并不理想。从矿业权所属企业来看，山西省煤层气矿业权 80% 以上属于中石油、中联煤、中石化三大央企，而山西省内煤炭矿业权几乎全部属于山西省内企业。长期以来，受采气权和采矿权归属不一致的影响（采气权归央企，采煤权归地方企业），央企和山西地方煤炭企业时有摩擦。为此，从 2013 年起，山西一直谋求将煤层气管理权限由现行的国家一级审批，试点为由国家、省两级审批，"以解决目前煤炭矿业权与煤层气矿业权分置、采煤采气不同步"的问题。

2015 年初，国家能源局曾派出调研队伍，赴山西专题调研煤层气的开发利用，这一调研奠定了山西省在煤层气产业上的试点、示范地位。2016 年 4 月，国土资源部公布《国土资源部关于委托山西省国土资源厅在山西省行政区域内实施部分煤层气勘查开采审批登记的决定》（以下简称《决定》），委托事项包括：煤层气勘查审批登记及已设煤层气探矿权的延续、变更、转让、保留和注销审批登记；煤层气试采审批等。《决定》指出，今后两年，山西省行政区域内部分煤层气勘查开采审批事项，由过去的国土资源部直接受理与审批，调整为由山西省国土资源厅按照国土资源部委托权限实施受理与审批，这在全国尚属首例，煤层气审批改革试点迈出实质性的一步，也为今后央地企业联手合作提供更广阔空间。

审批权下放之后，给予山西更大的自主权，可以说是理顺矿权的一个好时机。山西省政府可更加灵活协调央企与地方企业之间的关系，促成双方合作，推动煤层气产业进一步发展。此次改革举措将方便山西企业，由过去进京报批变为"家门口"申请，进一步释放改革红利。更重要的是，对于山西省统筹煤层气资源开发，整合既有资源，打破条块分割，促进央企、省企合作，推动煤层气产业建设，加快转型发展提供了新空间。

从资源禀赋看，煤层气与煤炭共生于一体，但开发技术工艺不同，须合理安排开发时序进行综合开发利用。山西省是目前国内煤层气开发进展最快的省份，但山西省煤层气勘探开采并非一帆风顺。央地企业合作在现行法律框架内，国土资源部选择山西这一代表性区域委托下放部分煤层气勘查开采审批权限，重点突破、带动全局，不仅为下一步矿业权审批权限调整提供实践基础和改革样本，而且有利于调动地方煤层气开采积极性，加强央地企业之间的合作。

目前，中石油山西煤层气分公司已与山西兰花集团合作开发煤层气项目，兰花集团作为投资与开发主体，负责合作范围内的地面抽排及开采工作。中石油山西煤层气分公司发挥技术优势，提供开采技术支持。待项目建成后，双方按产品合同进行分成。这种超越矿权体制、国企地企利益共享的合资模式，既可为当地提供就业岗位、增加当地税收，又能使中石油山西煤层气分公司得到地方在经营秩序协调和生产经营环境等方面的支持。目前，山西范围内开采难度低的煤层气大多已开发。未来，攻坚高难度煤层气开采并提高开采量的突破口在于技术创新。而央企和地方企业在技术、资金、产业链方面的合作将助产业一臂之力，成为新常态。

4. 规范处理煤层气和煤炭矿业权重叠区争议。2016 年 10 月，山西省政府出台了《山西省煤层气和煤矿矿业权重叠区争议解决办法》（以下简称《办法》），《办法》遵守国家相关法律法规及政策规定，落实"先采气、后采煤"和"采煤采气相衔接"的要求，采取自主协商、行政调解和行政裁决方式，促进重叠区煤层气、煤炭资源综合高效利用。《办法》规定，解决重叠区争议，应当尊重当事人意愿，由当事人自行选择具体解决方式。鼓励当事人自主协商，达成协议。协商不成的，当事人可向省国土资源厅申请行政调解。如自主协商、行政调解未能达成协议，且当事人提出申请，省国土资源厅可以按照省政府提出的裁决建议，或者按照国土资源部委托作出行政裁决。《办法》提出，解决重叠争议，可以采取以下方式：当事人签署安全互保协议，建立日常协调保障机制；当事人实施合作勘查开采，促进资源综合勘查、综合利用；当事人分阶段调整重叠区范围，或者一次性调整全部重叠区范围，实现采煤采气一体化。

（二）国家出台煤层气产业发展政策

为适应煤矿瓦斯防治和煤层气产业化发展的新形势，进一步加大政策扶持力度，加快煤层气（煤矿瓦斯）抽采利用，促进煤矿安全生产形势持续稳定好转，2013 年以来，国家出台和制定了一系列政策。

1. 加快煤层气抽采意见。在山西出台"煤层气 20 条"不久，2013 年 9 月 14 日，国务院颁布《关于进一步加快煤层气（煤矿瓦斯）抽采利用的意见》（国办发〔2013〕93 号）（以下简称《意见》），《意见》提出：一是要加大财政资金支持力度，提高财政补贴标准，强化中央财政奖励资金引导扶持，加大中央财政建设投资支持力度，落实煤炭生产安全费用提取政策。二是强化税费政策扶持。完善增值税优惠政策，加快营业税改增值税改革试点，扩大煤矿企业增值税抵扣范围，加大所得税优惠力度。三是完善煤层气价格和发电上网政策。落实煤层气市场定价机制，煤层气（煤矿瓦斯）销售价格按不低于同等热值天然气价格确定。支持煤层气发电上网，煤矿企业煤层气（煤矿瓦斯）发电优先自发自用，富余电量需要上网的，由电网企业全部收购。完善煤层气发电价格政策，按照合理成本加合理利润的原则，适时提高发电上网标杆电价。四是加强煤层气开发利用管理。加强煤层气矿业权管理，建立煤层气、煤炭协调开发机制。对煤矿规划 5 年内开始建井开采的区域，按照煤层气开发服务于煤炭开采的原则；对煤炭规划 5 年后开始建井开采的区域，应坚持"先采气、后采煤"。提出了建立勘查开发约束机制，鼓励规模化开发利用，规范煤层气投资项目管理等。五是推进科技创新。提出继续实施国家科技重大专项及有关科技计划，进一步加大煤层气（煤矿瓦斯）基础理论研究和关键技术及装备研切的支持力度。加强创新平台建设，支持煤炭、煤层气企业建立瓦斯防治和煤层气勘探开发研究机构，增强自主研发和集成创新能力。

2. 国家制定煤层气勘探开发行动计划。为贯彻中央财经领导小组第六次会议和新一届国家能源委员会首次会议精神，落实《能源发展战略行动计划（2014—2020年)》要求，加快培育和发展煤层气产业，推动能源生产和消费革命，2015年2月16日，国家能源局发布《煤层气勘探开发行动计划》（以下简称《计划》）。《计划》明确了2015年及"十三五"时期我国煤层气产业发展指导思想、目标、布局、主要任务和保障措施。《计划》提出，"十二五"期间，建成沁水盆地和鄂尔多斯盆地东缘煤层气产业化基地，初步形成勘探开发、生产加工、输送利用一体化发展的产业体系；建成36个年抽采量超过1亿立方米的规模化矿区，煤矿瓦斯抽采利用水平明显提高。"十三五"期间，煤层气勘探开发步伐进一步加快，产业布局更趋优化，关键技术取得突破，产量大幅提升，重点煤矿区采煤采气一体化、煤层气与煤矿瓦斯共采格局基本形成，煤层气（煤矿瓦斯）利用率普遍提高，煤层气产业发展成为重要的新兴能源产业。到2020年，建成3—4个煤层气产业化基地，重点煤矿区基本形成煤层气与煤矿瓦斯共采格局。新增探明煤层气地质储量1万亿立方米;煤层气（煤矿瓦斯）抽采量力争达到400亿立方米，其中地面开发200亿立方米，基本全部利用；煤矿瓦斯抽采200亿立方米，利用率达到60%；煤矿瓦斯发电装机容量超过400万千瓦，民用超过600万户。相对于2014年的170亿立方米，未来5年，全国煤层气抽采量将增长1倍多。

《计划》明确了今后一段时期我国煤层气（煤矿瓦斯）开发利用的

重点任务。一是分区域分层次开展勘探，加快沁水盆地和鄂尔多斯盆地东缘勘探，推进新疆、云贵等地区勘探；二是加快煤层气地面开发，建成沁水盆地和鄂尔多斯盆地东缘产业化基地；三是加强煤矿瓦斯规模化抽采，建设一批抽采利用规模化矿区和瓦斯治理示范矿井；四是完善利用基础设施，根据资源分布和市场需求，统筹建设区域性输气管道；五是强化科技创新，开展煤层气富集规律等基础理论研究，加快煤层气勘探开发关键技术装备研发，发布一批行业重要标准规范。为确保发展目标和任务顺利完成，《计划》还有针对性地提出了四条保障措施。一是强化行业发展指导管理，发布实施煤层气开发利用管理办法，强化事中事后监管。二是出台完善扶持政策，严格落实煤层气市场定价机制，研究提高煤层气开发财政补贴标准，制定低浓度瓦斯利用鼓励政策，督促天然气基础设施公平开放。三是加大勘探开发投入，继续安排中央预算内投资支持煤层气（煤矿瓦斯）开发利用，研究提高煤层气最低勘查投入标准，鼓励社会资本参与勘探开发和基础设施建设。四是完善资源协调开发机制，推进山西省煤层气和煤炭资源管理试点工作，优化煤层气、煤炭资源勘查开发布局和时序，妥善解决矿业权重叠问题。

3. 国家提升煤层气补贴标准。我国煤层气资源丰富，又有良好的开发利用经验，但由于政策支持不足等多方面原因，煤层气产业在过去五年的发展并不理想。根据《国务院办公厅关于进一步加快煤层气（煤矿瓦斯）抽采利用的意见》等文件精神，2016 年 3 月 1 日，财政部印发了《关于"十三五"期间煤层气（瓦斯）开发利用补贴标准的通知》（以下简称《通知》），《通知》确定"十三五"期间，煤层气（瓦斯）开采利用中央财政补贴标准从 0.2 元 / 立方米提高到 0.3 元 / 立方米，旨在进一步鼓励煤层气（瓦斯）开发利用。国家提高煤层气开采利用补贴标准不仅增加了对煤层气产业财政上的支持，更为重要的是表明了国家正逐步将煤层气与页岩气视为同等重要，煤层气或成"十三五"非常规天然气资源开发主力。除了提高补贴标准之外，《通知》并称，财政部将根据产业发展、抽采利用成本和市场销售价格变化等，适时调整补贴政策。"十三五"是油气改革的窗口期，而作为清洁能源的煤层气（瓦斯）发展空间广阔。此次提高补贴，将进一步加大煤层气（瓦斯）的开发力度，利好产业发展。

六、煤炭产业清洁高效利用政策

长期以来在我国一次能源消费结构中煤炭占 65% 以上。众所周知，煤炭在保障我国经济快速发展的同时，因煤炭大量使用造成的环境问题也日趋严重。尤其在当前煤炭市场供大于求的情况下，抓好煤炭清洁利用已成为政府一项重要而紧迫的任务。

（一）加强煤炭进出口环节的质量管理

近年来，我国煤炭进口持续大幅增长。但由于相关法规标准不完善，高灰分、高硫分等劣质煤进口量增长较快，不仅冲击国内市场，也增加了节能减排压力，不利于改善大气环境。为加强煤炭进出口环节管理，保持煤炭进出口合理规模与结构，国务院《关于促进煤炭行业平稳运行的意见》从以下三个方面提出了具体措施：一是按照节能减排和环境保护要求，研究制订商品煤质量国家标准，加强对进口煤炭商品质量检验。二是研究完善差别化的煤炭进口关税政策，鼓励优质煤炭进口，禁止高灰分、高硫分劣质煤炭的生产、使用和进口。三是进一步做好对进口煤炭进出口总量、结构、趋势的监测分析，根据国内外市场变化适时调整煤炭出口相关政策措施。2013 年 9 月，国务院《关于印发大气污染防治行动计划的通知》(国发〔2013〕37 号)，提出禁止进口高灰、高硫的劣质煤炭，研究出台煤炭质量管理办法。在《煤炭质量管理办法》实施后，将进一步落实对高灰分、高硫分劣质煤炭产品的限制要求。

(二) 国家制定《商品煤质量管理暂行办法》

为提高商品煤质量，促进煤炭清洁高效利用，中央财经领导小组第六次会议和《国务院办公厅关于印发能源发展战略行动计划(2014—2020 年) 的通知》(国办发〔2014〕31 号)，均对推进煤炭清洁利用提出了明确要求。2013 年 9 月，国务院《关于印发大气污染防治行动计划的通知》(国发〔2013〕37 号)，提出禁止进口高灰、高硫的劣质煤炭，研究出台煤炭质量管理办法。为贯彻落实国务院有关文件精神，提高煤炭质量，推进煤炭清洁高效利用，促进环境空气质量改善，2014 年 9 月，国家发展改革委、国家能源局会同环境保护部、商务部、海关总署、工商总局和质检总局组织制定了《商品煤质量管理暂行办法》(以下简称《办法》)。2015 年 1 月 1 日，开始正式实施。《办法》对煤炭生产、加工、储运、销售、进口和使用等环节都做出了明确规定，对不符合要求的商品煤，不得进口、销售和远距离运输。《办法》的实施将压缩劣质煤的市场空间，促进优质煤炭开发利用和进口，促进煤炭、电力和煤化工等产业布局调整，对煤炭生产经营企业和用户均有更高的要求。

《办法》的核心内容：一是制定了商品煤应达到的基本质量要求，也就是说煤炭产品要进入流通领域必须达到的基本质量要求，包括灰分、硫分及微量元素指标。参考国际上的通常做法，我们将商品煤分为褐煤和其他煤两大类。褐煤灰分要不大于 30%，其他煤种不大于 40%；褐煤的硫分不大于 1.5%，其他煤种不大于 3%。对于汞、砷、磷、氯、氟等指标也提出了明确要求。二是制定了商品煤远距离运输的质量要求，这项要求是在基本质量要求基础上，进一步提高了质量标准，并且增加了发热量指标。在我国境内远距离运输（超过 600 千米）的商品煤应满足：褐煤的发热量至少为 16.5MJ/kg（约 3946 大卡/千克），其他煤种发热量至少为 18MJ/kg（约为 4300 大卡/千克）。三是加大了消费侧散煤的质量管理力度。对于供应给具备高效脱硫、废弃物处理、硫资源回收等设施的化工、电力及炼焦等用户的商品煤，可适当放宽其商品煤供应和使用的含硫标准。具体办法及标准由国家煤炭管理部门和有关部门制定。《办法》还指出，不符合办法要求的商品煤，不得进口、销售和远距离运输。承运企业对不同质量的商品煤应当"分质装车、分质堆存"。在储运过程中，不得降低煤炭产量。煤炭生产、加工、储运、销售、进口、使用企业均应制定必要的煤炭质量保证制度，建立商品煤、质量档案。

提高用煤质量，将在很大程度上提高燃煤发电和燃煤工业锅炉的煤炭利用效率，降低污染物排放。这是现阶段解决我国煤炭消费方式粗放、能效低、排放量大等问题的必然选择，也是实现我国节能减排目标的迫切需要（世界主要煤炭在线交易平台 Global Coal 的《世界煤炭交易标准协议》中规定，煤炭硫分均小于 1%，发热量大于 5500 千卡/千克，灰分一般小于 16%，到中国和印度的部分煤炭的灰分小于 23%）。

《办法》出台之前，我国已发布许多关于煤炭质量的国家标准和行业标准，但这些标准都是推荐性标准，没有强制性标准。可以说，《办法》是我国第一次对煤炭质量提出强制性要求。尽管标准还定得比较低，对限制劣质煤使用的直接作用有限，但是体现了新一届政府转变发展方式、调整能源结构、改善大气环境、保护民生、建设小康社会的决心和信心。

（三）国家煤炭清洁高效利用政策

2014年6月，中央财经领导小组召开第六次会议，专题研究推进能源革命，包括能源消费革命、供给革命、技术革命和体制革命。供给革命首推煤炭清洁高效利用。

为贯彻中央财经领导小组第六次会议和国家能源委员会第一次会议精神，落实"节约、清洁、安全"的能源战略方针，促进能源生产和消费革命，进一步提升煤炭开发利用水平，国家能源局、环境保护部、工业和信息化部联合下发《关于促进煤炭安全绿色开发和清洁高效利用的意见》（以下简称《意见》）。

《意见》提出的主要目标是：到2020年，煤炭工业生产力水平大幅提升，资源适度合理开发，全国煤矿采煤机械化程度达到85%以上，掘进机械化程度达到62%以上；煤矿区安全生产形势根本好转，煤炭百万吨死亡率下降到0.15以下；资源开发利用率大幅提高，资源循环利用体系进一步完善，生态环境显著改善，绿色矿山建设取得积极成效，资源节约型和环境友好型生态文明矿区建设取得重大进展；煤炭清洁高效利用水平显著提高，燃煤发电技术和单位供电煤耗达到世界先进水平，电煤占煤炭消费比重提高到60%以上；燃煤工业锅炉平均运行效率在2013年基础上提高7个百分点，煤炭转化能源效率在2013年基础上提高2个百分点以上，低阶煤炭资源的开发和综合利用研究取得积极进展，新型煤化工产业实现高效、环保、低耗发展；实现资源利用率高、安全有保障、经济效益好、环境污染少和可持续的发展目标。

《意见》提出的主要任务：一是重点建设资源储量丰富、开采技术条件好、发展潜力大的神东等14个大型煤炭基地，优化煤炭生产开发布局。到2020年，大型煤炭基地煤炭生产能力占全国总生产能力的95%左右；煤炭占一次能源消费比重控制在62%以内。二是以建设大型现代化煤矿、改造现有大中型煤矿、淘汰落后产能为重点，全面提升生产技术水平和安全保障能力。到2020年，厚及特厚煤层、中厚煤层、薄煤层采区回采率分别达到70%、85%和90%以上；鼓励对"三下一上"（建筑物、铁路、水体下，承压水体上）煤炭资源、煤柱和边角残煤实施充填开采。三是科学利用矿井水、煤矸石、煤泥、粉煤灰等副产品，综合开发利用煤系共伴生资源，大力推进矿山机械再制造，构建煤基循环经济产业链，提高产品附加值和资源综合利用率。到2020年，煤矸石综合利用率不低于75%；在水资源短缺矿区、一般水资源矿区、水资源丰富矿区，矿井水或露天矿矿坑水利用率分别不低于95%、80%、75%；煤矿稳定塌陷土地治理率达到80%以上，排矸场和露天矿排土场复垦率达到90%以上。四是加快煤层气（煤矿瓦斯）开发利用。煤炭远景区实施"先采气、后采煤"，加快沁水盆地和鄂尔多斯盆地东缘等煤层气产业化基地建设，加强新疆、辽宁、黑龙江、河南、四川、贵州、云南、甘肃等地区煤层气资源勘探，在河北、吉林、安徽、江西、湖南等地区开展勘探开发试验，推动煤层气产业化发展。到2020年，新增煤层气探明储量1万亿立方米。煤层气（煤矿瓦斯）产量400亿立方米。其中：地面开发200亿立方米，基本全部利用；井下抽采200亿立方米，利用率60%以上。五是大力发展煤炭洗选加工，所有大中型煤矿均应配套建设选煤厂或中心选煤厂，开展井下选煤厂建设和运营示范，提高原煤入选比重。积极推广先进的型煤和水煤浆技术。在矿区、港口、主要消费地等煤炭集散地建设大型煤炭储配基地和大型现代化煤炭物流园区，实现煤炭精细化加工配送。鼓励北方地区使用型煤等洁净煤，到2020年，原煤入选率达到80%以上。六是大力发展清洁高效燃煤发电，逐步提高电煤在煤炭消费中的比重，推进煤电节能减排升级改造。七是提高燃煤工业炉窑技术水平，推广先进适用的工业炉窑余热、余能回收利用技术，实现余热、余能高效回收及梯级利用。到2020年，现役低效、排放不达标炉窑基本淘汰或升级改造，先进高效锅炉达到50%以上。八是切实提高煤炭加工转化水平。加快煤炭由单一燃料向原料和燃料并重转变。按照节水、环保、高效的原则，继续推进煤炭焦化、气化、煤炭液化（含煤油共炼）、煤制天然气、煤制烯烃等关键技术攻关和示范，提升煤炭综合利用效率。适度发展现代煤化工产业。2020年，现代煤化工产业化示范取得阶段性成果，形成更加完整的自主技术和装备体系，具备开展更高水平示范的基础。低阶煤分级提质核心关键技术取得突破，实现百万吨级示范应用。

（四）国家制订煤炭清洁高效利用行动计划

为贯彻国务院《大气污染防治行动计划》（国发〔2013〕37号）和《能源发展战略行动计划（2014—2020年)》（国办发〔2014〕31号）精神，切实推进工业领域煤炭清洁高效利用，提高煤炭利用效率，防治大气环境污染，保障人民群众身体健康，2015年2月2日，工业和信息化部和财政部下发了《工业领域煤炭清洁高效利用行动计划》（简称《行动计划》）。《行动计划》提出的主要目标是：到2017年，实现节约煤炭消耗 8000 万吨以上，减少烟尘排放量 50 万吨、二氧化硫排放量 60 万吨、氮氧化物 40 万吨，促进区域环境质量改善。到2020 年，力争节约煤炭消耗 1.6 亿吨以上，减少烟尘排放量 100 万吨、二氧化硫排放量 120 万吨、氮氧化物 80 万吨。提出的重点任务是：加快煤炭清洁高效利用技术改造，推动煤化工结构优化升级，促进区域产业衔接融合。为完成主要任务，行动计划提出了具体的保障措施，即强化地方政府组织协调，建立多元化资金支持方式，发挥标准的引领和倒逼作用，加强技术支撑能力建设。

为贯彻中央财经领导小组第六次会议和新一届国家能源委员会首次会议精神，落实《国务院办公厅关于印发能源发展战略行动计划（2014—2020 年）的通知》（国办发〔2014〕31 号）和《关于促进煤炭安全绿色开发和清洁高效利用的意见》（国能煤炭〔2014〕571 号）要求，加快推动能源消费革命，进一步提高煤炭清洁高效利用水平，有效缓解资源环境压力，2015 年 4 月 27 日，国家能源局印发《煤炭清洁高效利用行动计划（2015—2020 年)》，相对于工业和信息化部和财政部提出的行动计划，能源局的行动计划提出的目标和重点任务更具体明确。

《行动计划》提出的煤炭清洁高效利用目标是：全国新建燃煤发电机组平均供电煤耗低于 300 克标准煤／千瓦时；到 2017 年，全国原煤入选率达到 70% 以上。到 2020 年，原煤入选率达到 80% 以上；现役燃煤发电机组改造后平均供电煤耗低于 310 克／千瓦时，电煤占煤炭消费比重提高到 60% 以上；现代煤化工产业化示范取得阶段性成果，形成更加完整的自主技术和装备体系；燃煤工业锅炉平均运行效率比2013 年提高 8 个百分点；稳步推进煤炭优质化加工、分质分级梯级利用、煤矿废弃物资源化利用等的示范，建设一批煤炭清洁高效利用示范工程项目。

《行动计划》主要明确了七个方面重点任务，为下一步煤炭产业发展提供了指导依据：一是推进煤炭洗选和提质加工，提高煤炭产品质量。二是发展超低排放燃煤发电，加快现役燃煤机组升级改造。逐步提高电煤在煤炭消费中的比重，推进煤电节能减排升级改造。三是改造提升传统煤化工产业，稳步推进现代煤化工产业发展。重点在煤炭资源丰富、水资源有保障、生态环境许可、运输便捷的地区，根据生态环境、水资源保障情况，布局现代煤化工示范项目。四是实施燃煤锅炉提升工程，推广应用高效节能环保型锅炉。到2020年，淘汰落后燃煤锅炉60万蒸吨；现役低效、排放不达标锅炉基本淘汰或升级改造，高效锅炉达到50%以上。五是开展煤炭分质分级梯级利用，提高煤炭资源综合利用效率。六是加大民用散煤清洁化治理力度，减少煤炭分散直接燃烧。大力推广优质能源替代民用散煤，逐步推行天然气、电力及可再生能源等清洁能源替代散煤。推行优质、低排放煤炭产品替代劣质散煤机制，全面禁止劣质散煤的销售。七是推进废弃物资源化利用，减少污染物排放。到2020年，煤矸石综合利用率不低于80%；煤矿瓦斯抽采利用率达到60%，在水资源短缺矿区、一般水资源矿区、水资源丰富矿区，矿井水或露天矿矿坑水利用率分别不低于95%、80%、75%；煤矿塌陷土地治理率达到80%以上，排矸场和露天矿排土场复垦率达到90%以上。

（五）山西加快推进煤炭清洁高效利用

在国家能源结构调整战略和环境压力的作用下，山西煤炭产业结构和产品结构必须进行及时调整，提高煤炭资源综合利用率，发展洁净煤技术、煤炭深加工技术以及实现对煤炭开采过程中的伴生物的高效利用。同时鼓励煤炭企业通过产业链的延伸和技术升级，实现对产业结构的优化和调整。在煤炭消费侧方面，山西省将坚持总量控制、节约优先，形成集约高效的能源消费方式，提高清洁煤炭消费比例。重点为：发展清洁燃煤发电、煤基能源深度转化、热电联产集中供热，推广燃煤锅炉和窑炉污染控制技术。山西要通过实施技术创新、产品创新、企业创新、商业模式创新、管理创新、体制机制等全面创新，加快推进全省煤炭产业转型发展，创新发展，实现煤炭清洁高效利用。煤炭产业已经进入"寒冬"，需求不足、产能过剩，价格下降、成本上升，特别是《商品煤质量管理暂行办法》正式施行，不达标煤禁止进入市场，更是雪上加霜。山西作为煤炭大省，举步维艰，必须走出一条"革命兴煤"的新路，全省上下正在积极推进的煤炭产业向"市场主导型、清洁低碳型、集约高效型、延伸循环型、生态环保型、安全保障型"转变，这既是当务之急，又是长期战略任务。我们推进科技创新、全面创新，关键就是要紧紧抓住、全力抓好实现煤炭产业"六型"转变，把我们省建设成国家综合能源基地、中国煤炭科技及产业创新高地。这是我省摆脱资源性困境的希望和根本出路。晋政发〔2014〕8号文件《山西省人民政府印发关于围绕煤炭产业清洁安全低碳高效发展重点安排的科技攻关项目指南的通知》中提出，在发展洁净煤技术的同时，通过围绕煤炭产业链部署创新链，围绕创新链完善资金链，实现煤炭产业在"清洁、安全、低碳、高效"发展领域的关键技术突破，使山西尽快实现由"煤老大"向"煤科老大"转变，显著提升山西煤炭产业自主创新能力、产业发展水平和经济社会效益，努力打造山西煤炭经济"升级版"。

要坚定不移推动煤基科技创新，促进煤炭清洁高效利用。实施低碳创新行动计划，加大煤基科技攻关力度，加快建设山西科技创新城，推动煤炭作为能源和燃料实现高效清洁供应和利用，作为煤基材料实现清洁高效延伸产业链，同时实现煤炭共伴生资源的清洁高效开发利用。要"以煤会友"，推动合作共赢，在全球范围内探讨推动煤的清洁高效利用。

（六）山西出台采煤深陷区综合治理工作方案

为切实改善人民群众的居住生活环境、提高采煤沉陷区土地质量、恢复矿山生态环境。

2016 年 7 月 5 日，山西省政府发布《山西省采煤沉陷区综合治理工作方案（2016—2018 年)》（下称《方案》），将投资约 300 亿元用于采煤沉陷区的综合治理，这意味着山西历年来规模最大的采煤沉陷区治理工作启动。

《方案》明确提出，2014 年及 2014 年之前形成的历史遗留和不明确责任主体留存的采煤深陷区，各地政府为治理责任主体，其恢复治理工程由政府组织实施。2014 年以后开采形成的采煤深陷区，按照"谁开发、谁保护，谁破坏、谁治理"的原则，煤炭企业为治理和投资的主体，其恢复治理工程由企业组织实施。按照《方案》要求，到 2017 年底，完成全省 21.8 万户、65.5 万人的搬迁安置任务。到 2018 年底，完成 59 个采煤沉陷区矿山环境恢复治理项目，历史遗留矿山环境综合治理率达到 35%；完成 40 个重点复垦区的土地复垦任务，复垦土地面积达到 310 平方千米；完成全省采煤沉陷区矿山地质环境、生态环境调查，建立完善矿山环境治理恢复保证金政府动用机制；搬迁村基本都确立主导产业，采煤沉陷区治理重点县发展一个现代农业园区，带动 1000 个村发展，搬迁农民人均可支配收入达到全省平均水平；出台防范新生采煤沉陷灾害的相关政策法规；对有培训需求的劳动者，全部组织参加一次培训，确保零就业家庭每户有一人就业。

《方案》提出的具体要求，一是要科学规划，整体推进。各地政府要科学编制本地采煤沉陷区综合治理规划，规划要坚持与改革发展同步规划、同步落实实施、同步见到成效；要与当地改革发展、农民增收致富、农民整体生活水平提升、农村社会治理水平提升结合起来，要与新型城镇化建设、产业开发、基础设施建设、提升公共服务、环境整治和生态恢复相统筹，要采用政府引导、企业配套、群众参与的治理办法，连片整治，整体推进。二是要综合治理，统筹实施。在组织实施群众搬迁安置工作的同时，要统筹实施土地复垦整理、矿山地质和生态环境恢复治理等工作，做到搬迁一个村、复垦一个村、治理一个村。要按照搬出地实际，宜耕则耕、宜水则水、宜林则林、宜游则游，积极推进田、水、路、林综合治理，引导沉陷区居民向集镇和人口聚集区集中，传统农业向现代农业和多元产业方向发展，推进搬出地、搬入地一二三产综合发展，以结构性改革惠农强农，改善农村生产生活条件，建设一批小康新村和新社区，提升人民群众生活品质，促进城乡统筹发展。三是要明确责任，严格监管。对 2014 年（含）以前形成的历史遗留和灭失主体留存的采煤沉陷区，各地政府为治理责任主体，其恢复治理工程由政府组织实施。全省各有关部门要按照本部门的职责、规划、指导、督促各地扎实做好采煤沉陷区综合治理的相关工作。2014 年以后开采形成的沉陷区，按照"谁开发、谁保护，谁破坏、谁治理"的原则，煤炭企业为治理和投资责任主体，其恢复治理工程由企业组织实施。政府应加强监管，督促企业履行责任。

四是要试点先行，分步推进。采煤沉陷区综合治理是一项复杂紧迫的系统工程，搬迁安置工作已经在试点基础上全面实施。生态恢复、土地复垦等工作也要尽快选择试点，摸索经验，以点带面，示范推广，全面实施，有序推进，确保采煤沉陷区综合治理的各项工作能够统筹协调、同步推进、全面实施。五是在资金保障上，《方案》要求，采煤沉陷区综合治理资金由政府投资、企业配套投资、居民个人出资及其他社会投资等构成。政府投资包括省、市、县政府投资和中央财政支持。中央资金主要通过中央财政返还山西上缴中央的"两权"价款资金中安排解决。省、市、县政府资金主要通过地方留成的"两权"价款解决或资源税改革后公共预算安排。企业资金可优先从企业已提取的矿山环境恢复治理保证金中解决。六是在土地保障上，《方案》要求，优先安排采煤沉陷区综合治理工程设施新增建设用地计划指标。采煤沉陷区综合治理搬迁安置属保障性住房工程，并享受棚户区改造的有关优惠政策。对异地安置的移民新村和沉陷区治理项目用地，凡搬迁村庄具备复垦条件的，可通过城乡建设用地增减挂钩政策解决。七是采煤治理区搬迁异地安置新建住宅小区的用地、选址、建设要紧密结合新型城镇化建设，充分考虑与城镇规划、新农村建设规划和产业布局调整相结合，因地制宜，把握用地节约集约、就近搬迁安置、地价相对低廉的选址建设原则，力争以划拨和增减挂方式提供土地。

七、煤炭工业现代化发展政策

山西煤炭资源整合煤矿企业兼并重组工作已圆满完成，山西省煤矿办矿水平大幅提升，进入了大矿时代。为深入贯彻落实党的十八大提出的"推进绿色发展、循环发展、低碳发展"和"加快传统产业转型升级"的精神,全面提升矿井现代化装备和水平,提高煤炭生产规模化、集约化、机械化、信息化、生态化水平,山西省人民政府出台了《关于进一步推进现代化矿井建设意见》。

(一)进一步推进现代化矿井建设

山西通过煤炭资源整合煤矿企业兼并重组,山西省煤炭产业集中度大幅提高,煤炭产业发展水平全面提升。但全省煤矿整体建设水平还不够高,在建设理念、技术装备、组织管理、人员素质、矿区生态等方面,与国际、国内先进煤矿相比还有一定差距,与"大矿时代"煤炭工业发展的要求不相适应。在控制产能扩张的基础上,2013 年 4 月 7 日,山西省人民政府出台了《山西省人民政府关于进一步推进现代化矿井建设的意见》(晋政发〔2013〕14 号),该文件提出,推进现代化矿井建设,尽快建成一批资源利用率高、安全有保障、经济效益好、生态环境优的现代化矿井,是巩固煤炭资源整合和煤矿兼并重组成果、确保煤矿安全生产的需要;也是进一步提升煤矿科技装备和管理水平,加快传统产业转型升级,优化产业结构,提高煤炭经济运行质量和效益的需要;更是进一步贯彻落实党的十八大精神,加快煤炭经济发展方式转变,促进高碳资源低碳发展、黑色煤炭绿色发展的重要举措。

提出的建设目标是:本着科学规划、统筹兼顾的原则,对照《山西省煤矿现代化矿井标准》(标准适用于建设、生产规模在 150 万吨 / 年及以上井工矿)各项条件,新建矿井建成投产后达到现代化矿井标准;整合改造 90 万吨 / 年及以上矿井(共有 524 座),到 2015 年底全部达标,其中,2013 年 160 座达标,2014 年 160 座达标,2015 年 204 座达标;生产矿井 90 万吨 / 年及以上矿井(共有 208 座),到 2015 年底80%达标,其中,2013 年 63 座达标,2014 年 63 座达标,2015 年 40

座达标，其余 20%的矿井也要比照标准逐步改造达标。

提出的重点任务是：现代化矿井建设是一个复杂的系统工程，各地政府、煤矿企业要高度重视现代化矿井建设工作，采取有效措施，以生产规模化、装备现代化、安全系统化、管理科学化、队伍专业化、矿区生态化为重点，大力组织开展现代化矿井建设工作，实现既定目标。具体任务：一是加强现代化矿井建设规划和设计，科学规划、合理确定矿井开采规模和方式，保证煤炭资源有序开发；二是综合运用国内外先进的煤炭科技成果、生产工艺和技术装备，加强矿井的技术改造，不断提升矿井的现代化水平；三是充分运用现代化管理手段，实现煤矿安全管理方法科学化、内容标准化、运行程序化、考核制度化；四是建立从业人员准入、专业人才的培养和引进机制，从本质上提高从业人员素质；五是实施文化管理，健全完善法人治理结构，管理层级简约、机构设置科学；六是综合运用生态保护和土地复垦技术，全面治理地表沉陷区，强化煤炭生产和加工等各环节的污染治理，推广保水开采、矸石充填等绿色开采技术。同时，《文件》还制定了用地、电力、资金、人才、运力、税收等方面的支持政策。

《山西省国家资源型经济转型综合配套改革试验实施方案（2013—2015 年)》，晋政发〔2013〕16 号文件也提出，加快实施资源型产业改造升级，提高行业竞争力。健全支持企业技术改造的长效机制，改造提升煤炭、焦化、冶金、电力等资源型产业，优化产品结构。完善调控政策，通过消化、转移、整合、淘汰等方式，有效化解产能过剩矛盾。严格控制焦化、冶金等行业产能，加大淘汰落后产能、"关小上大"等量或减量替换力度。《山西省人民政府关于印发进一步促进全省煤炭经济转变发展方式实现可持续增长措施的通知》（"煤炭 20 条"）中对此问题也有强调。"煤炭20条"提出，按照山西省政府进一步推进现代化矿井建设的要求，对照山西制定的六大标准体系，加大煤矿固定资产投产力度，提升重组整合矿井的装备建设水平，全力推进机械化、信息化、自动化、智能化、数字化的现代化矿井建设。

（二）提高煤炭企业生产经营水平政策

煤炭企业提高生产经营水平，增强核心竞争力，是适应市场波动、抵御市场风险的重中之重。2013年11月，国务院办公厅印发了《关于促进煤炭行业平稳运行的意见》（国办发〔2013〕104号），对提高煤炭企业生产经营水平提出了以下要求：一是加强市场供需分析，依法有序组织生产，严禁私采乱挖和超层越界开采；加强煤矿补充地质勘探和资源储备，延长矿区服务年限。二是加强企业内部精细化管理，压缩非生产性支出，合理控制生产经营成本，提高内控管理和安全生产水平。三是保持矿区和谐稳定和煤矿安全运转，进一步加大安全生产投入，保障一线职工人身安全及合法权益。四是充分发挥行业组织在自律管理、统计监测、信息发布、推广先进技术和管理经验、研究制订标准等方面的重要作用，引导行业健康发展。

《煤炭产业政策》（修订稿）也对煤炭企业生产经营提出了要求，鼓励以现有大型煤炭企业为核心，打破地域、行业和所有制界限，以资源、资产为纽带，通过强强联合和兼并重组中小型煤矿，发展大型煤炭企业集团。坚持专业化生产经营，鼓励发展煤炭、电力、铁路、港口等一体化经营的具有国际竞争力的大型企业集团。鼓励大型煤炭企业参与电力、冶金、化工、建材、交通运输企业联营。鼓励中小型煤矿整合资源、联合改造，对被兼并重组企业优先安排煤矿安全改造、产业升级等专项资金。鼓励煤炭企业进一步完善法人治理结构，按照现代企业制度要求积极推进股份制改造，转换经营机制，提高管理水平。

良好的发展环境是煤炭企业轻装上阵的重要保障，是促进煤炭工业持续健康发展的基本要求。营造煤炭企业良好发展环境，既要切实帮助企业解决生存发展问题，又要健全优胜劣汰市场化退出机制；既要加强对行业发展的引导，又要减少不必要的行政干预。对此《意见》提出了以下五点要求：一是解决老矿区、老企业历史遗留问题。原国有重点煤矿承担的社会职能中，已分离转移至地方的学校、公安等机构的运转费用，按照相关政策规定纳入地方财政预算；尚未分离的其他办社会职能，采取有效措施加快移交。解决原国有重点企业破产煤矿遗留的离退休人员医疗保障及社会化管理、社会职能移交等问题。二是建立完善退出机制，对资不抵债、亏损严重且扭亏无望的煤矿，要依法及时关闭破产。三是支持煤炭企业发展矿区循环经济，加快建设一批煤电一体化项目。四是推动煤炭企业与用户签订中长期煤炭合同，加强煤炭行业与制造业规划及生产运行的配套衔接。五是地方各级政府及其有关部门及时调整完善企业考核机制，积极促进全国煤炭市场正常流通。

山西《关于深化煤炭管理体制改革的意见》中也明确提出，要积极推进煤炭企业改革发展。一是完善现代企业制度，改进国有煤炭企业领导人员选任方式，推进薪酬制度改革。依法规范国有企业履行的社会责任，逐步分离企业办社会职能。二是推进股权结构多元化，完善国有资产管理体制和国有资本投资运营机制，推进省属国有煤炭企业股权多元化，积极发展混合所有制，鼓励各类资本参与国有煤炭企业改革。同时，提出加强国有资产监管，严防国有资产流失。

（三）提高行业生产集中度的相关政策

提高煤炭产业集中度，是控制煤炭产能过剩的同时增强煤炭行业市场竞争能力的有力措施。国家《煤炭产业政策》（修订稿）提出，在产业准入方面，山西、内蒙古、陕西北部等地区煤矿企业规模应不低于 300 万吨／年，新建、改扩建矿井规模原则上不低于 120 万吨／年；在产业整合方面，修订稿鼓励以现有大型煤炭企业为核心，打破地域、行业和所有制界限，以资源、资产为纽带，通过强强联合和兼并、重组中小型煤矿，发展大型煤炭企业集团。

依据国家的相关要求，山西省人民政府出台的《山西省国家资源型经济转型综合配套改革试验实施方案（2013—2015 年)》（晋政发〔2013〕16 号）提出，实施传统产业联合兼并重组，提高产业集中度，提高产业准入门槛，合理配置各类生产要素。加快推进煤炭与焦化、冶金、电力等行业的企业整合和兼并重组，有序推进煤炭、冶金、焦化、电力、建材等上下游关联产业的联合兼并重组整合，促进资源型企业跨行业、一体化发展，延长煤—电—铝、煤—焦—化、煤—气—化、煤—电—材等资源循环产业链。以晋北、晋中、晋东三大煤炭基地建设为重点，全面落实矿区总体规划，按照一个矿区由一个主体开发、一个主体可以开发多个矿区的原则，进一步推进煤炭资源整合和煤矿企业兼并重组，全面提升煤炭产业集约化、规模化、机械化和信息化水平，提高煤炭产业集中度和安全生产水平，推进煤炭资源开发与保护并重，进一步提高煤炭资源回收率与清洁生产水平。

山西《关于深化煤炭管理体制改革的意见》中也明确提出，加快调整优化煤炭产业布局，在企业自主自愿的基础上，鼓励煤炭企业集团通过收购、出让、参股、兼并等方式实现办矿主体进一步集中。同时要积极稳妥解决好煤炭资源整合和煤矿兼并重组的后续问题。

在山西，焦化工业可以说是煤炭工业的一部分。山西省为进一步加快焦化行业结构调整，推动产业升级，提升企业核心竞争力，促进我省焦化行业转型跨越发展，依据《山西省人民政府关于山西省焦化行业兼并重组的指导意见》（晋政发〔2011〕29号），于2012年出台了《山西省人民政府关于印发山西省焦化行业兼并重组实施方案的通知》。这些政策坚持市场引导与政府指导相结合、控制总量与优化存量相结合、淘汰落后与产业升级相结合、淘汰落后产能进度与相对稳定就业相结合、行业内重组与跨行业重组相结合、焦化生产园区化与化产延伸配套相结合，对全省的焦化企业进行战略性重组，从而进一步优化了焦化产业的组织结构。2011年9月30日，焦化行业累计淘汰落后产能1467万吨，焦化企业数量已经从2010年底的223户减少至116户，企业数量减少47%，独立常规焦化企业户均产能由70万吨提升至140万吨。

山西焦化行业兼并重组政策的实施，不仅有利于行业的集中度和装备水平，而且竞争力和可持续发展能力也进一步得到很大的提升，焦炭市场逐步进入良性发展轨道。通过大幅度提升产业集中度、企业装备水平、推进焦炉的大型化、节能降耗技术的应用和淘汰落后产能以及化产精深加工规模化等，到"十二五"末，焦化产业初步形成"焦化并举、上下联产"的格局。

八、山西煤炭管理体制改革政策

煤炭管理体制是煤炭行业发展的关键。山西煤炭管理体制存在行政干预过多、审批事项繁杂，部门多头管理、监管方式落后，市场机制不完善、权力监督不健全，政企政事不分、权力设租寻租等诸多问题。这些问题已严重影响到我省煤炭工业可持续发展，影响到山西发展全局。根据党的十八大、十八届三中和四中全会精神及省委十届六次全会精神，山西出台了有关煤炭管理体制的系列改革制度。煤炭管理体制改革内容包括清费立税；推进煤炭行政审批制度改革，再取消、调整、下放一批涉煤行政审批事项；推进煤炭资源市场化配置，对新设矿业权依法实行招拍挂，完善矿业权二级交易市场，探索建立矿业权转让超额收益调节机制；深化煤炭交易方式改革，完善现货交易，探索发展以煤炭为主的能源期货交易等方面。

（一）深化煤炭管理体制改革的意见

2015 年 1 月 25 日，山西省委和山西省人民政府联合印发了《关于深化煤炭管理体制改革的意见》（简称《意见》），剑指山西省煤炭管理体制的种种弊病。《意见》坚持市场取向、问题导向、综合施策、标本兼治的原则，全面推进煤炭管理体制改革，推动煤炭行业向市场主导型、清洁低碳型、集约高效型、延伸循环型、生态环保型、安全保障型转型发展。

按照《意见》的总体要求，到 2017 年，山西煤炭产业要基本实现管理体制和管理能力现代化。其具体目标为：一是市场对资源配置的决定性作用得到充分发挥，充分尊重市场在资源配置、要素流动、价格发现等方面的功能作用，用市场倒逼、优胜劣汰机制，激发企业内生动力和市场活力，促进煤炭产业集约发展、科学发展。二是优化政府职能，转变职能，简政放权，政府做到"不越位""不错位""不缺位"。三是企业主体地位得到充分尊重，完善现代企业制度，为企业创造公平竞争的发展环境。四是权力运行得到有效制约和严格监管，通过改革体制、创新机制、完善制度、强化监督，坚决铲除权力寻租、官商勾结、利益输送的土壤。五是煤炭管理实现科学化、规范化。进一步完善涉煤法律法规体系，厘清政府、企业和市场的关系，依法规范权力边界，发挥各自的积极性和创造性，实现经济效益最大化和管理效率最优化。

《改革意见》释放了六大政策信号：一是我省原则不再新配置煤炭资源。二是2020年前，山西严格控制煤炭产能，原则上不再新配置煤炭资源。除"关小上大、减量置换"外，不再审批建设新的煤矿项目（含露天矿）；停止审批年产500万吨以下井工改露天开采项目。三是严格执行控制煤炭产能增长的产业调整政策。四是停止审批年产500万吨以下井工露天开采项目。五是全面推进煤炭资源一级市场招拍挂。新设煤炭矿业权初次配置煤炭资源（即一级市场）时，要依法实行招标、拍卖、挂牌等方式，以拍卖方式为主。规范固化程序，严格准入门槛，防止暗箱操作，严惩徇私舞弊，做到信息公开、评估科学，实现资源收益最大和全民共享。强化矿业权二级市场的监管，探索对二级市场超额收益或市场暴利进行合理抑制和科学调节的办法。六是2017年前基本解决现有采煤沉陷区受灾群众的安居问题。

《意见》共部署了八大改革任务：一是推进资源配置市场化改革。强化矿业权二级市场的交易、监管和利益调节，推行共伴生矿业权一体配置。二是深化行政审批管理改革。精简审批事项，公布权力清单，优化审批流程，推进技术审查与行政审批相分离。三是深化煤炭领域事业单位改革。坚持政事分开、事企分开，剥离相关行政性职能，实行分类转制。四是推进生态修复治理机制改革。政府建立生态恢复、环境治理专项资金，主要解决资源开发主体灭失或急迫性灾害治理以及跨区域的生态环境恢复治理。五是加强煤矿安全监管制度改革。大型煤炭集团要精简安全生产管理层级，强化管理层对生产一线安全生产的监管责任。六是进一步推进煤焦公路运销管理体制改革。在取消所有运销票据和稽查站点后，要在 2015 年底前建成新的煤炭监管信息平台。七是深化煤炭企业改革。完善现代企业制度，推进股权结构多元化和煤电一体化改革，建立收费清单和标准公示制度。八是加强权力监管制度改革。切断各种形式的权力寻租和利益输送渠道。

《改革意见》安排了八大创新事项：一是研究处理设立或划定的自然保护区等各类禁止勘查、开采区与区内已设置矿业权的关系问题；二是探索煤炭资源供给与市场需求保持相对平衡的有效办法；三是研究制订对原无偿划拨给老旧矿山企业的保有资源实行有偿使用的办法；四是探索对矿业权二级市场超额收益或市场暴利进行合理抑制、科学调节的办法；五是研究制订由事故单位承担抢险救援费用的具体办法；六是积极推进商品场外衍生品交易试点，探索发展以煤炭为主的能源期货交易；七是探索建立煤炭战略储备制度；八是积极争取国家在我省进行煤炭价格形成机制和煤电价格传导机制改革试点。

《改革意见》涉及煤炭行业的各个方面的改革，在完善权力运行的监管制度中，着力强调革除权力设租寻租空间，在资源配置、项目审批、矿业权转让、证照办理、设备采购、工程招标等煤炭项目建设生产各环节和全过程，都要建立完备的管理制度，严格规范行政行为，减少自由裁量空间。要清理规范相关涉煤机构，对无实质性任务的议事协调机构和临时性机构一律予以撤销。省直涉煤厅局都要限期取消所属企事业单位依托权力影响形成的垄断性经营和强制性服务。其他一些重点方面的改革，如行政审批管理改革、运销体制改革、矿业权流转办法，在出台的专项改革方案中有具体阐述。《改革意见》的出台，表明我省深化煤炭管理体制改革大幕全面开启。

（二）山西煤炭行政审批制度改革方案

关于行政审批管理改革，《关于深化煤炭管理体制改革的意见》中已有规定：提出精简审批事项，依法依规对现有涉煤行政审批事项进行全面清理。能取消的坚决取消，该下放的一律下放。省政府相关部门和市以下人民政府自行设定的类似行政审批、申报的备案事项、登记、认证以及前置审批事项等，都要在 2015 年 6 月底前清理取消。要公布权力清单，省直各涉煤部门都要依法依规向社会公布本部门的涉煤权力清单，列出明确的行政审批和许可事项，规范权力界限，今后需调整和增加涉煤行政审批、许可事项时必须履行严格的报批程序。优化审批流程。坚持效率优先、权责统一，一个行政审批事项只对口一个行政部门。积极推进技术审查与行政审批相分离改革，合并有关专篇审批和专项验收，做到既不降低标准，又能减轻企业负担。改革煤炭监管证照。煤矿企业依法申领的证照由"六证"减为"四证"。取消原由省煤炭厅发放的《煤炭生产许可证》和《煤矿矿长资格证》，保留由国土资源部门发放的《采矿许可证》、山西煤监局发放的《安全生产许可证》、省工商局发放的《营业执照》以及省煤炭厅发放的矿长《安全资格证》。

关于煤炭行政审批制度方面的改革，2015 年 8 月 27 日，山西省人民政府专门颁布《山西省煤炭行政审批制度改革方案》（简称《改革方案》），《改革方案》提出，深化煤炭行政审批制度改革对于激发市场活力和企业创造力、促进煤炭产业转型发展意义重大。现行审批制度弊端突出、饱受社会诟病，主要是审批事项杂、环节多、手续繁，审批过程不公开、不透明，事中事后监管不到位，权力制约监督有缺失，甚至设租寻租、滋生腐败。根据国务院《关于印发 2015 年推进简政放权放管结合转变政府职能工作方案的通知》（国发〔2015〕29 号）以及山西省委、省政府《关于深化煤炭管理体制改革的意见》（晋发〔2015〕3 号）精神，制定了我省煤炭行政审批制度改革方案，旨在建立和完善设计科学、流程规范、运行高效、公开透明、弊革风清的煤炭行政审批制度。

《改革方案》提出，煤矿建设项目按审批流程分为前期准备、项目核准、开工建设、竣工验收 4 个阶段，共有 38 项审批事项。该方案明确，在前期准备阶段，对于新建或新增年产 120 万吨以下的煤矿，山西省省级不再保留开展前期工作批复事项。《改革方案》规定，项目核准阶段，安全核准和社会稳定风险评估报告不再作为省级煤矿项目核准的前置条件。将国家规划矿区内新增生产能力 120 万吨以下的煤炭开发项目选址意见书的审批权，下放至该省设区的市及"扩权强县"试点县和"转型综改"试点县。开工建设阶段，将职业病防护设施设计、环保专篇、矿井瓦斯抽采设计并入项目初步设计中一并审批；将矿井瓦斯涌出预测报告审批改由煤矿主体企业实施；将企业完成施工组织设计、施工队招标、监理招标、质监注册、完成"四通一平"等开工准备工作纳入煤炭主管部门日常管理；将国家核准煤矿项目初步设计的审批职责由山西省发改委移交山西省煤炭厅。

《改革方案》还规定，竣工验收阶段，取消从业人员准入及用工管理验收、紧急避险系统验收。省级不再保留环保试生产审批。将职业病防护设施竣工验收、通风瓦斯抽采设施及防突专项验收、井下民爆物品库验收、档案验收并入项目竣工综合验收；将安全设施竣工验收改由煤矿主体企业实施；将联合试运转、质量标准化验收、"六个标准"（即山西办矿企业标准、管理标准、现代化矿井标准、建设标准、施工管理标准和安全质量标准）核查、生产要素公告纳入煤炭主管部门日常管理。对省级核准的矿井项目竣工验收，统一由山西省煤炭厅负责。对国家核准的矿井项目竣工验收，按照国家能源局《关于印发煤矿建设项目竣工验收管理办法的通知》（国能煤炭〔2012〕119号）规定执行。

此外，2020年前，除"关小上大、减量置换"外，山西全省不再审批建设新的煤矿项目。同时停止审批年产500万吨以下的井工改露天开采项目。凡符合政策规定的新建项目和目前已进入行政审批程序的其他项目，都要按该《改革方案》设置的审批流程就近并入新的阶段继续审批。属于国家有关部委审批的事项，要密切跟踪其简政放权的改革进程，及时调整省级配套事项；属于省内审批权限的事项，要严格界定市、县人民政府和省直有关部门的权力边界，做到放管结合、规范运作。该《改革方案》还提出，将煤矿企业原申领的"六证"统一简化为"三证"，即取消《煤炭生产许可证》《煤矿矿长资格证》和矿长《安全资格证》，保留《采矿许可证》《安全生产许可证》和《营业执照》，分别由山西省国土资源厅、省煤监局、省工商局核发。煤矿企业负责人和安全生产管理人员在规定期限内必须取得《煤矿安全资格证书》，煤矿企业主要负责人具有《煤矿安全资格证书》后方可任职、上岗。根据《改革方案》，2015年山西将实行煤炭行政审批制度改革，将煤矿建设项目行政审批事项从63项精简合并为38项，开办煤矿企业原先申领的"六证"进一步简化为"三证"。

（三）煤炭运销体制改革新政

山西现行的煤炭、焦炭公路运输销售体制是在 20 世纪 80 年代双轨制时期形成的，由煤炭运销公司垄断地方煤炭企业的运销业务并收取固定的费用，到 2012 年，煤运公司已没有收取政府性收费即能源基金的职能，公司名称已改为晋能集团，但仍维持对地方煤焦公路运销垄断权并收取费用，这一体制已严重阻碍煤炭工业的发展。

长期以来，我省煤炭、焦炭公路运输销售现行体制存在着政企不分、垄断经营、票据繁琐、关卡众多、产运销脱节、监管方式落后等问题，甚至为权力寻租、滋生腐败提供了土壤和空间，已经制约了煤炭、焦炭市场竞争活力和企业发展动力，影响到我省经济社会的持续健康发展。2014 年 11 月 26 日，山西省人民政府颁布《山西省煤炭焦炭公路销售体制改革方案》（〔2014〕37 号）（简称《改革方案》），通过全部取消相关企业代行的煤炭、焦炭公路运销管理行政授权、全部取消煤炭焦炭公路运销票据、全部撤销省内煤炭、焦炭公路检查站、稽查点等措施，积极推进煤炭管理体制改革，建立企业自主经营、市场公平竞争、政府依法监管的煤炭、焦炭公路销售管理新体制。

1. 运销环节体制改革前的弊病。山西长期以来一直为煤炭公路经销体制而纠结，也被煤炭企业所诟病。一方面，要保证地方财政收入和煤运公司的生存发展，另一方面，改革瓶颈难以突破，煤炭企业发展环境不好。其中，企业反映最强烈的问题就是统一经销问题。客观地说，实行煤炭统一经销，对规范煤炭销售市场经营秩序、堵塞税费流失、增加政府收入、解决煤运公司发展中遇到的困难起到了一定的作用，但也存在很多问题。一是于法无据，不符合国家政策。统一经销的实质是煤运公司凭借政府赋予的行政职能进行煤炭经营，具有行政强制性，煤炭企业与用户达成购销意向后必须通过煤运公司这个中间环节签订合同。实质上剥夺了企业的自主经营权，不符合国家简政放权的原则。二是对企业销售不能起到积极作用。煤运公司不能帮助煤炭企业开拓市场，发展用户，促进销售。三是加重了企业负担。煤运公司在统一经销中收取的经销费用过高，加重了企业负担。以1座年产90万吨的矿井为例，如煤炭全部出省，仅经销差价就需支付2520万元。

　　此外，煤炭统一经销在运行中也存在诸多问题。一是煤炭企业和其他经营企业抵触情绪较大。煤炭企业和其他经营企业需要自己去寻找市场和用户，煤运公司并不提供任何帮助，却要凭空拿走企业的利润。二是增加了中间环节，影响企业销售。市场瞬息万变，由于增加了中间环节，煤矿和用户签订合同后必须再与第三方煤运公司签订合同，然后再逐级上报，走程序办手续颇费周折，正常的话也需要2天至3天，往往在办理过程中，煤价已经发生了变化，不是丢了用户就是造成了企业的损失。三是驻矿管理存在问题。因不能及时开票等，影响合同兑现。四是结算不及时。由于增加了中间环节，结算必须通过煤运公司，有些企业货款甚至1个多月也拿不到，影响了企业资金周转。五是煤炭运输集中管理不合理。煤炭运输车辆由煤运公司统一管理，企业即使有车也不能运送煤炭，运送费用由煤运公司说了算。六是出省口管理混乱。出省口是煤炭销售的最后一道关口。由于利益驱使，出省口管理人员私下收费，不开收据就放行的现象时有发生，不仅损害了煤运公司的利益，而且严重破坏了煤炭市场交易秩序。近年来，大同等地的出省口多次被媒体曝光，有些工作人员因违纪多次被整体撤换，相关领导被检察机关起诉判刑。

2.公路销售体制改革方案政策。《改革方案》认为，现行煤炭公路经销体制已不适应经济发展的要求，也不能充分发挥煤炭企业在经营活动中的市场主体作用，应按照市场化原则坚决改革，建立企业自主经营、市场公平竞争、政府依法监管的煤炭、焦炭公路销售管理新体制。此次煤炭焦炭公路运输销售体制改革将遵循"实现政企分开、坚持市场主导、创新监管方式、保障转岗安置"的原则，建立企业自主经营，市场公平竞争，政府依法监管的煤炭、焦炭公路销售管理新体制。

从2014年12月1日起，山西省拉开煤焦公路销售体制改革大幕。一是全部取消相关企业代行的煤炭、焦炭公路运销管理行政授权。各级政府及相关职能部门取消对晋能集团及其市县分支机构、基层站点和省焦炭集团、各市县焦炭公司及其所属各站点的行政授权或委托，上述企业、分支机构和各站点停止履行煤炭焦炭运销管理、查验票据及代征焦炭生产排污费等行政职能。二是全部取消煤炭、焦炭公路运销票据。取消《山西省煤炭销售票》《煤炭可持续发展基金已缴证明单》《山西省煤炭公路运销统一调运单》《山西省公路煤炭运销省内用煤统一调运单》《山西省公路煤炭运销省内电厂用煤统一调运单》《外省公路煤炭入过境统一调运单》《山西省焦炭公路出省定额附票》《山西省焦炭公路地销专用定额票》《山西省焦炭公路上站定额调拨单》等。三是全部撤销省内煤炭、焦炭公路检查站、稽查点。撤销各类公路煤炭、焦炭管理站（含稽查点），煤炭、焦炭营业站（含分站），企业电厂用煤管理站，大矿收购小窑煤管理站，铁路上站煤管理站，驻矿（场）开票点，焦炭驻厂站点。企业代行的煤炭焦炭公路运销管理行政授权、煤炭焦炭公路运销票据全部取消，省内煤炭焦炭公路检查站、稽查点全部撤销。延续 30 年的政企不分的煤焦运销体制终于画上句号。2015 年底，山西省将启动煤炭运行综合信息平台，为政府依法开展产能监督、运销监管、税费征收等提供依据。

为推进改革顺利进行，《改革方案》还提出了支持政策：一是多渠道多种方式支持企业改革发展。利用煤炭资源价款省级留成、省属企业国有资本收益金等，适当补充晋能集团和山西焦煤集团的国有资本金。二是在三年改革过渡期内安排适当资金，支持晋能集团和山西焦煤集团内部改革重组，资金由企业统筹安排使用。对个别改革任务较重的市、县（市、区），省政府可考虑适时予以支持。三是省人力资源社会保障厅、省财政厅、省民政厅等相关部门要加大对企业职工就业再就业的政策支持力度，指导帮助相关市、县（市、区）落实好各项资金补贴、免费服务、社会救助等相关优惠政策，统筹协调解决好共性和个性问题。

（四）清费立税改革政策

税与费有着本质的不同。税具有强制性、固定性和无偿性的特点，费则是在市场经济条件下对商品和服务支付的价款。在市场经济体制不完善的时期，税费并存制度有其合理性，为矿产资源有偿使用发挥了积极作用，但在实践中也暴露出其不合理性，影响煤炭资源税功能的正常发挥。如大量的预算外收费，加重了煤炭企业的负担，影响了企业的经济效益，大大减少了税收来源；煤炭行业收费项目名目繁多，增加了煤炭企业的生产经营成本，直接侵蚀了税基，制约着正规税体系的建立健全；一些涉煤收费项目以部门利益为出发点，不能很好顾及经济发展水平和企业承受能力，收费项目制定不科学，不利于建立规范的社会经济秩序，影响税收调控功能的发挥；大量税外收费的存在，造成行政事业单位机构重叠、臃肿，严重影响国家机构改革进程；规模巨大的税外收费，分散在各个行政事业单位的职能，管理难以到位，大量资金长期体外循环，脱离预算监督，从而加剧社会分配不公，影响社会稳定，危及长治久安。

清费立税是煤炭管理体制改革的一部分，从 20 世纪 90 年代开始，山西已进行多次税费改革。1994 年开始，我国矿产资源税费制度主要包括征收矿产资源税、矿产资源补偿费、探矿权使用费和采矿权使用费构成。在国务院的高度重视下，山西开展了国家煤炭工业可持续发展试点，这项统筹资源开发、环境补偿、转产发展的综合性经济政策对于推动山西经济社会转型奠定了基础。在近期煤炭市场恶化的情况下，国务院《关于促进煤炭行业平稳运行的意见》要求，2013 年年底前，财政部、发改委要对重点产煤省份煤炭行业收费情况进行集中清理整顿，坚决取缔各种乱收费、乱集资、乱摊派，切实减轻煤炭企业负担；同时加快推进煤炭资源税从价计征改革。各省有关部门须按照国务院要求，抓紧组织落实有关工作，并向国务院汇报。

1. 涉煤收费清理政策

以清理各种违规涉煤收费为突破口，减轻煤炭企业税费负担，既是缓解煤炭生产经营困难、激发市场主体活力的重要举措，也是建立现代财政制度、建设法治政府的重要体现。2013 年，山西出台的"煤炭 20 条"，暂停提取煤炭企业矿山环境恢复治理保证金和煤矿转产发展资金，从 2013 年 8 月 1 日起至 2013 年 12 月 31 日止，就使山西省五大上市煤企直接受益高达 7.67 亿元。随后山西省 2014 年出台了"煤炭 17 条"，同时抓住国家资源税改革的机会，山西在全国率先进行清理涉煤收费，把国家确定的收费项目全部进行了规范。省级确定的收费项目全部取消，省以下违规的涉煤收费项目全部取缔。

一是减免可持续发展基金。历史来看，我省的煤炭成本呈现总体上升的趋势，主要原因是煤炭开采深度和难度不断增加，安全投入和环保投入大幅提高，劳动力价格上升，煤矿企业改制投入资金加大等因素。我省从 2007 年取消征收能源基地建设基金，同时针对煤炭行业开始征收"两金"（矿产环境恢复治理保证金和煤矿发展转产基金），按照国务院《关于同意在山西省开展煤炭工业可持续发展政策措施试点意见的批复》（国函〔2006〕52 号）精神，征收煤炭可持续发展基金，三项加起来是 30 元 / 吨，比 20 世纪收取能源基地建设基金等政府收费的数额要低。这部分收费属于政府性收费，在煤炭成本中有明显占比。山西在 20 世纪两次煤炭产业陷入困境中，能源基金没有任何减免，一直维持刚性收费。在本次的煤炭市场危机中，政府充分发挥这部分收费的调节作用，减免收费，全力为企业解困。

2012 年以来，受国家经济下行压力和供需矛盾突出等因素影响，为了提高我省煤炭的竞争力，2013 年山西连续出台政策，煤炭 20 条提出从 2013 年 8 月 1 日起至 2013 年 12 月 31 日止，暂停提取煤炭企业矿山环境恢复治理保证金和煤矿转产发展资金，减半收取煤炭交易服务费，降低了煤炭企业的成本。但随着 2014 年以来，煤炭经济受需求不旺、产能释放、价格下跌、成本上升、库存增加、竞争加剧等因素影响，煤炭 17 条的出台继续延续上面提到的规定，再一次为企业发展注入新动力。2014 年 1 月 1 日起可持续发展基金降低为吨煤 3 元，2014 年 10 月后出台了彻底取消可持续发展基金政策。这几项政策的出台，无疑给寒冬期的煤炭企业注入了一剂强心针，直接降低了企业的成本，对煤炭企业维持经营起到重要作用。

　　二是清理收费政策。在煤炭企业面临需求不旺、价格下跌、效益下滑、库存高企、应收账款增加等严峻形势的同时，各种税费居高不下。煤炭企业对涉煤税费负担较重问题反映强烈。为此，按照山西省政府的安排，山西省财政厅、山西省煤炭厅于2014年4月14日至4月26日对全省煤炭企业开展了政府收费专项调查。此次专项调查的内容为：2007年10月至2014年3月煤矿转产发展资金和矿山环境恢复治理保证金（"两金"）的提取、存储、使用和结余情况，以及2013年和2014年第一季度煤炭企业产销、综合售价、成本税费情况。同时，对现行的行政事业性收费，政府性基金，经营性收费，市（县）政府涉煤收费，晋能集团及所辖市(县)煤运公司公路运销收费，行业协会、省直部门、铁路三产企业涉煤收费进行了梳理。根据调查结果，初步认定：山西目前涉煤行政事业性收费多达16项，政府性基金有6项，经营性收费有2项，这些项目均经过中央和省级管理部门审批。其中，市(县)政府涉煤收费、煤运公司公路运销收费按2014年的政策定性为乱收费，应予立即取消。行业协会、省直部门、铁路三产企业的涉煤收费中也存在超标准、超范围等乱收费现象。为深化煤炭管理体制改革，推动煤炭行业"清费立税"，促进煤炭工业可持续发展，2014年6月19日，山西省人民政府制定了《涉煤收费清理规范工作方案》（简称《工作方案》）。《工作方案》是在山西省财政厅、山西省煤炭厅于4月14日至4月26日对全省开展煤矿专项调查的基础上，经过认真分析和研究，提出的调整建议，旨在最大限度地减轻企业负担。

　　《工作方案》要求：取消专门面向煤炭行业的行政事业性收费和不合理的服务性收费。一是取消煤炭稽查管理费。稽查队主要职责是稽查向煤炭企业征收的煤炭专项维简费等5项基金、运销服务费等，其工作经费通过收取煤炭稽查管理费来解决。而实际情况是，5 项基金被全部取消，煤炭价格也完全市场化，稽查队的绝大多数职能已不存在。因此，煤炭稽查管理费从 2014 年 7 月 1 日起取消。二是分步取消山西省煤炭厅为其 11 个事业单位向五大煤矿集团收取的服务费。考虑到涉及人员多、历史久、机构性质复杂等原因，为平稳过渡，2014 年收取的服务费压缩 20%，2015 年 1 月 1 日起取消此项收费。三是取缔各种乱收费。取缔市(县)政府在中央和省定项目以外的一切违规收费。2014 年 1 月 1 日起取缔，包括以煤补农、以工补农、城市公用事业应急保障金、基础设施建设资金、调产基金、生态环境补偿费等经常性的乱收费和各项摊派费用；取缔行业协会、省直部门以及铁路运输等单位超标准、超范围的乱收费。2014 年 1 月 1 日起，取缔一些协会强制收取的会费，一些市（县）按煤炭产量收取的会费，个别省直部门以强买强卖方式安排的各类培训、服务等变相收费，一些铁路三产企业超标准收取的服务费。四是降低部分涉煤收费和政府性基金征收标准，严格规范保留的涉煤收费项目。从 2014 年 7 月 1 日起降低煤炭产品质量监督检验费征收标准。产品质量监督检验费征收标准按照维持成本的原则核定，随着检验成本的下降，征收标准应予以相应降低。

按照"清费立税"并举和建立煤炭收费清单的要求，山西资源大省已在全国率先迈开步伐，涉煤收费、基金等各项改革纷纷启动，为煤炭资源税的开征铺平道路。

2. 资源税改革新政策

自 2012 年以来，煤炭价格持续下跌，煤炭资源税改革也再次被讨论，成为市场关注的热点问题。2014 年 9 月 29 日，国务院常务会议决定，在做好清费工作的基础上，煤炭资源税从 12 月 1 日起正式由从量计征改为从价计征。2014 年 10 月 9 日，财政部、国家税务总局发出《关于实施煤炭资源税改革的通知》，10 月 10 日，又发出《关于全面清理涉及煤炭原油天然气收费基金有关问题的通知》，决定取消矿产资源补偿费、价格调节基金、煤炭可持续发展基金（山西省）、原生矿产品生态补偿费（青海省）、煤炭资源地方经济发展费（新疆维吾尔自治区），凡违反行政事业性收费和政府性基金审批管理规定，越权出台的收费基金项目要一律取消。清费正税，为煤炭企业实行资源税改革做了铺垫。

资源税改革主要内容有：一面清理涉煤收费基金，将煤炭矿产资源补偿费费率降为零，停止针对煤炭征收价格调节基金。取消山西煤炭可持续发展基金、原生矿产品生态补偿费、煤炭资源地方经济发展费等，取缔省以下地方政府违规设立的涉煤收费基金。另一方面，煤炭资源税由从量计征改为从价计征；结合资源税费规模、企业承受能力、煤炭资源条件等因素，国家将资源税率幅度确定为 2%—10%。对于衰竭期煤矿开采的煤炭，资源税减征 30%。对填充开采置换出来的煤炭，资源税减征 50%。

山西省明确煤炭资源税改革相关政策。2015 年 1 月，经山西省政府同意，省财政厅联合省地税局下发了《关于我省实施煤炭资源税改革的通知》（晋财税〔2014〕37 号，以下简称《通知》），明确了山西省煤炭资源税改革的相关政策。按照国家统一部署，从 2014 年 12 月 1 日起，山西省煤炭资源税实行从价定率计征，煤炭资源税适用税率为 8%，税收分成比例为省级 65%，市级以下为 35%。《通知》明确，纳税人开采原煤直接对外销售的，以原煤销售额作为应税煤炭销售额计算缴纳资源税；纳税人将其开采的原煤加工为洗选煤销售的，以洗选煤销售额乘以折算率作为应税煤炭销售额计算缴纳资源税。太原市、阳泉市、长治市、晋城市、晋中市、运城市、临汾市、吕梁市行政区域内，洗选煤折算率暂定为 85%；大同市、朔州市、忻州市行政区域内，洗选煤折算率暂定为 75%。除国家统一明确的政策外，《通知》还对下列征收中的问题予以明确：一是对跨县（市、区）开采和洗选的煤炭资源税一律在开采地纳税；二是纳税人同时外购已税原煤用于混合销售或者混合洗选的，应当分别予以核算，未分别核算的按未税计税；三是对外购已税原煤在计算应缴纳资源税时，按当期实际使用量部分予以减除；四是在我省行政区域内收购未税煤炭产品的单位为煤炭资源税的代扣代缴义务人，依法履行代扣代缴煤炭资源税义务，实行完税凭证和已缴证明同步管理的征收办法。

（五）煤炭资源矿业权出让转让政策

在传统体制下，矿产资源的所有权为国家所有，并且矿业权也由国家相关管理部门掌握，所以，在矿业权的审批中，存在权力寻租的漏洞，不符合市场经济的要求。针对煤炭资源审批不公开、不透明，煤炭资源矿业权转让二级市场监管缺失，导致开发混乱、腐败丛生等问题，山西省出台了多项政策。

在 2015 年 1 月出台的《关于深化煤炭管理体制改革的意见》中就提出，全面推进煤炭资源一级市场招拍挂。新设煤炭矿业权初次配置煤炭资源（即一级市场）时，要依法实行招标、拍卖、挂牌等方式，以拍卖方式为主。要研究制订对原无偿划拨老旧矿山企业的保有资源实行有偿使用的具体办法。积极推行共伴生矿业权一体配置。对新设立的共伴生矿产资源实行综合勘查、一体配置和综合开采。对已有矿业权人申请综合勘查、开发共伴生资源的，积极探索有偿取得其他共伴生资源矿业权的管理办法。强化矿业权二级市场的调控监管。允许符合法定条件的探矿权、采矿权在二级市场（即一级市场之后的交易行为）依法流转，以出售、作价出资等形式公开竞价转让。

为进一步规范煤炭资源矿业权出让、转让行为，优化煤炭资源配置，根据《中华人民共和国物权法》《中华人民共和国矿产资源法》《中华人民共和国招标投标法》《矿产资源勘查区块登记管理办法》《矿产资源开采登记管理办法》《探矿权采矿权转让管理办法》《山西省矿产资源管理条例》等法律法规以及国家和山西省有关规定，2015 年 12 月 25日，山西省人民政府制定并下发了《山西省煤炭资源矿业权出让转让管理办法》（简称《管理办法》），于 2016 年 1 月 1 日正式实施。这是针对山西煤炭资源审批不公开、不透明，煤炭资源矿业权转让二级市场监管缺失，导致开发混乱、腐败丛生等问题，山西省政府出台了这一《管理办法》。这是山西推进煤炭改革、遏制腐败、促进煤炭经济持续健康发展的又一重大举措。

《管理办法》规定，今后山西省将实行产业规划、政策指导下的煤炭资源矿业权出让年度总量控制制度。煤炭资源矿业权出让年度总量经省人民政府批准，由省国土资源主管部门公布。未纳入煤炭资源矿业权出让年度实施计划的，不得进行出让。煤炭资源矿业权出让，需通过设区的市人民政府报请省国土资源主管部门，由省国土资源主管部门提出是否纳入煤炭资源矿业权出让年度实施计划的意见。今后煤炭资源矿业权实行公开竞价出让，公开竞价方式包括招标、拍卖、挂牌等，并由省国土资源主管部门委托公共资源交易机构进行。

《管理办法》还就矿业权出让转让公开透明性进行了规定。指出，煤炭资源矿业权实行公开竞价出让，包括招标、拍卖、挂牌等公开竞价方式，以拍卖方式为主。国有企事业单位独资或由其控股的煤炭资源矿业权转让，应当在公共资源交易机构，以招标、拍卖或挂牌等公开方式进行；其他的煤炭资源矿业权转让，也应在公共资源交易机构进行，交易方式由当事人确定。《管理办法》的各项条款，在制定过程中遵循"问题导向"原则，即针对现存的问题，按照市场配置煤炭资源的需要制定，推动政府审批更加公开透明，保障煤炭资源矿业权人的权利更加明确具体，使得煤炭资源矿业权出让更加规范细化。

《管理办法》多个亮点呈现，在多个方面具有创新意义，实现了"全国首次"。一是明确矿业权概念内涵。根据《管理办法》，矿业权人不仅有权勘查、开采煤炭资源，也有权勘查、开采批准范围内的共伴生资源，突出了矿业权人的权利特色。二是创新资质管理。《管理办法》规定将煤炭资源配置需具备的资质与煤矿企业经营资质分开，使得不同市场主体在煤炭资源配置过程中能平等参与，进一步开放了市场。三是拓宽了探矿人的权益。《管理办法》规定煤炭资源探矿权可抵押，这也为矿业权人融资开辟了新路。四是根据山西省的实际情况，规定煤炭资源矿业权出让实行年度总量控制制度，这既有利于政府宏观调控，也有利于社会监督，能有效限制超额利润、防止倒买倒卖行为的发生。五是借鉴其他行业经验，规定在国家批准后，山西省实行煤炭资源矿业权转让特别收益金制度，既放大了企业的利润空间，又从制度层面上对二级市场交易进行了监管，防止了行业内腐败现象的发生。

《管理办法》不仅具有多个"首创"，还注重保障民生，保证公平。《管理办法》规定，新设煤炭资源矿业权前，应在矿区所在地发布公告，征求矿区所在地乡镇政府、村民委员会和当地居民的意见，充分考虑到了民生的需求。此外，实行的招投标回避制度，规定煤炭资源矿业权不得转让情形的负面清单制度，中标人不履行义务即上"黑名单"等，都为制度在阳光下运行提供了有力保证。

九、煤炭行业化解过剩产能政策

煤炭是我国的主体能源，煤炭产业是国民经济的基础产业，涉及面广、从业人员多，关系经济发展和社会稳定大局。近年来，受经济增速放缓、能源结构调整等因素影响，煤炭需求大幅下降，供给能力持续过剩，导致企业效益普遍下滑，市场竞争秩序混乱，对经济发展和社会稳定造成了不利影响。为贯彻党中央和国务院关于推进结构性改革的决策部署，国务院及各部门和山西省政府都出台了化解煤炭过剩产能、推动煤炭企业实现脱困发展的意见。

（一）国务院化解煤炭过剩产能政策

为贯彻落实党中央、国务院关于推进结构性改革、抓好去产能任务的决策部署，进一步化解煤炭行业过剩产能、推动煤炭企业实现脱困发展，2016 年 2 月，国务院出台了《国务院关于煤炭行业化解过剩产能实现脱困发展的意见》（简称《脱困意见》），《脱困意见》提出目标是，要在近年来淘汰落后煤炭产能的基础上，从 2016 年开始，用 3—5 年的时间，再退出产能 5 亿吨，减量重组 5 亿吨，较大幅度压缩煤炭产能，适度减少煤矿数量，煤炭行业过剩产能得到有效缓解，市场供需基本平衡，产业结构得到优化，转型升级取得实质性进展。提出的主要任务是严格控制新增产能。从 2016 年起，3 年内原则上停止审批新建煤矿项目，确需新建，一律实行减量置换，加快淘汰落后产能和其他不符合产业政策的产能。安全监管总局等部门确定的分类落后小煤矿，以及开采范围与自然保护区，风景名胜区，饮用水水源保护区等区域重叠的煤矿，要尽快依法关闭退出。产能小于 30 万吨 / 年且发生重大责任事故的煤矿，产能 15 万吨 / 年及以下且发生较大责任事故的煤矿，以及采用国家禁止使用的采煤方法、工艺且无法实现技术改造的煤矿，要在 1—3 年内淘汰。有序退出过剩产能。对于煤与瓦斯突出、水文地质条件极其复杂的煤矿；开采深度超过规定的煤矿；达不到安全质量标化三级的煤矿、要有序退出。对于产品质量达不到要求的煤矿，开采范围与依法划定、需要特别保护的环境敏感区重叠的煤矿，要有序退出。对于非机械化开采煤矿；重点产煤区产能小于 60 万吨 / 年，一般产煤区产能小于 30 万吨 / 年，其他地区小于 9 万吨 / 年的小煤矿；开采技术和装备列入限制目录且无法实施技术改造的煤矿；与大型煤矿井田平面投影重叠的煤矿，也要有序退出。

同时，《脱困意见》还提出推进企业改革重组、促进行业调整转型、严格治理不安全生产、严格控制超能力生产、严格治理违法违规建设、严格限制劣质煤使用等化解过剩产能的机关措施。根据重点任务《脱困意见》提出了具体的政策措施，主要内容是加强奖补支持、做好职工安置、加大金融支持、盘活土地资源、鼓励技术改造。

（二）煤炭去产能配套政策密集出台

根据党中央、国务院推进供给侧结构性改革及化解钢铁、煤炭行业过剩产能实现脱困发展的总体要求部署，国家相关部委陆续制定了化解钢铁煤炭行业过剩产能的具体配套政策。

1. 妥善安置职工意见

妥善安置职工是化解过剩产能工作的关键，关系供给侧结构性改革的顺利实施，关系职工切身利益和改革发展稳定大局。根据党中央、国务院推进供给侧结构性改革及化解钢铁、煤炭行业过剩产能实现脱困发展的总体要求部署，2016 年 4 月 7 日，人力资源社会保障部、国家发展改革委等七部门出台了《关于在化解钢铁煤炭行业过剩产能实现脱困发展过程中做好职工安置工作的意见》（简称《安置意见》）。《安置意见》提出的总体要求是：做好钢铁、煤炭行业化解过剩产能、实现脱困发展中的职工安置工作，要全面落实党的十八大和十八届三中、四中、五中全会精神，树立发展新理念，把握好改革发展稳定的关系，坚持企业主体、地方组织、依法依规，更多运用市场办法，因地制宜、分类有序、积极稳妥地做好职工安置工作，维护好职工和企业双方的合法权益，促进失业人员平稳转岗就业，兜牢民生底线，为推进结构性改革营造和谐稳定的社会环境。

《安置意见》提出的具体要求：一是多渠道分流安置职工。支持企业内部分流，支持企业利用现有场地、设施和技术，通过转型转产、多种经营、主辅分离、辅业改制、培训转岗等方式，多渠道分流安置富余人员；支持企业开展"双创"，利用"互联网+"、国际产能合作和装备走出去，发展新产品、新业态、新产业，在优化升级和拓展国内外市场中创造新的就业空间。二是促进转岗就业创业。对依法与企业解除、终止劳动合同的失业人员，要及时办理失业登记，免费提供就业指导、职业介绍、政策咨询等服务，纳入当地就业创业政策扶持体系；将返乡创业试点范围扩大到矿区，通过加大专项建设基金投入等方式，提高创业服务孵化能力。对从事个体经营或注册企业的，按规定给予税费减免、创业担保贷款、场地安排等政策扶持；对钢铁、煤炭过剩产能企业较为集中、就业门路窄的地区及资源枯竭地区、独立工矿区，要加强工作指导，开展跨地区就业信息对接和有组织的劳务输出，对其中的就业困难人员可按规定给予一次性交通补贴。三是对符合条件人员可实行内部退养，四是运用公益性岗位托底帮扶。

2. 金融部门支持化解产能政策

2016 年 4 月 12 日，为贯彻落实国务院关于做好钢铁、煤炭行业化解过剩产能和脱困升级工作的决策部署，充分发挥金融引导作用，支持钢铁、煤炭等行业去产能、去杠杆、降成本、补短板，促进钢铁、煤炭行业加快转型发展、实现脱困升级，中国人民银行、银监会、证监会、保监会联合出台《关于支持钢铁煤炭行业化解过剩产能实现脱困发展的意见》（简称《金融支持意见》），《金融支持意见》提出，一要坚持区别对待、有扶有控原则，积极做好"去产能"信贷服务。满足钢铁、煤炭企业合理资金需求，严格控制对违规新增产能的信贷投入，加快信贷产品创新，促进钢铁、煤炭行业转型升级，改进利率定价管理，降低企业融资成本。二是加强直接融资市场建设，支持钢铁、煤炭企业去杠杆、降成本。支持钢铁、煤炭企业扩大直接融资，加快股债、贷债结合产品和绿色债券创新。三、支持企业债务重组和兼并重组，推动钢铁、煤炭行业结构调整优化。积极稳妥推进企业债务重组，拓宽企业兼并重组融资渠道。四是进一步提高就业创业金融服务水平，支持钢铁、煤炭行业去产能分流人员就业创业。加大创业担保贷款支持力度，完善小微企业金融服务。五是大力支持钢铁、煤炭扩大出口，推动钢铁、煤炭企业加快"走出去"。加强对企业"走出去"的融资支持，完善国际产能合作的配套金融政策。六是支持银行加快不良资产处置，依法处置企业信用违约事件。促进银行加快不良贷款处置，坚决遏制企业恶意逃废债行为。七是加强沟通协调配合，有效防范钢铁、煤炭行业金融风险。充分发挥人民银行分支机构、银监会等派出机构的组织协调作用，严密防范、妥善化解金融风险。

3. 安全部门支持脱困的意见

为认真贯彻落实《国务院关于钢铁行业化解过剩产能实现脱困发展的意见》（国发〔2016〕6号）和《国务院关于煤炭行业化解过剩产能实现脱困发展的意见》（国发〔2016〕7号）精神，按照党中央、国务院决策部署，为支持钢铁煤炭行业化解过剩产能实现脱困发展相关工作，2016年4月15日，国家安全监管总局、国家煤矿安监局出台《关于支持钢铁煤炭行业化解过剩产能实现脱困发展的意见》（简称《支持脱困意见》）。《支持脱困意见》提出的总体要求是：各地区、各有关部门要充分认识钢铁煤炭行业化解过剩产能推进脱困发展的重要意义，将思想统一到党中央、国务院的决策部署上来，在省级人民政府的统一领导下，积极配合，主动作为，做好参谋、当好助手，坚守"发展决不能以牺牲人的生命为代价"红线意识，把握好改革发展稳定和安全生产的关系，充分发挥市场倒逼作用，严格安全生产准入，坚持淘汰落后产能和遏制重特大事故相互结合、化解过剩产能和提高安全生产保障能力相互促进、产业结构和安全生产要素同步优化、行业发展水平和夯实安全生产基础同步提高的原则，将化解过剩产能作为加强行业安全监管、提升行业本质安全水平、遏制重特大事故发生的重要举措，努力实现钢铁煤炭行业扭亏脱困升级和安全健康发展，促进全国安全生产形势进一步稳定好转。并提出了具体要求，全面排查，摸清钢铁企业安全生产状况；停止新增产能煤矿的安全设施设计审查和产能核增工作；重新确定煤矿生产能力；加大煤矿安全监督执法力度；做好煤矿节假日停产和恢复生产的安全工作；积极做好政策措施宣传和信息公开工作。

（三）山西煤炭供给侧结构性改革政策

煤炭产业是山西省的支柱产业。当前，煤炭产能严重过剩、价格持续大幅下跌、企业亏损严重、职工收入下降等已成为影响全行业可持续发展，甚至影响全省经济社会发展大局的突出问题。究其原因，主要是供需失衡、管理落后、清洁高效利用不足。解决好煤炭问题，必须坚持远近结合、标本兼治、统筹推进、综合施策。要全面贯彻落实党的十八大和十八届三中、四中、五中全会精神，深入学习贯彻习近平总书记系列重要讲话精神特别是关于能源革命和供给侧结构性改革的重要论述，按照党中央、国务院部署，贯彻落实宏观政策要稳、产业政策要准、微观政策要活、改革政策要实、社会政策要托底的要求，着力去产能、去库存、去杠杆、降成本、补短板，全力推动全省煤炭供给侧结构性改革，实现煤炭产业转型升级。

2016年4月25日，山西省委和政府出台了《山西省煤炭供给侧结构性改革实施意见》，并提出了具体改革任务：一是有效化解过剩产能。严禁违法违规生产建设煤矿，严格执行276个工作日和节假日公休制度，优化存量产能、退出过剩产能。按照依法淘汰关闭一批、重组整合一批、减量置换退出一批、依规核减一批、搁置延缓开采或通过市场机制淘汰一批的要求，实现煤炭过剩产能有序退出。到2020年，全省有序退出煤炭过剩产能1亿吨以上，安置职工达到11万人。同时，要坚持生态优先，依法妥善处理现有矿区与已设立或划定的风景名胜区、自然保护区、城镇规划区、泉域水资源保护区和饮用水源地保护区等的关系，确保各类生态系统安全稳定。严格控制煤炭资源配置。"十三五"期间，我省原则上不再新配置煤炭资源。2016年起，暂停出让煤炭矿业权，暂停煤炭探矿权转采矿权。从严控制煤矿项目审批。"十三五"期间，山西省原则上不再批准新建煤矿项目，不再批准新增产能的技术改造项目和产能核增项目，确保全省煤炭总产能只减不增。二是加大煤炭企业改革力度。加强党的领导，完善法人治理结构。开展资本投资（运营）公司试点工作。深化企业制度改革，即市场化用人制度，实现企业员工能进能出；推进职业经理人队伍建设，变身份管理为岗位管理；完善企业内部考核评价机制，严格与绩效挂钩考核，实现职工薪酬能高能低。分离办社会职能，推进厂办大集体改革，强化企业管理。三是进一步完善煤炭市场机制。完善煤炭价格形成机制和价格自律机制，创新煤炭交易机制，探索建立煤炭战略储备体系。四是加强煤炭安全清洁高效生产和消费。提高安全生产和现代化水平，推进煤炭绿色低碳消费，建设新一代综合监管平台。五是加快煤炭产业科技创新。实施煤基科技重大专项和重点研发计划，加快建设山西科技创新城，设立山西煤炭清洁利用投资基金。六是以煤会友扩大对外开放与国际交流合作。充分发挥"太原能源低碳发展论坛"平台作用，深化与世界各产煤国家的交流合作，推进煤焦国际产能合作。七是千方百计做好职工分流安置、转岗培训等民生工作。全力做好就业安置工作，实施带薪转岗教育培训，符合条件人员可实行内部退养，加大采煤沉陷区治理力度。八是进一步优化政策环境。抓好现有政策的落实到位，进一步制定出台新的政策，加大金融支持力度。

（四）山西煤炭供给侧改革实施细则

为贯彻落实《山西省煤炭供给侧结构性改革实施意见》确定的 30 项工作任务，2016 年 5 月 18 日至 23 日，山西省陆续公布三批《关于推进煤炭供给侧改革工作实施细则》。第一批包括《关于严禁违法违规生产建设煤矿的实施细则》《关于全省煤矿企业严格执行 276 个工作日和节假日公休制度的实施细则》《关于全省煤炭行业优化存量产能退出过剩产能的实施细则》《关于严格控制煤炭资源配置的实施细则》《关于完善煤炭价格形成机制和价格自律机制实施细则》《关于提高全省煤矿安全生产和现代化水平的实施细则》《关于设立山西省煤炭清洁利用投资基金的实施细则》。第二批包括《关于探索建立煤炭战略储备体系的实施细则》《关于推进煤炭绿色低碳消费的实施细则》《关于加大采煤深陷区治理力度的实施细则》《关于加快建设山西科技创新城的实施细则》《关于分离办社会职能的实施细则》《关于创新煤炭交易机制的实施细则》《关于抓好现有政策落实到位的实施细则》《关于深化企业三项制度改革的实施细则》《关于推进厂办大集体改革的实施细则》《关于强化企业管理实施细则》《关于加大金融支持力度的实施细则》。第三批包括《关于从严控制煤矿项目审批的实施细则》《关于开展国有资本投资运营公司试点工作的实施细则》《关于实施煤基科技重大专项和重点研发计划的实施细则》《关于充分发挥"太原能源低碳发展论坛"平台作用实施细则》《关于全力做好就业安置工作的实施细则》《关于符合条件人员可实行内部退养的实施细则》《关于进一步制定出台新政策的实施细则》。

根据细则，设立山西省煤炭清洁利用投资基金总规模 100 亿元，其中政府引导资金 20 亿元，按照 1∶4 的比例募集社会资金 80 亿元。基金投向重点围绕煤炭产业"六型"转变。关于分离办社会职能方面，从 2016 年起，用 2—3 年时间，对国有企业办医疗、教育、市政、消防、社区管理等机构实行分类处理，条取移交、撤并、改制或专业化管理、政府购买服务等方式进行分离。2016 年底前出台相关配套政策、2017 年选择同煤集团、晋煤集团进行试点，2018 年全面推开。深化企业三项制度改革方面，2016 年底建立各类管理人员公开选拔、竞聘上岗机制，各级管理人员的市场化选聘或内部竞争方式选拔比率不低于10%；严控企业用工数量，力争到 2020 年人均劳效比 2015 年提高20%以上，达到国内先进水平，到 2020 年底前人均劳效、吨煤工效比2015 年均提高 25%以上，达到世界先进水平。

就业安置方面，细则明确，对企业通过转型转产、多种经营、主辅分离、辅业改制、集团内其他企业转岗安置等方式多渠道安置分流人员的，对兼并重组后新企业吸纳分流人员达到 30%以上的，以及其他企业吸纳化解过剩产能企业分流失业人员且签订一年以上劳动合同的，可从就业专项资金中按每人每月 1000 元的标准给予企业一次性吸纳就业补助。累计足额缴纳失业保险费五年以上的企业，对化解过剩产能涉及的职工实行内部转岗安置的，可申请失业保险基金支付的转岗安置补助。补贴标准为每人 3000 元，按实际转岗安置人数一次性拨付给企业。符合条件的企业每年可申领一次。转岗安置补贴申领及审核拨付程序依照现行稳岗补贴相关程序执行。对已享受一次性吸纳就业补助的企业不再享受转岗安置补贴。

加强就业困难人员就业援助工作，对经过援助后仍未实现就业或者未在企业实现转岗就业的，可通过政府购买的公益性岗位予以托底安置，并给予相应的社会保险补贴和岗位补贴。对企业整体关闭、重组等原因形成无企业主体的，或由企业集团公司向省人力资源社会保障厅、省财政厅提出资金补助申请。企业集团公司要负责补贴资金的使用管理，加强监督检查，防止出现套现、冒领和挪用资金的问题。

资源型经济如何转型发展是世界性难题，是山西一道绕不开的坎。山西经济发展到今天，正处于一个重大历史拐点，到了经济结构全面转型升级的新阶段。当前资源价格正处于回升的时期，正是抓转型的好时机，无论是煤炭产业还是整体经济都需要在转型创新中焕发新活力。山西省是我国重要的能源基地和老工业基地，是国家资源型经济转型综合配套改革试验区，在推进资源型经济转型改革和发展中具有重要地位。

党中央、国务院高度重视我省资源型经济转型发展。2017 年 6 月 21 日至 23 日，习总书记视察山西时，对我省在转型综改试验区建设过程中的探索和实践给予充分肯定，进一步指明了资源型经济转型发展的方向。为加快破解制约资源型经济转型的深层次体制机制障碍和结构性矛盾，走出一条转型升级、创新驱动发展的新路，努力把山西省改革发展推向更加深入的新阶段，为其他资源型地区经济转型提供可复制、可推广的制度性经验，2017 年 9 月 1 日，国务院出台了《关于支持山西省进一步深化改革促进资源型经济转型发展的意见》（国发〔2017〕42 号）（以下简称《意见》）。《意见》鲜明提出山西要"建成资源型经济转型发展示范区""打造能源革命排头兵"，一个"示范区"，一个"排头兵"，这就确立了山西在全国经济发展格局中的战略地位和作用。《意见》提出的总体要求是，坚持以提高发展质量和效益为中心，以推进供给侧结构性改革为主线，深入实施创新驱动发展战略，推动能源供给、消费、技术、体制革命和国际合作，打造能源革命排头兵，促进产业转型升级，扩大对内对外开放，改善生态环境质量，实现资源型经济转型实质性突破，将山西省建设成为创新创业活力充分释放、经济发展内生动力不断增强、新旧动能转换成效显著的资源型经济转型发展示范区。

《意见》对山西煤炭产业转型提出了具体的目标要求：以能源供给

结构转型为重点，以产业延伸、更新和多元化发展为路径，建设安全、绿色、集约、高效的清洁能源供应体系和现代产业体系。主要目标是：到 2020 年，煤炭开采和粗加工占工业增加值比重显著降低，煤炭先进产能占比逐步提高到 2/3，煤炭清洁高效开发利用水平大幅提高、供应能力不断增强，打造清洁能源供应升级版。初步建成国家新型能源基地、煤基科技创新成果转化基地。到 2030 年，清洁、安全、高效的现代能源体系基本建成，资源型经济转型任务基本完成，形成一批可复制、可推广的制度性经验。

《意见》对山西打造全国能源革命排头兵提出了具体支持路径：一是推动煤炭和电力能源供给革命。引导退出过剩产能、发展优质产能，推进煤炭产能减量置换和减量重组。全面实施燃煤机组超低排放与节能改造，适当控制火电规模。优化能源产业结构，重点布局煤炭深加工、煤层气转化等高端项目，研究布局煤炭储配基地。鼓励煤矸石、矿井水、煤矿瓦斯等煤矿资源综合利用。结合电力市场需求变化，适时研究规划建设新外送通道的可行性，提高晋电外送能力。以企业为主体，建设煤炭开采及清洁高效利用境外产能合作示范基地。二是推动煤炭消费革命。支持山西省开展煤炭消费等量、减量替代行动。加强对"煤改电"、农村电网改造升级的资金补贴支持，提高省内电力消纳能力。加快推进煤炭清洁高效利用，推动焦化、煤化工等重点领域实施清洁生产技术改造。在农村居民用煤等重点替代领域，实施一批电能替代工程。加快实施民用、工业"煤改气"工程。三是深化能源体制改革。坚持煤电结合、煤运结合、煤化结合，鼓励煤炭、电力、运输、煤化工等产业链上下游企业进行重组或交叉持股，打造全产业链竞争优势。鼓励山西省引导社会资本建立能源转型发展基金。积极推进电力体制改革综合试点和吕梁等地增量配电业务试点。全面实现矿业权竞争性出让。建立煤层气勘查区块退出机制和公开竞争出让制度。鼓励煤炭矿业权人和煤层气矿业权人合资合作，支持符合条件的企业与山西省煤层气开采企业合作。将煤层气对外合作开发项目审批制改为备案制，将煤炭采矿权范围内的地面煤层气开发项目备案下放至山西省管理。落实煤层气发电价格政策，进一步调动发电企业和电网企业积极性，加快煤层气资源开发利用。

《意见》对山西加快推进能源技术革命给出了具体扶持政策。通过国家自然科学基金、国家科技重大专项、中央财政引导地方科技发展资金等现有资金渠道支持山西省科技创新。在大科学装置等重大创新基础设施布局上给予山西省重点倾斜，推动在山西省布局科技创新基地。鼓励山西省实施企业技术创新重点项目计划，开展区域骨干企业创新转型试点，创建国家科技成果转移转化示范区。支持山西省国家双创示范基地建设。扶持地方科研院所和高校加快发展，继续通过中西部高校综合实力提升工程支持山西大学建设与发展。支持中科院与山西省深化"院地合作"，推进科技创新成果在山西省落地转化。

《意见》提出了支持山西全面深化国有企业改革的具体措施：按照创新发展一批、重组整合一批、清理退出一批的要求，促进国有资本向战略性关键性领域、优势产业集聚。在煤炭、焦炭、冶金、电力等领域，加大国有经济布局结构调整力度，提高产业集中度。支持中央企业参与地方国有企业改革，并购重组山西省国有企业。开展国有资本投资、运营公司试点，推动若干重大企业联合重组。推行国有企业高管人员外部招聘和契约化管理制度，建立国有企业外部董事、监事、职业经理人人才库。制定出台山西省国有企业混合所有制改革工作方案，率先选择 30 家左右国有企业开展混合所有制改革试点。鼓励符合条件的国有企业通过整体上市、并购重组、发行可转债等方式，逐步调整国有股权比例。支持中央企业与山西省煤炭、电力企业通过相互参股、持股以及签订长期协议等合作方式，形成市场互补和上下游协同效应。引导民营企业参与山西省国有企业混合所有制改革，鼓励发展非公有资本控股的混合所有制企业。积极引入有效战略投资者，规范企业法人治理结构，实行市场导向的选人用人和激励约束机制。通过试点探索混合所有制企业员工持股的可行方式。允许山西省国有企业划出部分股权转让收益以及地方政府出让部分国有企业股权，专项解决厂办大集体、棚户区改造和企业办社会等历史遗留问题。同时，提出山西要深度融入国家重大战略，拓展转型升级新空间。构建连接"一带一路"大通道，积极对接京津冀协同发展战略。加强资源开发地区生态保护修复治理，加大生态环境保护力度，强化资源节约集约利用。加大中央预算内采煤沉陷区综合治理专项支持力度，研究逐步将山西省矛盾突出、财政困难的重点采煤沉陷区纳入资源枯竭城市财力转移支付范围。

《意见》还提出了加快推进重点领域改革的系列政策。一是深化"放管服"改革。全面对标国内先进地区，健全精简高效的权责清单和负面清单制度，统一规范各类审批、监管、服务事项。推进"证照分离"改革试点，全面清理和大幅压减工业产品生产许可证，探索改进产品认证管理制度。试点企业投资项目承诺制，探索建立以信用为核心的监管模式。二是创新财政金融支持转型升级方式。对山西省主导产业衰退严重的城市，比照实施资源枯竭城市财力转移支付政策。中央预算内投资在山西省农村旅游公路建设、生态建设、扶贫开发和社会事业等方面比照西部地区补助标准执行。支持山西省推进完善地方政府专项债券管理，支持开展水资源税改革试点和环境污染强制责任保险试点。在去产能过程中，鼓励金融机构与发展前景良好但遇到暂时困难的优质企业有效对接，开展市场化法治化债转股。支持山西省在符合条件的情况下设立民营银行。支持企业开展大型设备、成套设备等融资租赁业务。在依法审慎合规的前提下，鼓励金融机构设立绿色金融专营机构，大力开展绿色金融业务。研究建立大同国家级绿色金融改革创新试验区。三是改革完善土地管理制度。实施工业用地市场化配置改革。优化开发区土地利用政策，适应产业转型升级需要，适当增加生产性服务业、公共配套服务、基础设施建设等用地供给。大力推进土地整治，支持城区老工业区和独立工矿区开展城镇低效用地再开发，积极开展工矿废弃地复垦利用试点和中低产田改造。加快推进采煤沉陷区土地复垦利用，对复垦为耕地的建设用地，经验收合格后按程序纳入城乡建设用地增减挂钩试点范围，相关土地由治理主体优先使用。允许集中连片特困地区、国家和省级扶贫开发工作重点县的城乡建设用地增减挂钩节余指标在全省范围内流转使用。

第三节　现行煤炭产业政策取得的成效与存在问题

2010 年以来，在国际国内复杂经济环境因素影响下，在国内经济下行压力进一步加大的背景下，山西作为能源大省，煤炭产业遭受到近 40 年以来最大的市场冲击。面对煤炭市场疲软、煤炭产量过剩引发的煤炭价格快速下跌等一系列问题，2011 年以来，山西省政府针对当前煤炭形势，结合国家能源革命，密集出台了一系列促进煤炭产业健康发展的革命性的政策，取得了一些成效。但因市场环境没有明显好转，煤炭产业的发展总体来看仍然不容乐观。促进煤炭产业持续稳定发展，实施"煤炭革命"仍然存在诸多问题，需要进一步深入研究。

一、现行煤炭产业政策取得的成效

2013 年 7 月，山西省以强素质、调结构、转方式为核心，果断出台了《进一步促进全省煤炭经济转变发展方式实现可持续发展增长的措施》（又称"煤炭 20 条"）。2013 年 8 月，山西省又连续出台了"低热值煤发电 20 条"、《关于加快推进煤层气产业发展的若干意见》（"煤层气 20 条"）等多项政策。这些政策措施是一套多功能的"组合拳"，直接针对山西煤炭产业发展所面临的市场环境变化，其核心都是支持、引导山西的煤炭产业转型升级，努力打造煤炭经济的"升级版"。在这些多功能的"组合拳"政策实施过程中，针对山西煤炭行业的具体问题，山西省政府又密集出台了一系列具体的政策措施，包括煤电一体化、涉煤收费清理规范工作方案、资源税改革、运销售管理体制改革、煤炭管理体制改革、深化国家企业改革的实施意见等一系列实质性改革政策，全面推进煤炭管理体制革命。政策的实施取得了较好的成效。

（一）煤电一体化改革持续深入

煤炭行业是山西省综改试验先行先试的主力军、排头兵，是山西转型的关键点、基本面。山西省坚持企业自愿、市场主导的原则，以产权为纽带，采取多样化的煤电合作模式推进煤电一体化，同时推动建立长期协作合同全覆盖的省内电煤供需管理模式，推进煤电关系由"背靠背"走向"肩并肩"。煤电一体化改革促进了煤电企业深度融合，全省20万千瓦及以上主力火电企业中，80%以上已实现煤电联营，形成了"煤控电、煤参电、电参煤、组建新公司"等四类煤电联营模式。

2012年7月，山西省制定了促进煤电企业协调发展实施方案，明确提出加快煤炭、铁路、电源和电网发展，推动煤、电供需双方建立长期协作合同，建立正常的煤电价格形成、调整及联动机制，促进煤电联营、推进煤电一体化。不管是以股权为纽带的煤电联营模式，还是以合同为纽带的长期协作模式，都将使煤炭企业和电力企业由过去针锋相对、此消彼长变为抱团经营、合作共赢，有利于解决持续多年的煤电之争，对我省建设国家综合能源基地大有裨益。

在煤电一体化政策的推动下，各煤炭企业和电力企业加快联合步伐。同煤集团新建和重组电厂依据"三个原则"，即在集团公司及子公司、四个煤运公司的煤炭销售辐射范围内，集团自身供煤量在50%以上，通过协调可以获取当地资源等原则基础上，按照区域化构建大同（晋北）、长治、临汾（运城）"三个电力基地"，将同煤电力打造成国内一流的大型煤电一体化上市企业。2012年同煤集团成功重组漳泽电力，这是五大电力集团出让旗下火电上市公司控股权第一例。在煤炭行业不景气的情况下，2013年上半年仅漳电就消化同煤120万吨原煤，煤炭销售压力得到缓解。

在同煤控股漳电试点成功之后，煤电联营全面启动。2013年5月份，晋能公司成立，山西煤销集团与山西国际电力实现合并重组。2013年6月，潞安集团与格盟国际实现煤电联营。2013年8月，山西焦煤集团与中国大唐集团签订协议，双方不再局限于简单的煤炭供销合作，而是在煤电一体化产业链上形成了以产业为主体、以资本为纽带的深度合作模式。

2015 年，按照"政府引导、自愿合作、一厂一策"的要求，全省
20 万千瓦及以上主力火电企业中，已实现煤电联营企业 29 户（太二七
期与大唐太二电厂合并为 1 户），装机容量 2704 万千瓦，占 20 万千瓦
及以上主力火电企业 75.4%。已形成煤电联营的模式概括为"煤控电、
煤参电、电参煤、组建新公司"等四类。省调主力发电企业中，未实现
股权联营的发电企业，全部与省内煤炭企业签订长协合同；已实施煤
电联营的发电企业，均为煤炭企业控股或参股，实现了煤电一体化运
营管理;国家五大发电集团分别与省内主要煤炭集团签订了长期合作协
议，协议总量约达 4.3 亿吨。全省煤电一体化发展，构建和谐煤电关
系，市场抗风险能力均大大增强。

（二）清费立税改革成效显著

山西把清理规范涉煤收费作为煤炭管理体制改革的突破口，2014
年在全国率先启动了相关工作，取消了专门面向煤炭的省定行政事业
性收费，取缔违规收费项目，规范保留的涉煤收费。同时，按照国家
统一部署，推进煤炭资源税从价计征改革，合理确定资源税税率；暂
停征收煤炭开采企业矿山环境治理保证金和煤矿转产发展资金两项基
金，切实减轻企业负担。山西通过两年的税费改革，煤企税费负担率
由 14.6% 降至 10.6%。煤企税费负担率由 14.6% 降至 10.6%，减轻负担
321 亿元，吨煤成本降低了 40 元，提高了山西煤炭的市场竞争力。

1.清理规范涉煤收费成效明显。2014 年，在煤炭资源税从价计征
改革启动前，山西已提前把清费目光锁定"乱收费"，在全国率先启动
了相关工作，取消了专门面向煤炭的省定行政事业性收费，取缔违规
收费项目，规范保留的涉煤收费。通过清理规范涉煤收费，减轻企业
负担。初步测算，通过对比 2014 年 1 月 1 日和 7 月 1 日 2 个时间节点

的 5 项收费，2014 年山西省可减轻煤炭企业负担 60.87 亿元，吨煤减负 6.5 元；2015 年再取消 2 项收费后，可再减轻煤炭企业负担 74.64 亿元，吨煤再减负 7.8 元。两轮改革后，吨煤减负可达 14.3 元，每年至少可减轻企业负担 135.51 亿元。这些测算仅是考虑直接降低、取缔、取消的项目，如考虑到其他，减负幅度还会更大（见表 4.4）。据统计，经过近半年的清理规范，山西省减轻煤炭企业负担 170 亿元。

表 4.4　清理规范涉煤收费前后对比表

时间		清理规范内容	企业减负（元）	吨煤减负（元）
2014 年	1 月 1 日起	1. 取缔市县一切违规收费。 2. 取缔行业协会、省直部门及铁路运输等单位乱收费。 3. 降低煤炭可持续发展基金煤种征收标准。	60.87亿	6.5
	7 月 1 日起	1. 取消煤炭检查管理费。 2. 降低煤炭产品质量监督检验费征收标准。		
2015 年	1 月 1 日起	1. 取消省煤炭厅为其 11 个事业单位向五大煤矿集团收取的服务费。 2. 改革公路煤炭运销体制，不得借统一经销向煤炭企业收取差价、服务费等。	74.64亿	7.8

注：改革全部到位后，吨煤减负量至少可达 14.3 元，每年至少可减轻企业负担 135.51 亿元。

截至 2014 年，这项工作已经取得明显成效。从省直责任单位看：要求取消的煤炭稽查费管理 1 项，降低煤炭产品质量监督检验费、煤炭可持续发展基金煤种征收标准、省煤炭厅为其 11 个事业单位向五大煤矿集团收取的服务费收取标准等 3 项，停征草原植被恢复费、土地复垦费等 2 项，全部落实到位；要求进一步规范保留的 5 项涉煤行政事业性收费（矿产资源勘查登记费、采矿登记收费、河道工程修建维护管理费、排污费、规范环境监测服务收费），省责任部门均已出台了文件；要求严格执行的 13 项收费项目（水土流失补偿费、水土流失治理费、水资源费、矿产资源补偿费、土地登记费、耕地开垦费、车辆通行费、价格调节基金、教育费附加、地方教育附加、森林植被恢复费、残疾人就业保障金、煤炭交易服务费），各执收单位均按有关政策规定作了规范。

2.资源税改革成效显著。我国自 2014 年 12 月 1 日起实施煤炭资源税从价计征改革，据国家统计局统计，2015 年，全国征收煤炭资源税 333 亿元，同比增加 185 亿元，增长 125%，减少涉煤收费基金 366 亿元，总体减负 181 亿元。

山西把清理规范涉煤收费作为煤炭管理体制改革的突破口，2014年在全国率先启动了相关工作，取消了专门面向煤炭的省定行政事业性收费，取缔违规收费项目，规范保留的涉煤收费。同时，按照国家统一部署，推进煤炭资源税从价计征改革，合理确定资源税税率；2015 年 1 月 1 日起，山西省煤炭资源税税率按 8% 税率执行。此次税制改革取消了山西省矿产资源补偿费、煤炭价格调节基金、煤炭可持续发展基金三项规费，连同原有从量计征税的资源税一并计算，此四项税费负担的实际税率远大于 8%。煤炭资源税从价计征，使资源税税收与资源价格的联动更加紧密，调节机制更加灵活，调节功能更加强大，组织收入能力明显提高。通过三项改革，共减轻煤炭企业负担 321 亿元，吨煤降低成本 40 元。

山西的资源税率定在 8%。从煤炭资源税一项看，从价计征对于煤炭企业有最为直接的影响，就是税负增加。以同煤集团为例，按 2013

年吨煤平均坑口价 298 元测算，如果从量计征，需交税 3.2 元 / 吨；如果从价计征，则为 5.96 元 / 吨—29.8 元 / 吨。山西省政府 2014 年出台的《涉煤收费清理规范工作方案》显示，山西省当前涉煤收费达四大类 27 项。此次税制改革取消了矿产资源补偿费、煤炭价格调节基金、煤炭可持续发展基金三项规费，连同原有从量计征税的资源税一并计算，此四项税费负担的实际税率远大于 8%。尽管煤炭资源税增加了，但其他费被清理掉了，煤炭资源税从价计征后，对于不同企业的影响程度会有所差异，但煤企的总体成本明显降下来。根据山西煤炭行业可持续发展的长远需要，山西的煤炭资源税适用税率 8%，大概为煤企减负 70 亿元左右，我省煤炭行业税负由改革前的 185 元 / 吨，下降 到 122 元 / 吨，减少 63 元 / 吨，减负率 34%。

（三）管理体制改革政策实施效果

2010 年以来，在全球复杂经济环境因素影响下，在国内经济下行压力进一步加大的背景下，山西妥善应对煤炭产业遭受到近 40 年以来最大的市场冲击，密集出台了一系列促进煤炭产业发展的革命性的政策，政策的实施和取得的成效不断显现。

1. 实施了煤炭行政审批制度改革。2015 年，山西重点推进煤炭行政审批制度改革，出台了《煤炭行政审批制度改革方案》，从煤矿项目审批的前期准备、核准、开工、竣工验收各阶段减少审批环节，规范审批行为，实行阳光运作，加强监督制约，涉煤审批事项、审批环节和企业事务性负担均减少 1/3，审批时间缩短一半以上。

2. 煤炭销售体制改革落实到位。2014 年，省政府印发了煤炭焦炭公路销售体制改革方案，12 月起全部取消了 21 项政府给企业的授权，即取消了对相关企业的煤炭、焦炭公路运销管理行政授权，全部取消煤炭、焦炭公路运销票据，全部撤销省内煤炭、焦炭公路检查站和稽查点，涉及撤销的各类站点共 1487 个，已全部落实到位。运行多年的煤炭公路运销体制得到彻底改革。煤炭运销体制改革后，煤企税费负担率由 14.6%降至 10.6%。

2014 年煤焦公路运销收费减免状况：2014 年山西省煤炭的相关费用中变动最大应该是由煤运公司收取的公路出省和出市费用，此项费用的调整和整顿也就是山西省煤炭税费改革的重中之重。此费用只针对通过公路出省或出市的煤炭，按吨收取，又称为煤炭经销交易差价，由山西省煤炭运销集团收取。收取费用标准复杂，出省费用较高，出市费用较低（据说有少数地区免收出市费用）；煤种煤质不同也有不同的收费标准，相对而言附加值高的煤种收取费用高，无烟煤和炼焦煤收取的费用比动力煤要高；在品质上与费用高低相关的是硫分，优质低硫煤收取费用比高硫煤的要高（见表 4.5）。

表 4.5　山西省部门产煤地公路煤炭出省出市费用变化概况

产煤地	出境费用(元)	备注(元)
晋中	炼焦煤出省由 28 降为 15,出市由 5 降到 1	
晋城	2014 年 7 月 1 日后低硫煤不分块末统一征收 30,高硫末煤和高硫块煤费用取消	出省费用:5 月 1 日前低硫末煤 65,低硫块煤 70,高硫末煤 45,块煤 50;后调整为 40、45、33、33
吕梁	7 月 1 日后出省原煤 12,精煤 17,中煤 17,之前原煤 22,精煤 32	出市费用由 5 元降到 2 元
长治	炼焦煤出省低硫 35,高硫 25	
临汾	7 月 1 日前出省费用 16,后又降到 10 元左右	

资料来源：王娟：《2014 山西省煤炭政策性收费下调对成本影响简析》，中国煤炭资源网，2014 年 08 月 01 日。

　　以上征收标准主要针对产煤地的地方煤矿，省内五大集团公路煤出省出市费用比地方煤矿的缴纳费用低，例如长治地区大矿出省费用10元／吨，相比35元要低不出不少。2014年省内出境费用经过4月和7月的两次调整后，省内各产煤地的费用额都有了减少。全省煤检站年底前撤销有望年减负130多亿元。全部取消对相关企业的煤炭、焦炭公路运销管理行政授权，全部撤销省内煤炭、焦炭公路检查站和稽查点，不断深化煤炭市场化改革，建立企业自主经营、市场公平竞争、政府依法监管的煤焦公路销售管理新体制。

　　3.煤炭资源市场化配置启动。煤炭资源市场化配置改革启动实施。省政府出台了《煤炭资源矿业权出让转让管理办法》，进一步规范煤炭资源出让、转让行为，优化煤炭资源配置，对一级市场招拍挂、共伴生矿业权一体配置、矿业权二级市场监管等作出制度性安排，自2016年1月1日起施行。同时，严格控制煤炭产能，明确2020年前除在建矿井投产新增产能，以及对现有少数生产条件好的矿井重新科学核定产能外，一律不再增加新的产能，除"关小上大、减量置换"外，全省不再审批建设新的煤矿项目（含露天矿），同时停止审批年产500万吨以下的井工改露天开采项目。

　　（四）煤炭去产能成效明显

　　2016年4月25日，山西省发布《山西省煤炭供给侧结构性改革实施意见》，称将着力对省内煤炭行业去产能、去库存、去杠杆、降成本、补短板，全力推动全省煤炭供给侧结构性改革，为煤矿企业排忧解难，帮助其尽快走出困境。

　　1.积极稳妥化解过剩产能。当前，山西积极开展煤炭去产能试点工作，按照先易后难的原则，选择山西焦煤集团白家庄和潞安集团石疙节两座煤矿作为该省关闭退出试点，具体方案已制定完成，审定后即可开始实施。其余煤矿前期工作总体进展顺利，大部分已经开始制定实施方案，并对人员、资产、债务进一步核查。经过半年多的努力，山西化解煤炭过剩产能工作成效显现。下一步山西将继续履行 2016 年退出 2000 万吨产能的承诺，计划在 2020 年前退出 1 亿吨以上，山西矿井数量由目前的 1078 座减少到 900 座以内，进一步做强、做优煤炭产业。以煤炭去产能试点工作为切入点，在与各市和省属煤炭集团公司签订目标责任书的同时，初步拟定最迟 2016 年 8 月底完成实施方案的制定；10 月底前停止井下采掘活动；2017 年一季度相继完成井下所有设备回撤、封闭矿井、拆除井架、填平场地、通过验收等工作。2016 年 10 月底，山西确定的 25 座煤矿已全部停产关闭，并完成省内钢铁、煤炭去产能验收工作，比国家要求提前 1 个月完成。全年退出煤炭产能 2325 万吨，安置职工 20166 人，居全国第 1 位。2016 年前 10 月，全省规模以上原煤产量下降 15.7%，超过全国 5 个百分点；10 月末，全省煤炭企业库存 3084 万吨，比年初减少 1906 万吨，下降 38.19%，进一步改善了全国煤炭市场的供求关系。同时，山西供给侧结构性改革取得明显成效，为全省发展注入活力。为置换提升 6 座先进产能煤矿，山西将在今后 5 年关闭退出 39 座煤矿，并大幅度核减 12 座生产煤矿产能。截至 10 月底，山西已向国家上报 17 座煤矿产能置换方案和化解过剩产能方案，其中国家已核准的在建煤矿 10 座，违法违规的在建煤矿 7 座，拟退出产能 8087 万吨 / 年。

据了解，2016 年截至 10 月底，山西省已关闭 25 座煤矿，退出煤炭产能 2325 万吨，居全国第 1 位，煤炭去产能和减量化生产取得积极成效。1 月至 10 月，全省规模以上企业原煤产量下降 15.7%，但销售收入逐月增长，由年初的128亿元增加到10月份的261亿元。企业经营状况逐步改善，9月份实现扭亏为盈，全行业结束了连续26个月亏损的局面。2016年全年，山西退出煤炭产能2325万吨，压减煤炭产量1.43亿吨，占全国煤炭减量的40%。去产能就是为了腾挪出更多的先进产能，加快技术改造升级。据报道（《经济日报》2017年1月23日）：2017新年伊始，国家批复山西18个煤矿产能转换方案，将新增先进产能1.228亿吨／年，使山西省先进产能占比由目前的10%提升到2017年的16.9%。

2. 煤炭经营形势有所好转。随着煤炭产量的降低，煤炭价格出现回升，煤炭经营形势有所好转。2016年，山西省煤炭行业实现利润16.9亿元，扭亏为盈。全省煤炭价格结束了从2011年5月到2016年4月连续59个月下跌，行业效益从2014年7月到2016年9月连续26个月亏损的局面。销售收入方面，1—12月份五大集团累计销售收入8131亿元，同比下降12.3%。12月份销售收入合计641亿元，环比下降11.9%；利润方面，前12月五大集团利润较去年同期同比上升116%。其中12月份利润环比大增约200%。其他四大集团（晋能集团、煤炭进出口集团、平朔煤炭公司及正华实业）2016年销售收入1708亿元，同比下降13%，降幅继续收窄12个百分点。

3. 国有企业改革开始启动。山西开展了国有资本投资运营公司试点。2016年6月，山西省政府发布的《关于开展国有资本投资运营公司试点工作的实施细则》（以下简称《细则》）提出，选择山西焦煤集团有限公司，作为改组国有资本投资公司的试点企业。通过授权方式，将山西焦煤集团有限公司改组为国有资本投资公司，并总结经验，逐步推广，增强省属国有企业自主创新、自主发展的动力和活力。《细则》明确，优化完善山西焦煤集团有限公司党委会、董事会、监事会、经理层，构建权责对等、有机融合、运转协调、有效监督的法人治理结构。2016 年 9 月底，山西焦煤集团有限公司董事会制定议事规则，报省国资委批准后，10 月份开始全面实施，2016 年底向省政府报告试点工作情况。省国资委将行使的 9 项出资人权利授权山西焦煤集团有限公司董事会，并以权力清单的方式予以明确，报省政府批准后，2016 年 9 月底完成授权。《细则》强调，山西焦煤集团有限公司负责其子集团公司领导的管理，严格规范领导职数，落实目标责任，加强业绩考核，推动母子公司健康发展。山西焦煤集团有限公司在保持名称、安全生产经营、产业培育发展和国有资产保值增值责任不变的前提下，要坚持问题导向，突出改革和发展导向，积极深化内部改革，对企业资产、业务进行重组整合，建立"板块化经营、专业化管理、集团化管控"的产业体系和商业模式；构建决策中心—利润中心—成本中心三级母子公司组织架构；加强总部功能建设，精简机构，优化流程，完善制度，形成集约高效的管理方式；要全面对标先进企业，细化量化效率效益效能指标体系，2016 年 10 月底，研究提出深化企业内部资产业务重组整合方案，履行决策程序后全面实施。《细则》要求，山西焦煤集团有限公司接受授权后，在试点国有资本投资公司改革的同时，要不断总结经验，破除体制机制弊端，构建全新的商业模式。2016 年 10 月开始启动试点工作，2017 年全面推开，2018 年基本成型。每年向省政府报告试点工作情况，形成可复制、可推广的改革模式。以管资本为主加强国有资产监管，其目的就是要切实转变政府职能，进一步推动政企分开、政府公共职能与国有资产出资人职能分开，推进所有权和经营权分离，从而激发国有企业内生活力，提高国有资产的运营效率，放大国有资本功效。

4. 煤企重组或将加速。2016 年 5 月 4 日省政府 116 次常务会议原则通过，将晋能集团有限公司与山西国际能源集团有限公司两户企业进行合并式重组整合，此次晋能集团与国际能源集团的合并被很多业内人士看作是拉开了山西煤企重组的大幕。此次合并重组的主要方式是，将山西省 11 个设区市国资委合计持有晋能集团有限公司 35.9439% 的国有股权，无偿划转由山西省人民政府国有资产监督管理委员会持有，晋能集团有限公司变更为山西省国资委作为出资人的国有独资公司。

同时，山西省国资委以持有晋能集团有限公司 100% 的股权、山西国际能源集团有限公司 100% 的股权出资，设立山西晋能国际能源集团有限公司。晋能集团有限公司、山西国际能源集团有限公司全部资产、业务、人员合并重组，两户企业限期注销。鉴于本次整合重组的两户企业均为国有企业，本次整合重组可不进行资产评估，省国资委将持有晋能集团有限公司、山西国际能源集团有限公司 100% 的股权价值以 2015 年 12 月 31 日经审计的账面值作为出资依据。

从人员上来看，晋能集团目前的员工大概有 11 万人，而国际能源集团约有 3000 人。在煤炭低迷的大环境下，晋能集团的情况要困难许多。晋能集团发布的 2016 年一季度财务信息显示，今年 1—3 月份，该集团利润总额为 0.2 亿元，同比减少 0.7 亿元，降幅达 77.82%；净利润为 -0.68 亿元，同比减少 0.01 亿元，降幅为 0.86%。

而国际能源集团是山西省属重点企业之一，注册资本金 52 亿元，总资产 410 亿元，拥有 30 多家全资、控参股企业。2007 年，经国家商务部和山西省人民政府批准，国际能源集团和韩国电力公社、日本电源开发株式会社、日本中国电力株式会社三个产业投资人以及德意志银行一个财务投资人共同出资组建格盟国际能源有限公司，注册资本金 100 亿元。

5. 经济呈现出低位企稳态势。随着煤炭行业去产能一系列措施的施行，近期煤炭价格出现持续上涨，山西煤炭销售收入呈逐月增长态势，由 2016 年初的 128 亿元增加到 10 月份的 261 亿元，10 月份同比增速由负转正，结束了我省 2014 年初以来的持续负增长态势。由于煤炭价格的上涨，煤炭企业经营状况得到逐步改善，9 月份，山西煤企实现扭亏为盈，全行业结束了连续 26 个月亏损的局面。山西经济也随着煤炭去产能的全面推进，呈现出低位企稳、逐步向好的态势：2016 年全省规模以上工业增加值比上年增长 1.1%，12 月份当月增长 2.9%。全省规模以上工业增加值继 10 月份结束了 21 个月的累计负增长后，增速持续回升。2016 年 1—11 月份，全省工业实现利润 121.9 亿元，继 1—10 月份（盈利 39.4 亿元）结束了 16 个月的累计净亏损后效益继续好转。在供给侧结构性改革带动下，全省经济低位企稳回升，为来年进一步好转打下了坚实基础。

二、当前煤炭产业发展存在问题分析

面对复杂的经济和市场环境，根据全国和山西实际，山西在短期内连续出台有效提振煤炭产业及相关产业政策，在一定程度上缓解了煤炭产业面临的困境，但根本性的问题没有解决，产业政策的作用有限，煤炭革命仍然存在一些急需解决的问题。

（一）思想观念不新，对外开放不够

长期以来山西相对封闭，开放明显滞后，思想观念的僵化守旧是

一个重要原因。最突出的思想差距，一是计划经济思维的束缚，"等靠要"思想严重，企业有困难，不是找市场，而是还习惯于找市长，甚至找省长，这一点国有企业尤为突出；二是"官本位"观念的束缚，一些企业领导不习惯于当"企业家"，而是热衷于当官、讲行政级别，企业行政化色彩浓厚；三是夜郎自大思想的束缚，老是忘不了、放不下山西曾有的辉煌，放不下"产煤第一大省"的功劳簿，不能从煤炭思维、资源依赖的禁锢中自我解放出来；四是因循守旧意识的束缚，干部群众存在着看惯了、干惯了、习惯了的惯性，穷困不知思变，落后不知图新，缺乏那么一股子闯劲、拼劲，缺乏那么一种逢山开路、遇水架桥的开拓创新精神，等等。

思想观念不新，导致对外开放不足。长期以来，山西以"闭塞"形象示人，依赖得天独厚的资源优势，导致发展结构单一，对外开放的脚步在中部省份中显得尤为缓慢。这些年，煤炭的"挤出效应"，将山西原有的轻工业逐步扼杀，导致依赖资源、吃"煤炭饭"。对外开放定位缺失，对外贸易交流单一，对外开拓市场的动力和能力不足，经济发展倚重资源简单输出，又没有沿边靠海的地理优势，山西对外开放停滞不前。从煤炭产业来看，进入山西的外省国企很少，只有 18 座煤矿，占全省煤矿数的 1.67%，产能 2310 万吨 / 年，占全省产能的 1.57%，比重很小。而内蒙古则遍布外省国企，吸引了全国最先进的煤炭生产力和大量资金来开发。开放意识不足和能力不强，不愿意走出去、走不出去是长期以来制约煤炭产业发展、全省经济发展的重要因素。

(二) 产业集中度不够, 竞争力不强

产业集中度衡量一个产业的市场结构，产业集中度越高，说明市场中大型企业的份额越高、规模越大，对市场的支配力和领导力越强。

实践中，产业集中度常用最为重要的 4 家、8 家或 10 家企业市场份额来衡量。美国的集中度达到 80%，日本达到 90% 水平；澳大利亚年产煤近 4 亿吨，5 位公司占 71%；印度年产煤 4.5 亿吨，1 家公司占 90%。澳大利亚排位前五的煤炭集团占据总产能的 70% 以上，美国排名前四位的煤炭企业产量占其煤炭总产量的 70% 左右。我国煤炭行业集中度相对较低。数据显示：2014 年，中国前 4 家、前 8 家大型煤炭企业的总产量占比分别为 24.8%、36.2%。我国前十家煤炭企业产量占全国总产量的 40%，产量排名前 4 位的煤炭企业，其煤炭产量合计仅占全国总产量的 25%，前 8 家大型煤炭企业的总产量占比仅为 36.22%。同时，劳动生产率整体不高。2014 年，全国煤炭行业从业人员 600 多万人，煤炭产量 38.7 亿吨，人均产量与发达国家差距较大。有专家认为，中国煤炭产业集中度的最佳结构是前 4 家大型煤炭企业的总产量占到 40% 左右，前 8 家占到 60% 左右。山西作为全国产煤大省，2015 年，山西省煤炭产量为 9.77 亿吨，占全国总产量的四分之一，共有煤炭主体企业 169 家（含单独保留矿井 38 家），共有煤矿 1077 座（兼并重组保留 1053 座，新核准 24 座）。山西煤炭分散，产业集中度与发达国家相比差距很大。

高度分散的市场结构加剧了矿与矿之间激烈的资源争夺战，为现代化矿井建设和大规模机械化开采留下了巨大的隐患，进而导致煤炭市场的供需失衡，煤炭产业效率极低的规模结构，传统支柱产业发展整体上仍处于中低端水平，市场竞争力和抗风险能力不强。山西 7 家省属大型煤炭国企中的 6 家资产均在 1500 亿—2500 亿元之间，但全员原煤工效、全员劳动生产率、资本收益率、总资产报酬率等都与国内先进水平存在较大差距。内蒙古煤质不如山西，运输条件不如山西，但是效益比山西好，主要是单产规模大，煤矿个数少。统计数据显示，2015 年，山西省煤炭产量为 9.77 亿吨，神华一个集团煤炭产量 4.74 亿吨，但神华集团掌控或引领着全国煤炭市场的定价权，山西产量大、销量大、市场占有率高，但市场话语权弱，产煤大省的地位与煤炭市场话语权严重不匹配。主要原因是产业集中度低，人均效率低。矿井多、单井规模小、用人多。神华集团单井平均规模是 690 万吨 / 年，而山西不足 185 万吨 / 年。山西煤炭产量与内蒙古相当，但煤矿数量是内蒙古的 2 倍，一个神华集团的产量就顶山西全省一半的产量。省属五大煤炭集团所属 332 个煤矿产量之和仅与神华集团 74 个煤矿产量持平。2014 年以来，虽然煤炭税费改革，减轻了企业负担，但与国内外先进水平相比，山西煤炭运输成本普遍比进口的澳大利亚、印度尼西亚高，占到整个到港煤炭价格的 50% 以上，严重影响山西煤炭的市场竞争力。

（三）行政干预过多，市场化程度不高

近年来，山西在推动能源行政审批制度、煤炭清费立税、煤焦公路运销体制等改革方面已经取得一定成效，开展了低热值煤发电项目审批、煤炭和煤层气矿业权审批、动力煤期货交易 3 项重大改革试点，成为转型综改区建设的最大突破和亮点。但总的来看，山西在能源管理中没有很好地厘清政府和市场的边界，存在改革仍显滞后、资源的行政化配置、政府对微观经济干预过多、企业行政色彩浓重、煤炭价格形成机制仍不完善等问题。具体讲主要表现存在：一是管理部门多，管理复杂、繁琐、体系混乱，职能管辖相互交叉，部门之间权责不够明确，分工不清。二是国资监管体制不完善。①国资监管组织体系尚不健全。国资监管职能分散在多个部门，不利于国有资产的优化配置，不利于国有资产的专业化、系统化监管，也无法全面有效地确保国有资产保值增值。②政企不分、政资不分的情况普遍存在。大量国资监管机构以外的部门或机构仍然在履行出资人职责。③监管主体缺位、越位、错位现象仍然存在。中央和地方政府在煤炭资源管理方面事权划分不明、利益分配机制不完善，中央政府在煤炭矿业权交易利益分配中占比较大，各级地方政府在利益分配中收益较小而责任较大。三是行政审批制度效率不高。审批事项繁杂，审批环节多，核准周期长，核准过程不够透明，项目获得核准难度大，审批制度执行不到位，且人为因素太多，相当数量的煤矿项目在未得到核准之前便开工建设。四是在监管体制方面突出表现为"两个过多过细"，即政府部门审批事项过多过细，国资监管机构对国有企业具体事项管理过多过细，导致国有企业遇事找省长，不是找市场。矿山监督管理部门往往处于重发证轻监管、重事后查处轻事前预防，煤炭开发造成的环境破坏如何恢复缺乏有效的措施和制约机制。监管主体在机构建设、人员配置、行政许可、执法检查、隐患排查、责任追究等方面不到位。五是煤炭规划的法律地位缺失，煤炭项目与规划脱节，企业市场准入和项目审核制人为操作空间太大。一些环保条例、矿业权评估的法规滞后，缺乏严格的市场准入规定。六是煤炭市场没有建立科学合理的价格机制，且煤炭市场呈无序状态。目前煤炭成本构成并不科学，未考虑企业的安全成本及环境成本。煤炭价格没有考虑上下游产业的关联性，国家政策缺少合理及时的价格纠偏机制，是导致煤炭价格失控的主因。按照国际通用的热值计算，煤炭、石油、天然气价格比为 1∶15∶1.35，而我国煤炭（动力煤）、石油、工业用天然气的价格比为 1∶4.5∶2.7，煤价明显偏低。七是资源有偿使用制度不完善。多年来，山西煤炭资源配置多以行政审批为主，没有以市场方式公开出让过一宗煤炭资源矿权，多数以协议方式配置给国有企业。目前，山西省营 45 座煤炭企业占用的资源仍未实行有偿使用，焦煤、同煤等五大集团仍在无偿使用着 2003 年以前设置的矿业权，2014 年这几个集团拖欠的资源价款占到全省拖欠总额的 94%。

（四）企业产权不明晰，影响企业改革进程

煤炭资源产权不明晰是市场化进程的主要阻力。一是煤炭资源产权界定不清。煤炭资源是国家所有，但国家是个抽象的、不清晰的集合体，所有者缺乏明确的人格化。资源国家所有权实际上被各级政府和管理部门多元分割，国家所有的矿产资源就变成公共资源，不可避免地产生"公地悲剧"，资源浪费、私挖滥采和掠夺性开采由此而来。二是资源有偿使用制度不完善。一些煤炭资源配置没有以市场方式公开出让，多数以协议方式配置给国有企业，资源的价值没有得到真正体现，矿产资源的廉价使用甚至是无偿使用使得资源开采企业缺乏珍惜资源的内在动力，掠夺式、破坏式开采现象严重。三是煤炭税费混同、征收使用不规范。体现国家资源所有权的资源租金却以矿业权价款形式收费，资源级差地租却以资源税形式征收。应该征收的体现开采资源的补偿费却以资源税改革的内容取消。全省固定的煤炭资源税费的设定缺乏灵活性。我省不同地域的煤炭企业的生产能力、盈利能力有所不同。对于盈利较强的煤炭企业如焦煤、潞安等大集团税率可定得较为高些。对于一些生产能力较弱而又是当地支柱产业的煤炭企业，应给予一定的税率浮动，帮助其在经济低迷期渡过难关。四是煤炭企业税负居高不下。进入 21 世纪，我国工业企业税负呈下降趋势，全国平均 2005 年比 2000 年降低了 1.05 个百分点，降幅 17.27%，而煤炭采选业税负居高不下，2005 年全国平均税负为 5.03%，比税改前的 6.1%降低了 1.07 个百分点，降幅为 17.5%。黑色金属、有色金属、电力、化工等行业税负降幅达 22.3%至 35.5%，而煤炭采选业总体税负却增加了 5.84 个百分点，增幅为 157%。据国家统计局资料显示，2005 年煤炭采选业总体税负为 9.55%，比全国工业企业平均水平 5.03%高出 4.52 个百分点，是全国平均税负水平的 1.9 倍。后来，随着国家资源税费政策的调整和煤炭相关制度的实施，煤炭企业税负呈大幅加重趋势。煤炭企业增值税税率过高。2000 年至 2013 年煤炭企业平均税负为 9.1%，仅次于石油天然气行业而高于其他工业行业。五是矿业权转让不规范。我国大量的矿业权转让许可立法分散在各种规范性法律文件中，而这些规范性文件往往是为了在某一特定时期内解决某一具体问题而设置的，所以政策性、权宜性明显，法律层次低。矿业权流转行政许可存在立法形式分散、位阶不高，矿业权转让登记内容不明，矿业权抵押、出租等制度模糊混乱等问题。一方面在很大程度上导致矿业权流转许可立法稳定性不足，另一方面也使得矿业权出让、转让许可制度缺乏一个权威的法律文件。对于某一个矿业权流转许可问题的反复规定，难免会出现内容上的冲突，导致矿业权许可申请人无法确定自己的权利义务，也使矿业权流转许可机关无法明确采矿许可的实施标准，增加了公众的认知难度。目前缺乏矿业权定价标准和资源评估标准，矿业权转让行为不规范，转让纠纷不断，国有资产流失。

（五）国有企业改革不到位，企业虽大却不强

山西作为典型的资源型经济地区、中部欠发达省份，面临着破解"资源型经济困局"的重大课题。国企国资改革虽成效明显，但是国有

经济还存在着发展粗放、规模不大、结构不优、质量不高、效益不好、创新不够等诸多问题，国企国资改革零碎性、浅表性、短期性特征明显。现代企业制度不健全，行政色彩突出，国有股权比重过大，企业组织架构及管理层级过多，人才集聚及创新能力不强，资产负债率偏高，企业办社会负担过重，企业运行机制不活，企业发展缺乏活力。在省属国企的股权结构中，母公司层面国有经济"一股独大"的情况还非常普遍。具体表现为：一是在思想意识方面，存在着简单地将国家经济控制力与对国有经济的控制力混同、将对国有经济控制力与对国有企业持股比例混同的模糊认识，导致国有企业在二级及二级以下公司实现了股权多元化，但母公司产权结构单一，国有企业股份制改革进展缓慢，公司法人治理结构难以有效建立和运行。二是国有企业体制机制不活。国有企业集团层面股权多元化改革推进缓慢，国有股一股独大，股权结构单一，开放发展的活力不强。省属 22 家国有企业中 19 家仍然是国有独资，个别企业仍未完成公司制改造。18 家省属国资控股的上市公司中，省属国企持股平均比例达到了 44.18%；资源资产化、资产资本化程度低，国有资本功能放大效应不够，没有实现以较少国有资本撬动社会资本的目的。企业内部经营机制还不能完全适应现代企业制度的要求和市场竞争的需要。企业管理行政化、管理层级过多、股权与管理权不一致等问题仍然存在。企业三项制度改革滞后，国企冗员过多、人浮于事等问题突出，用工和收入分配市场化进程还比较缓慢，严重制约着企业的发展。三是企业经营管控表现为"虚、散、弱、乱"。"虚"主要表现为不良资产多，资产负债率高，偿债能力、盈利能力、发展能力差；"散"主要表现为业务体系范围大，成员企业数量庞大（有的多达几百家），管理层级多（五级到六级）；"弱"

主要表现为与国内领先的国有煤炭企业相比，抗风险能力弱、整体盈利能力弱、核心竞争力弱，在当前全国煤、电双过剩背景下，企业抗风险能力弱的隐忧尤为突出；"乱"主要表现为企业内部管控架构尚不完善，运行不顺畅，体制机制创新不足，对下属企业的管控能力存在不少问题，尤其是国有企业市场化改革不彻底，仍具有浓厚的行政色彩和计划经济烙印。四是企业内部治理机制不顺畅。国有企业虽然进行了公司制甚至股份制改革，但法人治理结构不健全，存在"三不清"的问题。第一个不清是同一级法人治理机构权责界限不清晰，特别是董事会与经理层、董事长与总经理权责界限不清，董事会、总经理办公会、党委办公会合并为党政联席会，原因是党委会、董事会、监事会、经理层全部由组织部门或国资监管机构任命，董事会选聘经理层的权力没有真正落实。第二个不清是母公司与子公司、母公司董事会与子公司董事会权责边界不清晰，母公司没有充分尊重子公司经营自主权，对子公司管理过细，子公司董事会审议通过的事项仍然需要到母公司职能部门审批，甚至要由母公司董事会重新审议。第三个不清是母公司通过子公司法人治理机构进行有效监管的工作机制没有理清，如何将对子公司行政式管理改变为产权式管理、如何派遣产权代表、如何确保产权代表在子公司决策过程中既体现母公司意图又不干涉子公司经营自主权等问题，缺少清晰的思路和机制保障。五是国有企业市场主体地位不够规范。煤炭行业市场竞争程度虽相对较高，但国企仍占据主导地位，国有企业在承担生产经营职能的同时，享受一定的优惠政策，但也有一定的政策性负担，不能完全按照市场规律决策。如关闭破产煤矿国家补贴费用到期后企业负担重，企业办社会职能分离不出去。国有企业承担着经营主体、盈利主体、安全主体、稳定主体的系列责任，承担的社会稳定责任过重，历史包袱过重，导致国有企业无法及时关停低效无效项目，无法建立真正市场化的用人机制，无法及时清退富余人员。六是企业资金依然紧张。近期煤炭价格有所回升，资金紧张局面有所缓解，但资金紧张状况并没有得到根本好转，尤其是现金流仍旧短缺，职工工资欠发、社保资金欠缴问题突出。具体表现为：债务负担重，前几年资源整合、企业重组过程中，各大煤炭资源整合主体购买煤矿和投入基本建设形成的巨额债务。省属国企平均资产负债率达到79.43%，远高于全国国有企业的平均水平；社会负担重，主要是国有煤炭企业办社会的包袱沉重。国有老矿仍然长期承担着大量社会职能，分流移交地方没有政策通道。七是技术创新能力薄弱，企业竞争力不高。在产能过剩的大背景下，没有体现出技术进步、产业高端的差异化效应，同时存在产业链条短、精加工严重欠缺、资源消耗大、高端产品少、附加值低等问题，直接导致企业经济效益不高、竞争力不强、抗风险能力差。2013年全省专利申请总量和授权量仅占全国的0.79%和0.65%。2013年全省开展研发活动的规模以上工业企业317家，仅占全省规模以上工业企业的8.22%。截至2015年底，全国2827家上市公司我省只有37家；新三板挂牌企业全国5129家，我省只有32家。省属五大集团原煤全员工效不高，企业生产效率偏低，远低于国内部分大型煤炭企业和世界先进国家水平。八是国有企业和国有资本两头集中，配置质量不高。一头集中在能源原材料领域，产业结构单一初级，产品附加值低，产业竞争能力差，产能过剩，产业延伸转化不足，资源和政策依赖严重，缺乏集群化的高端产业和高新技术企业；一头集中在各市县区的一般性充分竞争领域，产业分散，产品低级，创新活力不强，规模和效益优势没有形成。九是在运营监管方面，缺乏高效制衡的决策平台。国资监管机构如何将政府部门惯用的审批方式代之以通过股东会、董事会对权属企业进行管理，缺乏制度和政策安排；缺乏专业化的运作平台，企业内部同类产业整合不够，专业化管理水平不足，企业运营效率不高，从省级层面来看，产业雷同、重复建设、人才不足、相互竞争问题更加突出（如煤化工）；缺乏多层次、多渠道的资本运营平台，过多依赖银行贷款，各大集团贷款余额均超千亿元，资产负债率均超80%，年财务费用近百亿元，成为银行的打工者。国有资产监管体制不适应，国有资本布局不合理，一煤独大问题非常严重。煤炭资产占我省国有资产的比重达到36%，新动能、新产业、新业态、新模式发展严重不足；国有企业基本属于传统低端产业，同业同质化竞争较为普遍，国有资本运行效率不高，国有资产一度流失严重。

（六）过剩产能退出机制不完善，制约煤炭行业发展

2016年，山西作为国家的煤炭大省，去产能取得了明显成效，1—8月份，全省规模以上原煤产量5.24亿吨，同比减少9775万吨，下降15.7%，为改善全国煤炭供求关系发挥了重要作用。目前存在的问题是：去产能奖补资金标准低、持续性不强、使用缺乏灵活性。国有煤炭企业负债率高，社会负担重，市场主体地位不确定，山西煤炭行业遭遇到了前所未有的困难。

国务院发布《关于煤炭行业化解过剩产能实现脱困发展的意见》，要求在近年来淘汰落后煤炭产能的基础上，从2016年开始用3年至5年的时间，再退出产能5亿吨左右、减量重组5亿吨左右。目前，我国还有7000多处30万吨以下的小煤矿，每年的产能为5.7亿吨，其中9万吨及以下的5000处。这些小煤矿生产劝告水平低，安全保障程

度不高，资源不能充分利用，加剧了煤炭市场的无序竞争，成为此次转型淘汰的重点对象（《中国能源报》，2016年1月4日）。山西计划在未来两年内削减煤炭产能1亿吨左右。但如何化解过剩产能，山西还没有出台实施细则和配套政策，没有具体制定分离国有企业办社会职能政策、国有煤矿关闭退出后资产处置政策、关闭退出矿井资产及债务处置政策。现在一些矿井关闭了，但债务问题、职工安置问题没有解决，一些去产能的奖补资金，不仅难以满足矿井关闭职工安置的需求，而且不具有持续性，职工有了今年的奖补资金，明年如何办，仍存在影响社会安全的问题。

一些资源整合矿井多处偏远山区，利用市场化手段无法有效处置，如果矿井被淘汰关闭，将造成不同程度的资金和资产损失。同时资源整合矿井大多是国有控股、民营参股的股份制企业，如关闭退出，如何保障股东权益，需要进一步根据相关政策研究协商。

现有小煤矿基本上都有合法手续，退出难度大，部分国有老矿转产困难，"活不好、退不出"问题更为突出；鼓励煤炭企业兼并重组的相关政策激励作用不明显；资源枯竭、开采成本高、长期亏损的老国有煤矿不能有序退出；原破产煤矿后续政策亟须进一步研究完善；越来越多的资源枯竭煤矿，由于缺乏扶持政策，无法实现正常退出，衰老报废煤矿退出机制不完善等制约行业发展的瓶颈依然存在。尤其是一些股份制矿井，涉及不同股东的权益，退出工作难度大。

（七）清洁利用政策不完善，清洁煤供应不足

2014年6月27日，国务院办公厅下发《能源发展战略行动计划（2014—2020）》，明确要求"积极推进煤炭分级分质梯级利用"，2015年5月，国家能源局印发《煤炭清洁高效利用行动计划（2015-2020）》，

再次提出要"着力推动煤炭分级分质梯级利用"。伴随着文件的出台及政府重视程度的日益提高，近年来我国煤炭分级分质梯级利用取得了积极进展，但在理念认识、配套技术、标准制定、政策支持等方面面临诸多挑战，急需通过纳入顶层设计、出台行业标准、鼓励产业示范、加强政策支持，强化部门协同等途径，加快煤炭分级分质梯级利用。尤其是目前缺乏科学的清净煤质量标准，导致分级分质利用所产生的洁净煤并未纳入各地供应方案，导致大量低热值煤、高硫、高灰等劣质煤进入市场，洁净煤产品质量参差不齐，以次充好。除民用外，洁净煤用于分散燃烧、发电、化工同样要有相应质量要求，而目前尚缺乏科学的质量标准。同时，政策支持力度明显不够。研发、应用和推广煤炭分级分质利用技术是一项跨行业、跨领域、跨部门的系统工程，涉及煤炭、油气化工、电力等多个行业，由于我国长期的行业分割，目前无论电力或化工领域的管理、技术人员对煤炭分级分质利用技术的认识都不够全面、系统，尚未形成合力。同时，尽管国家有关部门已在相应政策规划或行动计划中提出要鼓励煤炭分级分质利用示范推广，但由于该技术属近年来提出并开发的一种新型煤炭利用方式，目前对这类技术仍未形成一套专门、系统、健全的示范鼓励和产业扶持政策，煤制油、煤制气等现代煤化工项目均建有示范项目，而煤炭分级分质利用示范仍是空白，加之目前洁净煤市场供应面狭窄、推广受限，在很大程度上限制了煤炭分级分质利用技术的应用和推广。

散煤治理尚未受到足够重视。数据显示，目前我国每年消费煤炭约 38 亿吨，其中民用煤炭约为 3 亿吨。尽管民用煤炭占比不足 10%，但是基本上全部为分散式燃烧，没有采取除尘、脱硫等环保措施，其对大气污染的贡献率高达 50% 左右。1 吨散煤燃烧排放的污染物量是火电燃煤排放的5—10倍。按照目前的情况推算，我国民用散煤污染物排放超过了燃煤电站污染物排放总和。我国的散煤治理尚未受到足够重视，职责体系不完善、技术规范和标准体系不健全、民用型煤供应体系不完善、监管难度大、政府补贴难以持续成为散煤治理的主要难点。

山西煤炭清洁利用的地方立法文件以一般规范性文件为主，法律位阶低，权威性不够，内容比较模糊，可操作性不强，不能保证优惠政策的切实执行，法规的实施得不到有效保证。一些法规没有结合山西实际，更多的是对法律或行政法规的转抄、模仿，对煤炭清洁利用的规定过于原则，缺乏操作性内容，量化指标更少，相关的配套立法也没有跟上。存在有法不依、执法不严等问题，重视行政手段，法律手段运用不足。现行财税金融政策、价格政策、产业政策等对清洁煤产业发展的扶持力度也不够，已有优惠政策中有的还不落实或因标准过高而适用范围过窄，很多方面还存在政策缺位。有些政策适用标准过高，企业很难符合条件，有些政策适用范围过窄，企业难以享受到。有些价格形成机制等激励政策支持力度不够。如，煤层气价格定价偏低，开发和销售煤层气以及煤层气发电获得的政府补贴偏少，不足以调动企业开发和利用的积极性。

（八）生态补偿政策不完善，缺乏矿山环境治理资金

改革开放之后，山西在国家建设"能源重化工基地"战略推动下，煤炭开采规模高速扩张，逐渐形成了以传统资源型工业为主导的经济增长结构。但是，高强度开采煤炭资源和粗放型加工利用煤炭能源，超越了本省资源承载能力和环境自净能力。尤其是进入21世纪，伴随经济高速增长的能源高消费带来的高污染和生态环境破坏等问题，成

为制约经济社会发展的"瓶颈"。尤其是目前资源与生态环境产权的界定不清，造成生态补偿机制难以建立、环境保护不力、生态修复效率低下、补偿不完全；同时矿区生态修复以土地复垦为主，矿业权、土地权和生态权牵扯不清，设置不明，严重阻碍了矿区生态修复的进行。而且，矿山企业与矿区农村之间围绕土地使用、复垦和补偿等问题形成的村矿纠纷也十分严重。

多年来，山西一直在实践、探索沉陷区的地质环境治理和土地复垦。据省国土厅资料显示：2000 年以来焦煤、晋煤、同煤、阳煤、潞安等五大煤炭企业已投资 58.8 亿元，用于 51 万亩塌陷地治理、村民补偿、维修损坏房屋、村庄搬迁、新建小区等。但是，多年来，煤炭资源高强度开采，矿山地质环境破坏日益严重，不仅历史欠账始终未能解决，而且煤矿采空区仍以每年 80 多平方公里的速度扩大。造成这种现象的原因各种各样，但主要原因之一是矿区环境治理补偿政策不完善。一是新矿区生态损害价值评估难度大，生态修复保证金征收标准低。2000 年，国土资源部在工作会议上提出矿山环境恢复治理保证金制度以来，各地区纷纷建立了矿山生态环境恢复保证金制度。与全国一样，山西建立了矿山生态环境恢复保证金制度。目前执行中存在的问题是：保证金执行的配套制度尚未完善，矿业权招标拍卖挂牌制度开始较晚，矿山生态环境评价制度也未建立统一标准，生态损害价值难以评估，保证金征收水平低，远远达不到生态恢复要求。新中国成立以来，山西已累计生产原煤 130 亿吨，据专家估算，对 130 亿吨原煤开采所造成的生态环境损耗进行修复就需要上万亿元，且每年还在不断增加新的生态环境损耗欠账。试点政策虽给予山西开征煤炭可持续发展基金（平均 24 元／吨）和由煤矿企业自提自用矿山环境恢复治理保证金

（10元／吨）政策，但相对上万亿元的历史"欠账"和高额的"新账"，既没有做到不欠"新账"，更谈不上偿还"旧账"。就如此低的保证金，由于煤炭企业经营困难，目前也不征收了。二是旧矿区生态修复责任不明确，影响矿区生态修复进程。我国法律法规明确规定，除土地资源外，旧矿区生态修复责任是全体公民，全体公民的代理者是政府，但代表全体公民的中央政府不可能直接进行矿区生态修复治理，需要委托地方政府，以及如何委托。目前，存在主要问题是，矿区生态修复责任属于哪一级政府代理没有明确，即修复责任在各地方政府间没有划分，导致生态修复责任不明确。同时，山西煤炭生产为国家建设做出了巨大贡献，而产生的生态破坏，国家如何委托地方政府进行恢复治理，没有出台明确的矿区生态补偿标准和政策，导致山西矿区生态修复进程缓慢。三是旧矿区生态修复收益权不明确，影响企业治理积极性。旧矿区生态恢复没有收益，导致大面积废旧矿区生态恢复不能吸引社会资金进入，生态修复资金严重短缺，影响矿区生态修复的进程。

第五章　煤炭产业发展趋势与完善山西发展政策

从世界能源发展趋势看，未来十年全球资源能源需求增长趋势性放缓，煤炭需求将放缓，能源消费增长重心转移将给中国资源能源的获取带来新的机遇，但我国也不可忽视全球资源能源的潜在竞争性风险。从我国来看，近年来，随着我国经济、社会的快速发展，我国煤炭生产和消费呈现出较快增长势头，2010年，我国能源消费总量首次超过美国，成为全球第一能源消费大国，引起世界普遍关注。长期以来，由我国"富煤、贫油、少气"的能源资源禀赋决定，我国能源生产与消费结构以煤为主，煤炭占我国一次能源生产总量75％，占消费总量70％。尽管这几年我国核能、煤层气及风能、太阳能等可再生能源发展迅速，但煤炭在我国一次能源生产和消费结构中的比重仍然很大，2015年煤炭的生产和消费比重仍达72%和64%。预测表明，未来几十年，煤炭在我国能源生产和消费结构中的主导作用不会改变。与此同时，在煤炭开采、燃烧、利用过程中的污染排放和温室气体排放问题日益突出。目前中国正面临着严峻的环境问题，与其他发达国家后工业化时代才出现此类问题不同，中国则发生在工业化进程中。如何平衡发展与环境的关系，在以煤炭为主要能源的大国是一个非常难解决的问题。根据中国国情，在相当长的一段时期，煤炭将继续保持主体能源的地位，但需要通过经济、法律等手段实现其清洁生产与利用以缓解环境压力。党的十八报告指出："推动能源生产和消费革命，控制能源消费总量"；2014 年 6 月，习近平总书记就推动能源生产和消费革命提出 5 点要求，对我国加快能源战略转型，建立清洁低碳、安全高效的现代能源体系具有重要意义。煤炭产业的发展在能源革命大潮中，需要在煤炭生产和消费方式、科技创新、管理体制以及人们对煤炭的认识等方面实现创新和重大变革。

我国煤炭资源 90% 以上的储量分布在晋陕蒙三省区，作为中部省份的山西省自新中国成立以来就成为我国经济社会发展的重要煤炭能源供给中心。国家在能源战略政策的制定过程中，一直以来将山西定位于支撑国民经济社会发展的重要能源基地，山西的战略性能源基础保障作用突出且明显。但是，高强度开采煤炭资源和粗放型加工利用煤炭能源，超越了本省资源承载能力和环境自净能力，同时也形成了"一煤独大"的产业结构。煤价攀升，经济高涨；煤价回落，经济走低，经济运行波动剧烈，始终难以走出"资源型经济困局"。山西面对煤炭开发、经济发展和生态环境保护的矛盾，认清和把握国际能源发展大势和我国能源发展趋势，立足推进能源生产与消费革命要求，制定煤炭发展政策，切实改变煤炭工业粗放型发展模式，从法律层面、政策层面、技术层面破解煤炭工业发展中的生态难题，促进煤炭清洁高效利用，实现山西黑色煤炭绿色发展、高碳资源低碳发展，对于保障国家能源安全，最终实现煤炭产业的可持续发展意义重大。

第一节 煤炭产业发展面临的形势

"十三五"时期，煤炭工业发展面临的内外部环境更加错综复杂。从国际看，世界经济在深度调整中曲折复苏、增长乏力，国际能源格局发生重大调整，能源结构清洁化、低碳化趋势明显，煤炭消费比重下降，消费重心加速东移，煤炭生产向集约高效方向发展，企业竞争日趋激烈，外部风险挑战加大。从国内看，经济发展进入新常态，从高速增长转向中高速增长，向形态更高级、分工更优化、结构更合理的阶段演化，能源革命加快推进，油气替代煤炭、非化石能源替代化石能源双重更替步伐加快，生态环境约束不断强化，煤炭行业提质增效、转型升级的要求更加迫切，行业发展面临历史性拐点。只有站在战略高度，认真研究世界能源资源格局的变化对中国能源和资源安全产生的深远影响，研究煤炭产业发展阶段和新常态特征，才能指导山西煤炭产业健康可持续发展。

一、国际煤炭产业发展趋势

从世界能源发展趋势看，尽管目前全球能源市场疲软、中国经济增速放缓，但随着世界经济的发展，全球将需要更多的能源以支持更活跃的社会经济活动，未来 20 年及以后能源需求仍将持续增长。在未来的 20 年间，能源结构将发生巨大变化，天然气增长迅速，可再生能源发展强劲，发达国家可再生能源等低碳能源供应比例不断提高，推动实现以化石能源为主向以清洁低碳能源为主的可持续能源体系转型，但在全球范围内，化石能源将依旧保持支配性地位，到 2035 年，全球能源增量的60%、全球能源供应总量的80%依赖于化石能源①。

（一）世界能源发展处于新的转折点

在当前世界经济复苏缓慢的背景下，全球大宗商品如石油、天然气、煤炭等常规能源资源的供给能力强，大宗商品的需求难以出现明显回升，能源需求增长放缓，油气产量持续增长，非化石能源快速发展等因素影响，能源供需宽松，价格低位运行。能源供给多极化，油、气、煤在全球范围内形成了多点供应的局面，石油、天然气、煤炭供大于求，大宗商品供求关系有望进一步调整，逐步形成中东、中亚—俄罗斯、非洲、美洲多极发展新格局。国际金融危机以来，发达国家的传统化石能源消费总体处于低潮期。美国能源消费越过峰值，消费总量逐年持续降低，同时能源对外依存度不断降低。欧盟及其他主要发达国家的能源消费增长总体上进一步放缓。在能源消费结构方面，清洁、低碳能源呈上升趋势，世界煤源结构正在向低碳燃料转型。2015年，可再生能源（包括风能、太阳能和生物原燃料）的发电量持续增加，达到全球能源消耗的2.8%。欧盟各国大力推进能源转型和低碳化发展，已提前谋划和构建以可再生能源为主的未来能源体系。欧盟可再生能源在未来占能源消费总量将在2020年达到20%，2050年达到50%。可再生能源在全球范围已经实现规模化发展，未来全球能源转型将进一步加快，绿色、低碳、清洁、高效的能源开发利用方式已经开始成为世界能源发展的主流趋势。能源科技创新日新月异，以信息化、智能化为特征的新一轮能源科技革命正在全球孕育发展。

①《BP世界能源展望（2016年版）》指出2035年全球煤炭占比降至最低。

(二) 未来全球煤炭将保持缓慢增长态势

世界煤炭产量由 2002 年的 49.2% 亿吨，增加到目前约 80 亿吨，年均增长约 3.4%，在过去 20 年中，年均增长 3%。 2015 年，全球煤炭产量总量 38.3 亿吨油当量，比上年减少 4.0%。未来全球的煤炭市场会保持稳步、缓慢上升的趋势。2016 年的《BP 世界能源展望》预测，未来全球能源需求将持续增加，但全球煤炭需求将放缓，在展望期内增速仅为年均 0.5%，这一放缓很大程度上是由中国煤炭消费随着其经济再平衡而减速所造成的。展望期内中国煤炭需求将由 2000 年到 2014 年间的年均增长 8%，放缓至年均增长仅 0.2%，2015 年，全球煤炭消费量出现了 21 世纪的首次下降，煤炭需求量也将低于 2013 年的水平。预计到 2021 年，全球煤炭消费总量也将仅仅回升到 2014 年的水平，到 2030 年煤炭总需求将下降。尽管如此，中国仍是全球最大的煤炭市场，2035 年将消费几乎全球煤炭供应的一半。印度将取代美国成为世界第二大煤炭消费国。印度超过三分之二的新增煤炭需求将投入电力行业。美国和欧洲经合组织国家的煤炭需求预计下降超过 50%。这主要是天然气供应充沛、可再生能源成本降低和更加严格的环境法规等因素共同造成的[1]。

(三) 煤炭消费重心加速向亚洲转移

主要煤炭消费地区分化，受日趋严格的环保要求、应对气候变化、廉价天然气替代等因素影响，美国和欧洲等发达地区煤炭消费持续下降；印度和东南亚地区经济较快增长，电力需求旺盛，煤炭消费保持较高增速，成为拉动世界煤炭需求的重要力量。国际能源署《煤炭市

---

[1]《BP 世界能源展望(2016 年版)》,2016 年 4 月 26 日。

场中期报告 2016 年》认为，2000 年，欧洲和北美的煤炭需求还占据全球"半壁江山"，亚洲的全球占比尚达不到一半；而 2015 年，亚洲的煤炭需求已经达到了全球总量的 3/4，欧洲和北美的需求占比则锐减至 1/4 以下。预计，欧洲和北美的煤炭消费将持续下降，而亚洲地区将保持增长态势。在未来很长一段时间内，以印度为代表的发展中国家经济都会保持稳定快速增长，会带动煤炭的需求增加。中国的需求会是减量的过程，无论是电力行业、其他耗煤行业，还是居民用煤都会出现明显减少。从东南亚市场看，之前为煤炭出口国的越南，2015 年开始正式成为煤炭进口国，越南有非常大的煤炭发电计划，预计在 20 年之后煤炭进口量会达到 1 亿吨左右。泰国是以天然气发电为主的国家，天然气资源日渐减少，而电力需求会继续增加，泰国倾向于选择煤电和可再生能源作为将来持续发展的支撑，煤炭需求量也会增加。有专家估计：东南亚未来 20 年会出现每年约 2 亿吨的煤炭需求量。

（四）煤炭在一次能源消费中的比重呈下降趋势

从全球的角度看，煤炭一直是全球重要的三大能源之一。在未来一段时期内，石油、天然气、煤炭等传统化石能源在能源消费结构中仍将维持较大的比重。2015 年世界一次能源消费构成中：原油占 32.9%、天然气占 23.8%、原煤占 29.2%、水电占 6.8%、可再生能源占 2.8%、核能占 4.4%。煤炭的地位仍然举足轻重，但未来煤炭消费比重会进一步下降。根据 BP 的统计数据，2000—2015 年之间在 22 个欧洲国家中，有 19 个国家煤炭消费下降，其中比利时、丹麦、匈牙利降幅超过 40%，法国、希腊、英国、西班牙降幅超过 30%。同期只有 3 个欧洲国家（荷兰、瑞士、保加利亚）煤炭消费有不同程度的反弹，其中荷兰煤炭消费增幅超过 30%。据相关资料显示：全球煤炭消费将由目前的 38.5 亿吨油当量，缓慢增长到 2030 年的 39.5 亿吨油当量，之后逐步下降到 2050 年的 33 亿吨油当量。全球煤炭消费已基本没有增长空间，全球煤炭消费比重将持续下降到 2050 年的 20%。

（五）煤炭生产向集约高效方向发展

全球煤炭新建产能陆续释放，煤炭供应充足，市场竞争日趋激烈。为应对市场竞争，主要产煤国家提高生产技术水平、关停高成本煤矿、减少从业人员、压缩生产成本、提高产品质量、提升产业竞争力。世界煤炭生产结构进一步优化，煤矿数量持续减少，煤矿平均规模不断扩大，生产效率快速提升，煤炭生产规模化、集约化趋势明显。在气候变暖的压力下，对于仍然需要依赖煤炭这一廉价能源以求自身发展的国家来说，既能满足需求又能尽可能减小对环境破坏的唯一方式就是找到有效的技术让煤炭变得清洁和绿色，而不是取代煤炭。虽然对煤炭清洁化技术的争论还在继续，但一些国家和地区已经开始付诸行动，积极建立此类的示范项目。欧盟印度科技创新合作基金提供 340 万欧元资助，总研发投入 530 万欧元，由欧盟成员国法国和荷兰与印度一同参与，4 家燃煤企业联合科技界组成研发团队，根据双方政府间联委会确定的重点优先合作领域，从 2011 年 11 月开始，致力于清洁煤技术的联合开发应用。国际能源署认为，长期来看，煤炭工业的生存与发展受到清洁能源技术的强力制约，效率不高的次临界煤电机组被淘汰，发展 CCS 技术将成为对煤电的重要保护策略。

二、我国煤炭行业发展趋势

从国内看，经济发展进入新常态，经济从高速增长转向中高速增长，能源消费革命加快推进，能源需求增速放缓，清洁能源替代步伐加快，生态环保压力增大。为落实绿色低碳发展理念，实现我国政府承诺的 2030 年碳排放达到峰值并力争早日达到的目标，需要认真贯彻落实习近平总书记提出的"四个革命，一个合作"能源发展战略。煤炭作为我国的主体能源，经历了 10 年的持续高速辉煌发展，目前进入需求增速放缓期、过剩产能和库存消化期、环境制约强化期和结构调整攻坚期"四期并存"的发展阶段。煤炭产业从理念到模式、从目标到动力，从保障到约束都将发生新变化，煤炭行业提质增效、转型升级的压力更加紧迫。煤炭工业必须走出一条安全绿色、清洁高效的发展之路，实现煤炭工业由大到强的历史性跨越。"十三五"及今后较长一个时期，煤炭行业要主动适应新常态、引领新常态，推进煤炭安全高效智能化开采和清洁高效集约化利用，围绕"控制总量，优化布局；控制增量，优化存量；淘汰落后，消化过剩；调整结构，促进转型；提高质量、提高效益"的总体思路，创新发展理念，推动行业发展由数量、速度、粗放型向质量、效益、集约型增长转变，由煤炭生产向生产服务型转变，提升煤炭工业的可持续发展能力①。

（一）煤炭的主体能源地位不会变化

我国仍处于工业化、城镇化加快发展的历史阶段，能源需求总量仍有增长空间。立足国内是我国能源战略的出发点，必须将国内供应作为保障能源安全的主渠道。我国是世界上最大的煤炭生产国、消费国和出口国，煤炭一直是我国最主要的能源资源。从能源供应保障能力看，受国际政治、经济复杂变化等影响，国际油价大幅波动，油气

---

① 《中国煤炭工业协会会长王显政谈煤炭"十二五"和"十三五"》，中国煤炭新闻网，2015-11-24。

资源供应风险增加，我国大幅提高石油天然气利用比重还存在较多制约因素，在较长时期内煤炭在我国能源供应保障中的地位和作用难以替代。从煤炭生产消费形势看，煤炭在我国一次性能源消费中的比率长期以来呈现逐渐下降的趋势，20世纪50年代，煤炭在我国一次能源消费中占90%以上，20世纪60年代占80%以上，20世纪70年代以后基本保持在70%左右，2015年，我国煤炭产量和消费量约为36.5亿吨，煤炭产量和消费量分别占全球的47%和50%，煤炭在我国一次能源生产和消费结构中的比重分别为72%和64%。《煤炭工业发展"十三五"规划》提出，到2020年，我国要实现煤炭供需基本平衡，煤炭产量控制在39亿吨。据相关部门预计到2020年，煤炭在我国一次能源消费结构中的比重不会低于62%，煤炭仍在我国能源结构中占据绝对主导地位。特别是随着煤炭清洁高效利用技术推广应用和产业化发展，中国煤炭工业仍具有较大发展空间。从可再生能源替代趋势看，到2020年我国非化石能源消费将达到15%左右。即使如此，可再生能源对煤炭的替代作用仍然较弱。从现代煤化工产业发展需求看，根据国家能源战略规划，到2020年形成石油替代能力4000万吨油，约需增加煤炭需求6.5亿吨左右。煤炭价格低廉性、利用的可清洁性、煤炭资源的可靠性，决定了煤炭依旧是我国的主力能源，今后相当长一段时间还很难改变。

（二）煤炭需求增速放缓或阶段性下降

经济新常态下，能源结构优化，经济结构调整，我国煤炭消费以年均2亿吨增长的时期已经结束，煤炭需求增速放缓或阶段性下降，将是行业发展新常态的重要特征。当前，在经济增速趋缓、经济转型升级加快、供给侧结构性改革力度加大等因素共同作用下，能源消费强度降低，能源消费增长换挡减速。"十三五"期间，预计我国经济年均实际增长 6.5% 以上，第三产业比重年均提高 1 个百分点，钢铁、有色、建材等主要耗能行业产品需求增长空间有限，能源消费总量年均增长 2.5% 左右，增速明显放缓。《能源发展战略行动计划（2014—2020 年）》确立了我国到 2020 年的战略方针与目标：到 2020 年，一次能源消费总量将控制在 48 亿吨标准煤，煤炭消费总量控制在 42 亿吨；非化石能源占一次能源消费比重达到 15%，天然气比重达到 10% 以上，煤炭消费比重控制在 62% 以内。《能源"十三五"规划》提出"到 2020 年把能源消费总量控制在 50 亿吨标准煤以内"，能源消费总量年均增长 2.5% 左右，比"十二五"低 1.1 个百分点，单位 GDP 能耗下降 15% 以上。非化石能源消费比重提高到 15% 以上，天然气消费比重力争达到 10%，煤炭消费比重降低到 58% 以下。按照规划相关指标推算，2020 年煤炭消费控制在 40 亿吨左右，在 2015 年煤炭消费量 36.6 亿吨的基础上，"十三五"煤炭消费增长的空间在 3 亿吨左右，非化石能源和天然气消费增量是煤炭增量的 3 倍多，约占能源消费总量增量的 68% 以上。清洁低碳能源将是"十三五"期间能源供应增量的主体。"十三五"我国能源需求仍将增长，但增量基本是非化石能源，煤炭消费基本没有增量或者只有很少的增量。《煤炭工业发展"十三五"规划》又提出了更加严格的煤炭消费总量控制目标，到 2020 年，我国要实现煤炭供需基本平衡，煤炭产量控制在 39 亿吨，与 2015 年的 36.6 亿吨相比，仅增长 2 亿多吨，与 2012 年的 39.45 亿吨、2013 年的 39.74 亿吨、2014 年的 38.74 亿吨相比，几乎没有增长，"十三五"期间煤炭消费下降已成定局。综合权威机构研究成果，到 2020 年、2030 年、2050 年煤炭在我国一次能源消费结构中的比重，将由 2015 年的 64% 逐渐回落到 62%、55% 和 50% 左右,煤炭消费峰值在 45—48 亿吨。

(三)煤炭产业集约化是未来发展趋势

从发展模式看,煤炭行业传统的依靠数量、速度、粗放型的发展路子难以为继,依靠上项目、铺摊子、增加投资、扩大规模的发展模式走到了尽头,行业发展必须转向依靠质量、效益、集约型的发展模式。集约化发展是煤炭产业发展的重要目标和发展模式。近期,在国家发改委和国家能源局联合印发的《煤炭工业发展"十三五"规划》把集约发展放在了现代煤炭工业体系的首位,提出:到 2020 年,化解淘汰过剩落后产能 8 亿吨 / 年左右,通过减量置换和优化布局增加先进产能 5 亿吨 / 年左右,到 2020 年,煤炭产量 39 亿吨。煤炭生产结构优化,煤矿数量控制在 6000 处左右,120 万吨 / 年及以上大型煤矿产量占 80% 以上,30 万吨 / 年及以下小型煤矿产量占 10% 以下。"十三五"期间,国家将支持优势煤炭企业兼并重组,培育大型骨干企业集团,提高产业集中度。煤炭企业数量控制在 3000 家以内,5000 万吨级以上大型企业产量占 60% 以上。支持山西、内蒙古、陕西、新疆等重点地区煤矿企业强强联合,组建跨地区、跨行业、跨所有制的特大型煤矿企业集团。通过优化布局,到 2020 年,全国煤炭生产开发进一步向大型煤炭基地集中,14 个大型煤炭基地产量占全国的 95% 以上。对比煤炭产业"十二五"规划,"十三五"煤企数量的下降是一个重要特征。按照此前规划,"十二五"期间,煤炭企业数量将由此前 8000 家下降到 4000 家以内,平均生产规模提高到 100 万吨 / 年以上,形成 10 个亿吨级、10 个 5000 万吨级大型煤炭企业,其煤炭产量占全国的 60%。要加快提高煤炭行业集中度,力争到 2020 年底,全国形成 10 个左右亿吨级特大型煤炭企业集团。积极推进煤炭企业"行业内"和"跨行业"兼并重组，通过煤炭企业上下游产业兼并重组，提升企业规模、延伸产业链、实现融合发展，提高企业综合竞争力。

（四）煤炭清洁高效利用成为发展新趋势

国家将煤炭清洁高效开发利用作为能源转型发展的立足点和首要任务，为煤炭行业转变发展方式、实现清洁高效发展创造了有利条件。我国资源约束趋紧，环境污染严重，人民群众对清新空气、清澈水质、清洁环境等生态产品的需求迫切。我国是二氧化碳排放量大国，已提出 2030 年左右二氧化碳排放达到峰值的目标，国家将保护环境确定为基本国策，推进生态文明建设，煤炭发展的生态环境约束日益强化，必须走安全绿色开发与清洁高效利用的道路。推动煤炭清洁高效利用已成为应对气候变化和防治大气污染的主要措施。气候变化已成为涉及各国利益的全球性问题，围绕排放权和发展权的博弈日趋激烈，低碳、无碳化发展逐步成为未来能源技术发展的主流。目前，国内碳排放量较大，其中 80% 以上的碳排放是由燃煤导致的。同时，持续出现的雾霾天气引起了全社会的广泛关注，大量煤炭作为终端能源直接消费是产生 PM2.5 的重要原因。因而，遵循集约、安全、高效、绿色的原则，实现煤炭产品清洁化、低碳化、高效利用是新时代国家与社会的新要求，未来发展的新趋向。

煤炭支撑了我国经济的高速发展。我国人均用电量从 1980 年的不足 300 千瓦时增加到 2014 年的 4038 千瓦时，煤电提供了我国 75% 的电力；煤炭还提供了我国钢铁行业能源的 86%、建材行业能源的 79%

以及约50%的化工产品原料①。但是，在环保要求越来越高的情况下，煤炭越来越被社会看做是污染的"元凶"。其实这不是煤炭本身的问题，而是煤炭的利用环节不够清洁。未来我国使用哪种能源决定于经济发展的程度，但烧煤仍是目前国情下最现实的选择。

煤炭清洁高效利用是长期发展战略。煤炭的清洁利用在国际上也有很多例子。2012年，美国、德国的人均煤炭消费量与我国目前水平相近。特别是20世纪80年代，德国煤炭年消费量曾超过5亿吨，每平方公里煤炭消费强度接近今天的京津冀地区，环境治理做得很好。加大能源结构调整、控制煤炭消费总量是我国能源发展战略的必然选择，但从我国能源资源赋存特点来看，在今后较长时期内，煤炭仍是我国主体能源。在提高优质能源比重、支持新能源和可再生能源发展的同时，应紧密结合我国能源资源赋存特点，重新审视和明确煤炭在保障能源安全稳定供应中的战略地位和重要作用，加快发展煤炭清洁生产和洁净煤技术、推进煤炭清洁高效利用。目前煤炭清洁高效利用已列入"十三五"规划纲要草案的100个重大工程项目中。如何在开采、转化、发电与终端消费等过程中，发展洁净煤技术、实现煤炭的清洁高效利用是解决煤炭产业转型发展的核心。生产、使用洁净煤，实现燃煤超低排放并非不能实现，我国神华舟山电厂、上海外高桥电厂等燃煤机组，已经通过超低排放技术，实现了"近零排放"，低于燃气发电排放。洁净煤清洁高效利用是新常态下煤炭产品结构调整、促进企业发展方式转变的新机遇。

煤炭的清洁高效利用主要有两个渠道，一是煤电，从目前煤电设备水平和发电工艺来看，煤炭作为燃料的清洁利用完全没有问题。二是煤

---

① 何永丽：《清洁高效利用是煤炭发展的根本》，中国煤炭网，2016-03-10。

炭从燃料到原料的转变，发展新能源、新材料和经济煤化工①新技术，为煤炭清洁高效利用奠定了可靠的基础。对于新兴的煤化工产业，要统筹规划发展不同产品技术路线，合理规划煤化工布局，实现煤化工的有序良性发展；统筹协调，推行煤基多联产和 IGCC 技术，发展风电与煤化工多联产，提高煤炭能源的综合利用效率。

（五）煤炭产业步入优化融合升级阶段②

经过前十年的快速扩张发展，我国多数煤炭企业已形成多产业结构、多区域分布和多产业链条融合的新格局，在新的形势下，未来我国煤炭产业将步入优化、整合和升级阶段。

1. 呈现布局优化调整新趋势。煤炭产业优化布局应遵循"资源集中布局、产业链条循环、管理集约运作"的要求，形成三大新趋势：一是顺应大势布局调整。按照国家"收缩东部、稳定中部、开发西部"的战略部署进行产业布局调整。二是按照自身结构调整。按照主业做大做优做强、次业适度发展、辅业转型发展和新兴产业适时介入的思路进行产业结构调整。三是依照区域协同调整。根据创利区域、开发区域和后备区域的战略定位，区别对待进行资源优化配置，分类布局与协同有序高效发展。

2. 呈现整合发展趋势。一是纵向融合新趋势。深化——煤炭调配、洗选深加工；细化——根据用户要求细分产品；转化——向气、电、油、化工等转化；净化——采取循环经济方式，实现高碳产业低碳发展。二是横向融合新趋势。一方面从煤、路、港、航上进行产业融合；

---

① 何永丽：《清洁高效利用是煤炭发展的根本》，中国煤炭网，2016-03-10。
② 牛克洪：《煤炭行业发展新趋势是什么？》，载《中国煤炭报》，2015-11-18。

另一方面煤与金融协同融合、煤与钢铁协同融合、煤与物流协同融合。三是纵、横交合融合新趋势。按照为用户创造新价值和为企业开辟盈利增长新途径的宗旨，寻求融合物。

3.煤炭产业呈现转型升级新趋势。通过转变生产经营方式实现产业升级，转变煤炭用途实现产业升级；通过优化板块结构实现产业升级，通过创新实现产业升级。

4.煤炭产业政策进入优化调整期。"十三五"时期，我国煤炭产业政策将步入优化调整期，政府和市场手段并用，主要表现在限控产能、抑制消费和调整结构三个方面。煤炭行业是产能过剩，必须加以控制。在治理大气污染的旗帜下，正在步步抑制煤炭消费量；大力支持非化石能源快速发展，煤炭消费比重逐步降低。

5.煤炭生产推进"两化融合"。我国煤炭生产技术经过多年发展，实现了跨越式进步，煤矿生产技术装备经历了传统半机械化—机械化—综合自动化—智能化—智慧化的过程，煤炭工业化与信息化融合不断加快，概括起来有五大发展趋势。一是生产方面，建设综采工作面集中监控系统、无人化变电所，矿井主要排水、压风、电力等监控系统无人化设计。二是安全监管方面，建立完善的地理信息系统，建立大型机电设备故障诊断系统，实现大型机电设备的故障预测预判功能。三是数据处理方面实现云计算智能化，即利用虚拟化技术打破"一台服务器一个应用程度"的传统体制，根据应用的需要动态分配服务资源，实现多台服务器协同工作和并行处理。四是煤矿管理实现信息化和生产智能化融合。煤矿工业"两化融合"将向系统高度集成、综合应用、自动控制等方面渗透，特别是在开采工艺及采运排动态综合优化上。五是运营模式实现模块化、专业化。通过各生产模块之间的互联互通和各生产、辅助、服务管理系统的协同联动，实现专业化运作与一体化协同融合。

（六）"互联网＋煤炭"是煤炭行业发展的新趋势[①]

从发展动力来看，煤炭行业必须摒弃高资源消耗、高环境损害和高投入、劳动密集型的增长，必须依靠科技进步，转向资源消耗少、环境损害小、人才技术密集、创新驱动型的发展道路，培育新产业、发展新业态，积聚新的发展动力。

现代信息技术与传统产业深度融合发展，为煤炭行业转换发展动力、提升竞争力带来了新的机遇。互联网与能源融合是重塑全球能源竞争新格局的重要契机，也是实现能源绿色可持续发展的内在要求，是推动能源生产和消费革命的强劲引擎。在当前煤炭行业经济低迷的形势下，发展互联网＋煤炭既是机遇，也是挑战，但是机遇大于挑战。

互联网＋煤炭是煤炭行业发展的新趋势。"互联网＋煤炭"可以推动煤炭生产、流通、消费模式的革命，促进互联网、物联网等与煤炭行业的深度融合，全面提升煤炭企业技术水平和管理水平，推动煤炭清洁、绿色、高效、低碳发展。通过互联网＋煤炭，使煤炭生产和消费协调匹配，提高煤炭与其他能源的多能互补、高效转化水平。通过编制煤炭价格指数体系，建设煤炭市场大数据库，实时动态反映煤炭需求和价格信息，控制煤炭生产总量。通过加快建设煤炭交易市场体系，搭建市场化运营煤炭大数据应用平台，构建集煤炭线上交易、线下履约、信息资讯、智能物流和供应链金融服务为一体的第三方专

[①]《2016年，互联网＋煤炭带来哪些新机遇？》，中能联合能源交易中心网站，2016-01-19。

业电商平台，降低煤炭物流成本，形成煤炭营销电商化、交易金融化、投资市场化、融资网络化等创新商业模式。

从发展情况来看，目前的煤炭行业并没有做到真正意义上的"互联网+"煤炭，可以说煤炭行业只是刚刚从传统煤炭贸易方式走到"互联网+"的十字路口。目前煤炭行业产能过剩、供需失衡，煤炭供应和需求没有完全实现"互联网+"，煤炭物流仍然是传统业务模式，并没有实现订单式和配送式的"互联网+"模式。煤炭供应链没有完全渗透和参与煤炭生态系统的循环运转，金融服务没有产品化。据统计，目前，国内有80多家电子交易平台涉及煤炭交易，大致分为三种：一是大型煤炭企业依托自身建设的电商平台，二是各地成立的区域性煤炭交易中心，三是以投资公司为背景组建的第三方交易平台。在"互联网+"煤炭的思维下，它们的发展模式各有特色。

当前要实现"互联网+"煤炭的主要障碍是"煤炭大数据"缺失。煤炭供应、需求、物流和金融等各个环节信息空白、空缺，影响市场对煤炭产能和物质资源严重过剩做出快速反应。未来，要通过与第三方信息平台合作，实现并促进煤炭供应链各个环节信息资源走向"大数据"，研究挖掘海量数据价值，进一步促进贸易业务有效对接，促进煤炭信息充分交互，实现煤炭供需、物流和金融的平衡健康发展。

（七）"一带一路"给煤炭产业发展带来新机遇

煤炭作为我国的基础能源的地位没有改变，随着经济稳步发展和能源需求的不断增长，煤炭还将发挥重要的支撑作用。一是"一带一路"建设、京津冀协同发展、长江经济带发展三大国家战略的实施，给我国经济增长注入了新动力。目前已有50个国家参与探讨，国内约31个省区市加入"一带一路"规划建设中来，其中基础设施建设是突破口，基础设施建设和设备制造将进一步拉动钢铁、有色、建材等高耗能产品的需求，继而拉动对煤炭的需求，缓解国内煤炭产能过剩的压力。二是"一带一路"沿线有不少国家煤炭资源丰富，这为我国煤炭企业"走出去"，开发国外煤炭资源提供了有利条件，也提供了良好的合作平台和合作空间。同时，"一带一路"国家中拥有广阔的煤炭市场，可能帮助我们充分利用国内、国外两种资源，发挥国内、国际两个市场的作用，推动国内企业积极参与国际竞争，增强市场竞争力，有利于企业开拓国际煤炭市场。三是通过广泛参与国外企业合作、交流和竞争，积累经验、开阔视野、增长本领，在激烈的市场竞争中培育一批具有较强国际竞争力的中国跨国公司，担当起中国煤炭企业参与世界竞争的历史重任。

综合判断，煤炭行业发展仍处于可以大有作为的重要战略机遇期，也面临诸多矛盾叠加、风险隐患增多的严峻挑战。必须切实转变发展方式，加快推动煤炭领域供给侧结构性改革，着力在优化结构、增强动力、化解矛盾、补齐短板上取得突破，提高发展的质量和效益，破除体制机制障碍，不断开拓煤炭工业发展新境界。

三、山西煤炭工业发展趋势

"十三五"时期，是我国协调推进"四个全面"战略布局、全面建成小康社会的决胜阶段，也是我省加快推动能源革命，深入推进转型综改试验区建设，着力破解资源型经济困局的关键时期。我国《煤炭工业发展"十三五"规划》指出，要控制晋北、晋中、晋东煤炭基地生产规模，适度建设资源枯竭煤矿生产接续项目，重点满足煤电一体化和煤炭深加工用煤的需要。"十三五"时期，我省煤炭发展面临着一系列新机遇和新挑战。

（一）煤炭仍是促进山西经济发展的主要产业之一

我国能源资源的赋存情况决定了煤炭资源在未来较长一段时间内都将是最主要能源供给和消费品种。我国煤炭资源 90% 以上的储量分布在晋陕蒙三省区，作为中部省份的山西省自新中国成立以来就成为新中国经济社会发展的重要煤炭能源供给中心。国家在能源战略政策的制定过程中，一直以来将山西定位于支撑国民经济社会发展的重要能源基地，我省的战略性能源基础保障作用突出且明显。山西是资源大省、产煤大省，截至 2015 年底，全省保有查明煤炭资源储量达 2664 亿吨（其中 2000 米以浅可采储量 1417 亿吨），占全国的 17.4%（居全国第二，仅次于内蒙古）。目前，山西煤炭产能达 14.693 亿吨，近 3 年产量都近 10 亿吨，占全国的 25.7%。山西在全国煤炭工业格局中居于举足轻重的地位。近年来，山西煤炭产量一直保持在全国煤炭总产量的 25% 的水平，省际调出量占全国的 3/4。可以说，山西的煤炭在全国经济发展中发挥着重要的作用。同时，煤炭产业对山西经济的贡献非常大，2015 年，煤炭市场行情不好，但煤炭工业增加值仍占山西工业总产值的 47.5%，占 GDP 的比重为 14.8%，煤炭形势好的 2011 年，山西煤炭工业增加值占工业总产值的比重高达 61%，占 GDP 的比重为 32.8%。煤炭地方税费占地方公共财政收入比重也比较高，多数年份保持在 1/3 左右。

（二）"煤炭革命"成为未来山西煤炭产业发展总要求

习近平总书记提出要推动能源"四个革命"和"一个合作"的能源发展战略。山西作为煤炭大省，推进"煤炭革命"成为煤炭产业发展的总要求。一是实施煤炭供给革命。煤炭产业必须摒弃长期以来依靠数量增加、速度增长、规模扩张、价格上涨的粗放型发展模式，转向依靠质量提高、效益提升、结构优化、两化融合、人才技术的集约型发展模式，走产业集中度高、经济效益好、科技含量高、资源消耗低、环境污染少、安全高保障的现代化之路。二是实施煤炭消费革命。规模化、高效率地利用煤炭，加快发展洁净煤技术、煤炭深加工技术以及实现对煤炭开采过程中的伴生物的高效利用，鼓励煤炭企业通过产业链的延伸和技术升级实现对产业结构的优化和调整，通过转变发展方式降低能源消耗，减少能源利用中对环境的污染，不断提高煤炭清洁高效开发利用水平，建立清洁高效、低碳绿色的现代煤炭产业体系，保障国家能源安全，最终实现煤炭产业的可持续发展。三是实施煤炭技术革命。煤炭革命，科技先行，科技创新是煤炭能源革命核心与支撑。要深刻认识和把握能源技术革命新趋势，以提升自主创新能力为核心，以突破重大关键技术为重点，分类推动技术创新、产业创新、商业模式创新，以绿色低碳为方向，坚持走延伸循环发展之路，减少源头排放量，提高资源利用率，促进煤炭产业转型升级发展。要充分发挥科技创新对煤炭生产革命和消费革命的先导、支撑和保障作用，推动煤炭产业发展由生产、销售原煤向销售商品煤、洁净煤转变，促进煤炭产品由燃料向原料与燃料并重转变。加快煤炭产业技术创新，用高新技术和先进适用技术改造提升传统产业，既可以改变过度消耗资源、污染环境的发展模式，又可以拉长煤炭产业链、增加煤炭附加值、提升煤炭产业竞争力，对于我省煤炭工业发展具有重要意义。四是推动煤炭管理革命。推动能源管理体制革命，山西煤炭产业必须向市场化管理的方向转变，要在全面深化能源领域改革，充分发挥市场配置资源的决定性作用的基础上，转变政府对煤炭的监管方式，建立健全能源法治体系。煤炭产业市场化管理的关键是要处理好政府与市场的关系。按照"凡是能由市场决定的都交给市场"的原则，由市场决定煤炭资源配置，让企业真正成为市场主体，政府要最大限度减少对微观事务的管理。要以煤炭资源市场化配置改革、煤炭运销管理体制改革、煤炭证照监管体制改革、煤矿项目审批和投资体制改革、国有煤炭企业改革、煤炭法规制度建设为重点，全面推进煤炭管理体制改革，为促进煤炭产业集约发展、科学发展提供体制机制和制度保障。

（三）山西煤炭产业已进入转型发展新阶段

新中国成立以后特别是改革开放以来，在党中央、国务院和省委、省政府的正确领导下，山西煤炭产业获得了长足发展。全省 2006 年、2009 年经过两轮整合重组，煤矿数量大幅锐减，全省关闭淘汰了 30 万吨以下矿井。煤炭产业结构、产业集中度和经济增长方式都有了不同程度的优化，为山西煤炭产业的可持续发展奠定了基础。目前已进入转型发展新阶段。在煤炭主业发展上坚定不移地转方式、调结构，推动产业从价值链低端向高端延伸，走出一条内涵发展、创新驱动之路。在产业转型上加快形成煤电一体化发展模式、现代煤化工产业发展模式和煤炭循环经济发展模式，形成相互支撑的产业发展格局。加快推进煤电一体化发展水平和规模提升，深化省属国有重点煤炭企业与五大电力央企合作，以建立股权为纽带的煤电联营和签约契约为基础的长协合同为主要形式，按照典型引路和全面推动相结合、政府搭台和企业自愿相结合的原则，将煤炭电力企业协调发展关系引向深入，推进山西煤电基地建设，实现煤电深度融合发展。在优化提升传统煤化工产业的基础上，因地制宜发展现代煤化工产业，提高煤炭资源加工利用产品附加值，由传统煤化工向现代煤化工转变，尽快形成规模，占据市场份额。要科学规划现代煤化工产业布局，在三大煤炭基地合理规划建设一批现代煤化工产业项目。瞄准市场需求，进一步拉长煤炭产业链，生产煤炭终端产品，提高产业链附加值，推动煤炭产业链条向高端延伸；以大型煤炭企业集团为龙头，以煤炭工业园区为载体，树立"现代大煤炭产业"理念，建设一批重点循环经济园区，大力发展煤电、煤化工、煤层气、煤机制造等产业，加快煤炭就地转化，引导和促进企业集中和产业集聚，使有限的煤炭资源真正做到"吃干榨尽"，使循环经济成为资源保护、合理利用的主要方式和新的经济增长点。

（四）山西是国家煤炭清洁高效利用的示范区

煤炭是山西的主要产业，但煤炭利用方式粗放、能效低、污染重等问题日益突出。未来一个时期，煤炭在一次能源消费中仍将占主导地位。加快推动煤炭消费革命，进一步提高煤炭清洁高效利用水平，是山西煤炭产业的发展方向。遵循安全、绿色、集约、高效的原则，煤炭产品清洁化、低碳化、高效利用是新时代国家与社会的新要求，未来发展的新趋向。如何在开采、转化、发电与终端消费等过程中，发展洁净煤技术、实现煤炭的清洁高效利用是解决煤炭产业转型发展的核心。未来几十年，山西通过推动煤炭产业向清洁低碳型转变，走出一条煤炭清洁发展之路，实现煤炭产业由产量速度型向质量效益型转变，由单一煤炭生产向煤炭综合利用、深加工方向转变，由粗放的煤炭开采向以高新技术为支撑的安全高效开采转变，由单纯控制煤矿伤亡事故向全面性的保障职业安全转变，由资源环境制约向生态环境友好型转变。

第二节　新常态下山西煤炭产业发展政策设计

目前，我国经济发展进入新常态，经济增长模式由数量扩张型向质量提升型转变，经济增长动力由生产要素驱动向技术创新驱动转变，经济增长速度由过去的高速增长转为中高速增长。在此背景下，我国煤炭行业也进入发展新常态，表现为"四期并存"（需求增速放缓期、超前产能和库存消化期、环境约束强化期、结构调整攻坚期）的阶段性特征。具体看煤炭产业新常态的主要特征是：一是能源需求强度下降，煤炭需求已从高速增长降为低速增长，增长空间不断缩小；二是过去十年快速发展期形成的规模扩张冲动仍然存在，在建煤矿产能对未来供需平衡构成较大压力，煤炭供应宽松、煤价低位运行；三是煤炭开发、流通、利用环节的环境制约增强；四是能源结构绿色低碳化发展，能源结构调整步伐加快，煤炭消费比重将不断下降；五是进口煤具有较强竞争力，进口量仍将保持高位，煤炭产业发展形势正在发生重大变化。

同样，作为山西重要支柱产业的煤炭工业，自 2012 年下半年以来，受世界经济复苏缓慢、国内经济下行压力加大的影响，全省煤炭经济运行形势发生了较大变化。煤炭需求增长放缓，产能过剩、价格难以回升、企业效益下滑，煤炭产业转型压力凸显，煤炭行业遭遇前所未有的发展困境。根据煤炭产业发展新常态的特征，及时研究调整、制定相应的煤炭产业发展政策，包括煤炭管理体制、产业组织政策、产业结构调整政策、产业技术政策、资源综合利用和生态环境保护政策、财税价格政策、企业改革政策等，在充分发挥市场配置资源决定性作用的基础上，切实转变政府职能，健全法律法规体系，强化能源监管，规划、干预、规制煤炭产业的发展，解决我省煤炭经济发展存在的新问题，引导煤炭企业通过自身主动调整适应形势变化，坚持依靠科技进步和体制创新，推进绿色发展、循环发展、低碳发展，走资源利用率高、安全有保障、经济效益好、环境污染少的煤炭工业可持续发展道路，保障国家能源安全和全省国民经济健康发展。

在完善山西煤炭产业政策过程中，要深刻领会、贯彻落实国务院关于支持山西省进一步深化改革促进资源型经济转型发展的意见，把握改革创新、先行先试这一主线，全面推动各项政策落地生根。

一、深化煤炭管理体制改革政策

目前涉及煤炭行业的政府管理部门较多，条块分割、职能分散、交叉与缺位并存，宏观调控和监管效率不高，难以形成有效合力。理顺煤炭管理体制，设立统一的行业主管部门，统筹管理煤炭矿权、开发、利用、煤炭科技、相关政策、标准、资质等。统一规划和协调管理煤炭的开发利用，是促进煤炭产业可持续发展的先决条件。

（一）推进煤炭行业法制建设

加强煤炭行业法律法规建设，用法制思维和法制方式，推进煤炭管理体制改革深化。完善煤炭立法和监管规章制度，修订出台《山西省煤炭管理条例》《山西省矿产资源管理条例》，研究制定《山西省煤层气开发利用办法》，用法律形式明确规范煤炭行业各管理部门的性质、地位、职责、权利义务以及行为方式。建立健全煤炭综合行政执法体制，将分散在政府各部门的煤炭资源配置、勘察、生产、经营、安全等行政执法职能整合，统一行使。完善煤矿安全生产监管监察机制，加强各监察分局（站）机构建设，完善事故责任追究制度。加强煤炭相关标准制定和修订工作。

（二）设置煤炭综合管理机构

按照转变政府职能的要求，进一步整合职能，集中管理、加强监管，设立精简高效统一的煤炭综合管理部门，以综合化的管理体制解决多年"多头管理""职能交叉""扯皮推诿"和"监管空白"的积弊，促进煤炭政策政令畅通。同时，为了防止集中管理可能产生的"集中腐败"，建议采用"三分监管"的办法，即权力分设、监管分段、审查分级。要发挥行业协会、新闻媒体等的监督作用，从源头上遏制和预防腐败。完善行业信息统计体系。加强煤炭行业管理部门与国土、环保、安全监管监察等部门的协调配合，形成工作合力，提高行业管理实效。

（三）构建新型煤炭市场交易体系

推进现代化煤炭交易，依托中国（太原）煤炭交易中心的煤炭交易平台，充分发挥其信息、物流、金融等服务功能，利用信息化、网络化技术，以电子交易平台为支撑，完善现货交易、开展煤炭场外衍生品交易，开展煤炭期货交易，积极探索建立包括现货交易、期货交易、短期协议、中长期协议等交易新机制。创新煤炭物流服务体系，构建第三方煤炭交易服务平台，积极吸引煤炭供需双方和物流企业进入交易平台，开展现代化煤炭交易，培育完善全省煤炭现代交易综合服务体系；建立煤炭交易大数据中心，通过信息采集和数据挖掘，为企业经营和政府决策提供依据。

二、完善煤炭资源市场化配置政策

煤炭等能源资源是有限的，而人类对能源需求是无止境的。要解决这一矛盾就必须构建保护节约型的煤炭资源开发监管体系，加强对重要煤炭资源的规划管理，深化煤炭资源有偿使用制度改革，建立规范的矿业权交易市场，运用经济手段理顺矿产资源国家所有者和使用者之间的利益关系，引导矿业权合理流动，反映矿产资源的稀缺程度，最终实现调节资源的需求量和优化资源配置的目的。

（一）完善煤炭资源的规划管理

煤炭资源是重要的战略资源，资源配置要坚持规划先行，相关部门要科学规划、合理开发，提高规划的权威性、指导性和法律地位。加快建立矿区总体规划、矿产资源总体规划、矿业权设置方案、煤炭生产开发规划之间有机衔接、协调配合。对国家已批复规划矿区内的多个主体矿业权，坚持"一个矿区原则上一个开发主体、一个开发主体可以开发多个矿区"，积极探索在企业自愿、市场主导的基础上进行集约化开发利用的新途径。

（二）推进煤炭资源配置市场化改革

多年来，山西煤炭资源配置多以行政审批为主，没有以市场方式公开出让过一宗煤炭资源矿权，多数以协议方式配置给国有企业。目前，山西省营45座煤炭企业占用的资源仍未实行有偿使用，已经设立矿业权约900亿吨，价款当时按平均每吨3元作为底价算，至少应缴1350亿元，实际收回只有600亿元，流失750亿元。焦煤、同煤等五大集团仍在无偿使用着2003年以前设置的矿业权，2014年这几个集团拖欠的资源价款占到全省拖欠总额的94%。

要进一步深化煤炭资源市场化配置改革，充分发挥市场在资源配置中的决定性作用，坚持市场决定、政府调控、有偿使用原则，构建完善的矿业权交易市场体系、监督体系和矿业权评估体系，实现煤炭资源公开、公正、公平、合理配置。全面推进煤炭资源一级市场招拍挂。今后凡出让新的煤炭资源探矿权、采矿权，除特别规定外，一律以招拍挂等方式，通过市场竞争有偿取得。进一步明确市场化配置煤炭资源的政策措施、准入条件、操作程序，完善并公开煤炭资源配置项目目录。加快建立煤炭矿业权退出机制。对无正当理由取得矿业权超过2年未施工、建设和生产的，取消其矿业权许可证。通过重新评价评估资源产权的资产，使矿权重新进入产权交易市场。研究制订无偿划拨给国有煤炭企业保有资源有偿使用办法。

（三）逐步建立规范的矿业权市场

在建立省一级矿业权交易平台的基础上，依据审批权限设置不同级别的矿业权交易机构。充分借鉴当前比较成熟的产权交易中心（如北京产权交易所、天津产权交易中心等）的经验和理念，发布统一的矿产资源产权交易规则，公开公示程序，统一规范交易机构的交易行为，针对山西实际，健全统一、开放、有序的煤炭资源产权配置一级市场和二级市场。省级矿业权交易机构对区域内需要交易的矿业权进行招拍挂和审批；市（县）一级依据实际情况决定是否成立，但应做好市场交易与分级审批的衔接工作，避免权利滥用，审批困难，增加新的交易成本。允许符合法定条件的探矿权、采矿权在二级市场（即一级市场之后的交易行为）依法流转，以出售、作价出资等形式公开转让。要适应煤炭资源市场化配置改革的需要，从急需解决的问题入手，研究制定出台煤炭资源市场化配置的相关配套制度，形成以合理开发、强化节约、循环利用为重点，生产安全、环境友好、协调发展的煤炭资源开发利用体系。

三、完善煤炭税费、价格、金融政策

（一）深化煤炭税费改革

加快资源税费改革，积极推进清费立税，逐步扩大资源税从价计征范围。整合重复税费，继续清理不合理收费，取缔违规设立的各项收费基金。做好煤炭资源税改革后续工作，进一步规范资源税优惠政策，落实煤炭企业增值税抵扣、资源综合利用税收优惠政策，落实有利于煤炭资源综合利用和促进循环经济发展的税收政策。推进煤炭资源有偿使用制度改革，建立煤炭资源权益金制度，进一步理顺煤炭资源税费关系。根据山西省不同资源赋存条件、开采难易程度的矿井，探索实施差别化税费政策，将煤炭增值税率由 17% 恢复至 13%，适当扩大煤炭企业进项税抵扣范围。完善税费优惠政策，落实国家煤炭资源综合利用项目扶持政策和促进循环经济发展的税收政策。鼓励原煤入选，优先建设煤矸石综合利用项目，建设矿区循环经济园区，促进煤炭工业节能减排。全面落实瓦斯发电上网加价、税费优惠等政策，支持煤矿企业拓宽瓦斯利用范围，提高瓦斯利用率。

（二）完善煤炭价格机制和自律机制

积极探索建立能够正确反映市场供求关系、资源稀缺程度和环境损害成本的煤炭价格形成机制。探索煤炭产品价格形成机制改革，推动煤炭企业外部成本内部化。按照国家统一的会计制度对煤炭资源性产品进行成本核算，全面、规范地把矿业权取得、资源开采、环境治理、生态修复、安全投入、基础设施建设、企业退出和转产等费用列入资源性产品的成本构成，实现资源开发外部成本的内部化。建立煤

炭价格监管机制。为防止煤炭行业发展的大起大落，建议出台相应的调控措施，完善煤炭成本核算机制，实行煤炭最低保护价，同时严厉打击低价倾销、违法违规生产经营等不正当竞争行为，为企业生产经营创造良好的市场环境。规范煤炭市场价格秩序，特别要严厉打击偷税漏税、价格欺诈等非法违法经营行为。建立煤炭价格预测机制。建议由经济管理部门牵头，发挥行业协会的作用，依托第三方的煤炭交易市场，建立煤炭价格监测和市场发展趋势预测体系，及时收集、分析和发布煤炭供求状况和市场价格，引导企业合理生产和消费煤炭，促进煤炭价格保持合理水平，维护煤炭市场供求基本平衡，促进煤炭上下游行业协调发展。积极争取国家在山西省进行煤炭价格形成机制和煤电价格传导机制改革试点。探索发展以煤炭为主的能源期货交易。依托太原煤炭交易市场，推动煤炭交易市场建设，鼓励煤炭供需双方签订中长期合同，推动价格理性回归。同时，要充分发挥行业协会作用，倡导诚信建设，引导企业自律，建立煤炭价格自律机制。在潞安集团、阳煤集团、晋煤集团开展建立完善价格自律机制试点。

（三）加大对煤炭企业的金融支持

积极引导金融机构坚持区别对待、有扶有控的原则，对技术设备先进、产品有竞争力、有市场、有效益的优质煤炭企业继续给予信贷支持。积极争取各金融机构总部的支持，切实发挥地方金融机构作用，依法稳妥推进债务处置，力争做到应核尽核。对主动退出产能的煤炭企业优先给予支持。鼓励金融机构通过债转股、并购贷款、定制股权产品等方式，帮助煤炭企业重组债务，优化资产负债结构，降低杠杆率。对于资金暂时紧张但仍有市场前景的困难企业，适当调整贷款期限、还款方式、担保方式，稳定预期和稳定支持；支持优质煤炭企业上市融资、再融资和利用发行企业债券、公司债券等债务融资工具，通过并购债、永续债、债贷联动以及债贷基组合等新型融资产品筹集资金。

四、深入化解煤炭过剩产能政策

山西深入推进"三去一降一补"作为供给侧结构性改革的主要任务之一，就是要把煤炭去产能与优化产业结构结合起来，科学把握去产能的力度和节奏，做好与在建项目的有效衔接。2013 年山西煤炭生产能力 13.6 亿吨，产量 9.6 亿吨，产能利用率不足 74%，低于全国平均水平。2015 年山西煤炭产量接近 10 亿吨，产能约 14.5 亿吨，而煤炭外销量同比减少了 1.4 亿吨，降幅 26.91%，产能利用率不足 70%。炼焦产能为 1.45 亿吨，实际利用率只有 60%。山西省《"十三五"综合能源发展规划》明确提出，要科学合理控制煤炭生产总量，到 2020 年，全省煤炭产能控制在 12 亿吨 / 年左右；煤炭产量控制在 10 亿吨左右，其中 4.0 亿吨满足本省需求，6.0 亿吨外调出省。化解过剩产能仍是山西煤炭产业的重点任务之一。2016 年目标是率先退出 2000 万吨产能，计划在 2020 年前退出 1 亿吨以上。期间原则上停止核准新建煤炭项目，停止审批新增产能的技术改造项目，不再审批煤炭生产能力核增项目，全省矿井数量由目前的 1078 座减少到 900 座以内。按照党中央、国务院部署，贯彻落实宏观政策要稳、产业政策要准、微观政策要活、改革政策要实、社会政策要托底的要求，着力去产能、去库存、去杠杆、降成本、补短板，全力推动全省煤炭供给侧结构性改革，实现煤炭产业转型升级。

（一）严格控制煤炭总量

树立煤炭科学产能理念，根据区域生态环境承载力，合理确定煤炭资源开发强度，优化煤炭开发布局，以最小的生态环境扰动，获取最大的资源效益。尤其要加强优质炼焦煤、液化用煤等稀缺资源的科学开发和合理保护，确定"十三五"期间的煤炭科学产能指标。根据目前煤炭市场的供求状况，2020年前山西省原则上不再新配置煤炭资源。2016年起，暂停出让煤炭矿业权，暂停煤炭探矿权转采矿权。"十三五"期间，我省原则上不再批准新建煤矿项目，不再批准新增产能的技术改造项目和产能核增项目，确保全省煤炭总产能只减不增。同时，严禁违法违规生产建设煤矿。对违法违规生产建设的煤矿按照国家要求依法实施联合惩戒。对于国家发改委发改电〔2016〕167号文件列出的我省未履行核准手续、擅自建设生产的16座煤矿，立即停产停建。在全省开展大检查，对所有未核准的煤矿项目和各类证照不全的生产煤矿坚决依法依规停建停产。坚决打击私挖滥采和超层越界开采等违法违规行为。山西省"十三五"综合能源发展规划提出，到2020年，全省一次能源生产总量达到8亿吨标煤左右，煤炭产能控制在12亿吨左右，产量控制在10亿吨以内。

（二）有效化解煤炭过剩产能

山西按照"企业主体、政府引导、市场倒逼、依法处置"的办法，通过存去挂钩、减量置换、兼并重组、优化升级等途径，研究制定煤炭"去产能"总体规划。在有效压减过剩产能方面，采取"五个一批"措施：一是依法淘汰关闭一批。对"僵尸煤矿"，资源枯竭煤矿，开采高硫、高灰煤矿，严重资不抵债煤矿，按照国家政策依法淘汰关闭。二是行业重组整合一批。对部分开采条件较好、储量较多的停缓建煤矿、未开工煤矿，通过合并、收购、兼并等方式重组整合。三是减量置换退出一批。对已取得路条的，严格按照"减量置换"政策进行产能置换，被置换的煤矿关闭退出。四是依规核减一批。煤与瓦斯突出矿井和灾害严重矿井依规进行核减产能。五是搁置延缓一批。对于资源储量较多、开采条件较好，但目前开采经济上不合算的且不具重组整合条件的煤矿，可搁置延缓开采或通过市场规律自然淘汰。到2020年，全省有序退出煤炭过剩产能1亿吨以上。同时，要坚持生态优先，依法妥善处理现有矿区与已设立或划定的风景名胜区、自然保护区、城镇规划区、泉域水资源保护区和饮用水源地保护区等的关系，确保各类生态系统安全稳定。

去产能是有"退"有"进"。退的是落后产能、无效产能、不安全产能，进的是先进产能、安全合规产能，是结构的优化。要严格控制新增产能，确需新建煤矿一律实行减量置换。加快淘汰落后产能和不符合产业政策的产能，综合运用安全、质量、环保、能耗、技术、资源规模等政策措施，更多采用市场化法治化的办法，引导过剩产能有序退出。对资源浪费严重、安全生产条件不达标、瓦斯防治能力不足的煤矿坚决予以关闭。对违法矿业权或长期占而不采的企业要依法强制退出。引导国有煤炭企业退出不具备优势、不符合企业发展战略的低效无效产业，集聚优势资源、发展核心主业。大力关闭不安全的矿井，淘汰开采工艺落后的矿井。压减亏损矿井、劣质煤矿井、不安全矿井的产量。以提高质量和效益为核心，发展工艺先进、生产效率高、资源利用率高、安全保障能力强、环境保护水平高、单位产品能源消耗低的先进产能。山西煤炭产业的发展方向是稳定规模，优化结构，绿色清洁高效利用，提高综合效益和竞争力。

煤矿产能减量置换和指标交易制度，是国家发改委 2016 年推出的"稳煤市"五项制度之一，在产能总量不增的情况下，用先进产能代替落后产能，以推动结构优化、产业升级。为此，山西把煤炭去产能和提升先进产能占比结合起来，通过安全认证、减量置换、核减规模、兼并重组、一井一面、减员增效、指标交易等七条通道提升先进产能占比。

(三) 完善过剩产能退出机制

随着山西机械化开采强度的进一步加大，矿井衰竭速度加快，预计到 2020 年，仅五大国有重点煤炭企业就将有 39 处矿井面临资源枯竭，地方性煤矿将有近 1/3 的矿井因资源枯竭而闭坑。要按照矿井实际资源量和开采年限，对全省资源接近枯竭的矿井、自然灾害矿井、90 万吨以下不具备机械化改造可能的矿井进行摸底，建立有序正常的矿井退出机制。制定中长期产能退出规划，确定退出责任主体和时间表、分布图，通过矿业权二级市场推行落后产能市场化退出机制，加快推动建立和完善煤矿退出机制。可根据矿井资产属性、产权状况，自然环境条件，分别采取关闭矿产、资产转让、资产重组、政策性退出和整体转型等方式实现产能有序退出。国有独资的资源枯竭矿井，可采用关闭方式退出。股份制的资源枯竭矿井，可采取矿产清算方式退出。对有剩余资源，且现存资产有较好利用价值的矿井，可实施放权转让方式退出；对有剩余资源，但经营亏损严重，且退出矿井相对集中，具有区域管理优势的矿井，可实行国有资本退出，引导和鼓励民营资本对其进行资产重组或实施混合所有制改造；对有剩余资源，但经营亏损严重，资不抵债的矿井，可采取破产方式退出。对于资源条件差、环境影响大，矿井灾害重，开采环境恶劣，开采成本高，经济和利用价值低、高硫高灰的矿井，实施政策性关闭退出。对离中心城市和经济发达城市较近的退出矿井，由政府提供项目或支持，鼓励企业自寻项目，实施整体转型。对与煤炭主业关联度高的非主业企业，可与主业一起，进行捆绑退出；对于与主业关联度不高，但需依靠主业输血的非主业企业，可由国家和地方政府拨付专项资金，支持其转产，也可实施企业改制，采取包括租赁经营、承包经营和管理层持股等形式，转换经营方式。核准煤矿项目与淘汰落后产能指标挂钩，在区域内或企业内部实行"退一进一"办法，淘汰多少落后能产，核准多少建设规模。对目前已具备条件且资源量大、安全条件好、仅因市场原因，预计建成后无效益，而停建缓建的矿井，建议暂缓建设。

（四）完善退出产能政策

山西跟踪对接国家相关的财税支持、不良资产处置、专项奖补等化解产能政策，积极研究山西的落实措施和相关的配套政策，推动完成化解过剩煤炭产能任务，研究煤矿退出机制和配套政策措施，明确关闭破产煤矿基本条件和政策支持范围，推动资源枯竭、灾害严重、扭亏无望、煤质差的国有煤矿有序退出，淘汰落后产能，建立从资金补偿、资产处置、债权债务处理、人员安置、资源接替、税收等方面出台相关政策，将淘汰落后产能与煤炭行业脱困统筹考虑，使煤炭产业健康发展。一是根据产业政策，量化落后产能指标，确定退出数量，按照区域清洁能源、可再生能源的增量来确定年退出煤炭产能的量。二是要建立健全煤炭企业退出的补偿机制。如通过政府投入、企业积累、多方筹资等方式建立援助资金；对由政府出资的公共工程优先考虑由具备相应条件的煤炭退出企业承建；促进关闭退出矿井所在地政府提供人员分流保障和产业转移项目支持。由中央、省、市三级按比例分担，设立退出企业转产资金，并协调安排转产项目。加大对整顿关闭企业税收支持优惠力度，制定专门针对煤矿整顿关闭的税收优惠政策，区别与企业并购重组的税收，在交易税、契税等方面对企业予以支持，以鼓励煤炭企业主动淘汰落后产能和关闭资源枯竭煤矿。三是要建立退出长效机制。既要认真解决原政策性破产煤矿历史遗留问题，又要深入研究制定新时期煤矿退出机制和配套政策措施，为落后产能退出提供政策保障。四是采取适宜的退出手段。合理处置有效资产。可采取协议或挂牌出让、无偿划转等方式进行处置，其处置所得首先是用于对职工经济补偿，其次是划归母体企业作为经营性资产。妥善处理债权债务。退出的非独立法人矿井，其资产和负债可由主体企业承接；退出的独立法人矿井，其负债可由政府协调银行实行挂账停息处理或为其主体企业提供贴息贷款，等额置换关闭退出煤矿的银行贷款。超过主体企业承受能力部分的债务，可由政府予以适当补贴或作核销处理。五是科学处置非经营性资产。要通过市场化改革方式进行分离；无法采用社会化改革方式处置的企业办社会资产，可按属地管理原则，以无偿划转方式和人随资产走的方式整体移交地方政府功社会服务机构。六是建议国家建立化解过剩产能基金。一些落后产能的煤矿也是政府鼓励兴建的，本着利益共享、风险共担的原则，国家要加大对煤炭去产能任务大的省份的支持力度，科学进行救助和资助。

（五）妥善解决煤矿职工安置问题

2016 年，山西省已累计下达中央预拨奖补资金 12.13 亿元，支持煤炭行业化解过剩产能工作。此外，山西从就业专项资金和失业保险基金中，对化解过剩产能中企业稳岗、转移就业安置、职工培训等方面给予支持，预计 2016 年补助资金 3.65 亿元。山西省还建立了职工实名制数据库，制定了职工分流安置政策，采取了多种分流安置措施。截至 2016 年 10 月底，全省各市、各煤炭集团公司通过多种渠道已分流安置职工 13648 人，占各企业上报需安置职工的 65%。

山西要坚持企业主体、地方组织、依法依规的原则，分类施策，精准发力，拓宽分流渠道，加强转岗再就业帮扶，做好去产能企业的职工安置工作。坚持企业主体作用与社会保障相结合，细化措施方案，落实保障政策，切实维护职工合法权益。充分尊重职工、全力依靠职工推进改革，安置计划不完善、资金保障不到位以及未经职工代表大会或全体职工讨论通过的职工安置方案，不得实施。将职工安置摆在化解过剩产能工作的突出位置。落实通过失业保险基金发放稳岗补贴等扶持政策，引导煤炭等困难行业企业以协商薪酬、灵活工时、培训转岗等方式稳定用工。积极支持企业通过转型转产、多种经营、主辅分离、辅业改制等方式，多渠道分流并妥善安置富余人员。鼓励企业利用现有场地和资源培育创业孵化基地、创业园区等扩大就业的新载体。充分发挥中央奖补资金作用，通过转岗就业创业、托底安置、内部退养等多种方式妥善安置职工。实施再就业帮扶行动，对确实要离开企业的劳动者，普遍开展转岗培训或技能提升培训，免费提供就业创业服务，落实职工培训补贴等扶持政策，促进其自主创业和转岗就业。对实在无法进行二次就业的人员，予以失业救济，提供最低生活保障。对有意愿自谋职业、自寻出路的人员，要予以大力支持，并由政府和企业在对其进行清算补偿的同时，共同为其在技术、资金、项目等方面提供援助，鼓励自主创业。对距法定退休年龄五年以内、再就业有困难的职工，经其本人自愿选择和企业同意，可实行内部退养，由企业发放生活费并缴纳基本养老和医疗保险费单位缴纳部分，个人按规定缴费。对企业已退休和工伤人员，全部移交地方，实行社会化管理。

五、深化煤炭企业改革政策

国企改革是决定山西转型前途的关键，要按照"市场化取向、竞争力目标、专业化重组、股份制改造、现代化管理、科学化监管"的总体要求，对标国际发展的大潮流，找准国企改革的战略目标，从封闭走向开放，从"贪大求全"向专业化发展，从单一独资向股份化发展，从闭路循环向产融结合发展，从重资源、重政策向更重人才、重科技、重创新发展。

（一）国资国企改革的路径方向

推进国企改革，要以增强企业活力、提高效率为中心，提高国企核心竞争力，最终建立产权清晰、权责明确、政企分开、管理科学的现代企业制度。深化国企国资改革要牢牢把握中央提出的正确方向，坚持社会主义市场经济改革方向，适应市场化、现代化、国际化新形势，以解放和发展社会生产力为标准，以提高国有资本效率、增强国有企业活力为中心，完善产权清晰、权责明确、政企分开、管理科学的现代企业制度，完善以管资本为主的国有资产监管体制，使国有资本布局结构趋向合理，防止国有资产流失，全面推进依法治企，加强和改进党对国有企业的领导，造就一批德才兼备、善于经营、充满活力的优秀企业家，培育一批具有创新能力和国际竞争力的骨干企业，为山西转型发展作出积极贡献。

（二）国资国企业改革的原则

明确政府、国资监管部门和企业各自的角色定位，各司其职，各擅其能；划出政府部门和国资监管机构权力边界的框，进一步提升政府服务效率和水平，引导国有企业理顺内部治理机制，划好母子公司权责利边界，划好法人治理结构内部的权责边界；通过改革工商管理体制、实行负面清单制度等方式，精简行政审批事项，改变政府部门主要履行事前审批职责为主要履行"事中监督、事后追责"职责，构建"法不禁止即可为"的经营环境，提高企业自主选择业务、快速捕捉市场机遇、主动适应市场竞争的能力；打开国有企业吸收利用非国有资本的大门，树立"与巨人同行"的理念，借力、借资、借技、借智，拿出优质资源吸引优质的战略投资者，发展优质的混合所有制企业；充分利用国内外多层次资本市场，推动国有企业实现整体上市、核心业务资产上市或引进战略投资者；拓展证券化运作渠道，创新煤炭金融产品，鼓励煤炭企业债务重组，支持企业跨区域、跨领域并购重组和国有产权跨区域、跨领域流转，把"死"资产变成"活"资本，不断提高运营水平和盈利能力。要强化经营的理念，经营煤炭资源，经营煤炭资产，经营煤炭市场，经营煤炭流通，向下游产业延伸。

（三）推动国资委向"管资本"为主转变

国资改革必须为国企改革提供正确的导向，创造改革发展的环境条件。以管资本为主推进省国资委职能转变，准确把握省国资委依法履行出资人职责定位，科学界定监管的边界，实现以管人、管事、管资产为主向以管资本为主的转变。一要彻底转变职能，改革监管理念和方法。国资委要通过制定权力和责任清单，明确出资人监管职责边界，准确把握监管职能定位；要根据股权多元化企业特点、制订行使出资人职责的内容、程序、方法。国资委必须树立以企业为中心、为企业服务的监管理念，更加考虑企业发展的实际。在监管方法上，国资

325

委要多用机制来管，少用行政手段管，多采用大数据等现代信息技术
手段监管，并与传统人工监管模式相结合。二要管好国有资产的宏观
布局。破解山西一煤独大的资源型经济困局，迫切需要优化国资布局
结构。明确国资委在结构调整中的主体责任占主国有资本布局和结构
调整机制，制定国有资本投资负面清单，改变国有资产在原有领域不
断"滚雪球"的发展局面。对同质化竞争严重的传统企业，要更多地
考虑通过专业化重组来提高产业集中度；对一些企业集团中非主业的
其他专业公司可考虑独立出来专业化发展；支持有望做强的专业化公
司进军本领域国际国内市场，投资、合作、并购重组，发展壮大；支持
无力管好的专业公司被国际国内行业龙头兼并重组。最终的目的就是
要通过布局的优化，使山西国资国企得到一次"扬弃"。新兴产业公司
不断增加，资产质量不断提升，专业化程度不断提高，体制机制更加
市场化，综合效益有明显跃升。三要用好监管导向指挥棒。改革任期
目标责任书的签订办法，企业年度和领导人任期的主要经济指标由国
资委根据不同企业所处行业、资产规模、质量，参考该行业平均资产
报酬率、净资产报酬率、平均单位成本、人均劳动生产率等等各项重
要参数，并听取企业意见后，综合研究科学确定。新的目标体系以利润
为中心，不再以收入规模论英雄。目标责任书制订完毕后，企业现任
领导有优先选择权，接受目标责任书的就签约，不能接受的视为放弃
领导岗位，另行安排工作，目标责任书将通过公开竞聘的方式选择签
约人。目标责任书签订后，国资委即对该企业实行国有资本授权经营，
将能放的权全部放给该企业，让企业享有充分的经营自主权，国资委
不干预微观经济活动。国资委对签约企业年度和任期目标进行考核。
完不成任务的，领导人依责任书约定担责；完成任务的，要制定有鲜

明导向的激励政策。该重奖的要重奖,让干得好和干不好的有截然不同的两种结果,倒逼企业不能得过且过。

（四）深化现代企业制度改革

一是要坚定不移地推进混合所有制改革。在省属企业集团层面,推动整体上市或核心业务资产上市,加快提高国有资本证券化水平;在子公司层面,通过增资扩股、股权转让、新项目合作等方式,引入非国有资本;在省属企业中,试点开展对企业经营业绩和持续发展有直接或较大影响的科研人员、经营管理人员和业务骨干等持股工作。二是全面建立起规范的企业法人治理结构。组织省属企业加快修订公司章程,修订企业党委会、董事会、监事会、经理层的议事制度;指导试点企业规范董事会建设,起草实行外部董事制度配套文件,开展选聘外部董事相关工作;省属企业结合实际,指导二、三级公司开展加强党的领导和完善法人治理结构各项工作。三是深化企业制度改革。建立健全企业员工公开招聘、竞争上岗的市场化用人制度,实现企业员工能进能出;深化选人用人制度改革,推进职业经理人队伍建设,变身份管理为岗位管理,进一步规范省属企业管理人员公开选拔、竞聘上岗机制,实现能上能下;可对国企的总经理和副总经理进行市场化选聘试点工作,对市场化选聘的经理层实行任期制、契约化管理;完善企业内部考核评价机制,严格与绩效挂钩考核,实现职工薪酬能高能低。深化企业用工制度改革,加强劳动定员定额管理,实现能进能出;深化工资收入分配制度改革,强化与企业经济效益关联,实现能增能减。

（五）建立现代企业管理制度

国企改革的核心任务就是要建立真正意义上的现代企业制度。一是建立科学规范的投资决策机制，确立以经济效益为中心的投资决策理念；二是进一步提高企业的财务资金和管理水平，形成"花钱必须有预算、没有预算不能花钱"的基本理念；三是建立以资本和利润为核心的企业管理体系，生产服从销售，经营围着资金转，生产围着经营转。企业班子的配备要改变"围绕生产转"的观念，更重经营管理干部的配备。四是下功夫推动企业的扁平化管理。按照精简效能的原则，进行归并重组，大幅度减少企业管理层级，提高效率，降低成本。五是提高省属企业信息化管理水平，实现内部信息共享，提高内部的管控效益，使企业内部各个系统成为既互相支持关联，又互相监督制约的高效整体。六是对企业的人、财、物各项政策，进行全面的重新审视，修改完善，激活企业内部的"闲钱、闲人、闲资产"，最大限度地实现增收节支。七是加快分离国有企业的办社会职能。国有企业可划出部分股权收益，地方政府出让部分国有企业股权，专项解决厂办大集体、棚户区改造和企业办社会等历史遗留问题。企业和政府形成合力，按照既定的时间表，平稳完成厂办大集体和政府社会职能剥离、移交任务。推动省属国有煤炭企业医疗保险、工伤保险和生育保险实行属地社会管理。煤炭企业承担的矿区、职工家属生活区的物业管理等要逐步移交当地政府，实行社会化管理。积极争取中央财政对厂办大集体改革的继续补助和奖励。通过合资、合作、出售、员工持股等多种方式，将国有煤炭企业厂办大集体改革为面向市场、产权清晰、自负盈亏的法人实体。

山西目前探索开展了员工持股试点。为推动部分困难企业改制重组，省国资委在山西建筑工程（集团）总公司所属的第二建筑工程公司、第五建筑工程公司，探索开展员工持股试点工作。随着员工持股试点工作的开展，这两家公司也完成了由原来的全民所有制向股份制公司的转变，有效地激发国有企业的活力。这些经验为国有煤炭企业改革提供了有益的借鉴。

（六）加强党对国资国企业改革的领导

要深入学习贯彻山西省委省政府关于国有企业和国企工作部署，加强党对国资国企改革的领导，推动党的领导融入企业法人治理结构，推动党的建设与生产经营深度融合，切实落实国有企业反腐倡廉"两个责任"，加强国有企业班子建设，加强国资国企改革宣传工作，为改革营造良好的社会氛围。省属国有煤炭企业要率先贯彻落实省委、省政府《关于加强省属国有企业党的领导完善法人治理结构的实施意见》。积极推进同煤集团、晋能集团等改革试点工作。在改革过程中要发挥党员干部的带头作用，要坚持党管干部原则，保证人选政治合格、作风过硬、廉洁不出问题。既要从严管理，又要关心爱护，让他们放开手脚干事。既为敢于担当的党员干部"撑腰"，又要防止干部不廉洁。

六、完善煤炭产业组织政策

近年来，山西省煤炭年产量近 10 亿吨，已经接近资源环境承载极限[①]，煤炭快速扩张已结束，煤炭需求减少已成常态，因此，实现山西煤炭经济的发展不能基于产量的提高，而要基于整个行业素质的提升，促进煤炭产业集约发展和科学发展。政策目标是要坚持有序开发资源，科学做好产能规划，控制煤炭供应总量，优化煤炭开发布局，提高生

---

① 中科院 2014 年发布的《中国可持续发展战略报告》显示，山西可持续发展总能力在全国排第 24 位，环境支持系统排第 27 位，生存支持系统排第 29 位。

产集中度，鼓励建设大中型矿井和高产高效矿井，依靠科技提高煤炭生产效率。

（一）进一步提高煤炭产业集中度

鼓励通过兼并重组等方式，提高煤炭产业集中度，促进有序竞争。资料显示，欧美国家排名靠前的几大煤企的煤炭供给量，基本占到全行业供给总量的50％以上。澳大利亚排位前五的煤炭集团占据总产能的70％以上，美国排名前四位的煤炭企业产量占其煤炭总产量的70％左右。

按照《煤炭工业发展"十三五"规划》，到2020年，全国煤炭生产开发进一步向大型煤炭基地集中，14个大型煤炭基地产量占全国的95％以上。山西晋北、晋中和晋东均属于国家规划的大型煤炭基地，在控制生产规模的基础上，要进一步提高煤炭行业进入门槛，建立严格准入资格，逐步提高煤矿企业最低规模标准，煤矿企业规模不低于300万吨／年，新建、改扩建矿井规模原则上不低于120万吨／年，平均单井规模力争达到180万吨／年，减少煤矿数量，到2020年，山西全省煤矿数量控制在900座以内。进一步降低管理成本，提高矿井单井规模，提高人均产煤效率，从而切实提升山西煤炭产业在全国煤炭市场上的话语权和竞争力。

（二）抓好煤炭行业大企业大集团建设

鼓励建立大型煤炭企业及企业集团。根据国家规划的晋北、晋中、晋东三大煤炭基地和18个矿区的总体规划，按照区域煤质和煤层赋存特点，以大型煤炭企业为开发主体，有序建设晋北、晋中、晋东三个大型煤炭基地，大力推进煤炭上下游产业一体化发展，形成多向关联、综合开发、循环发展的大型煤炭基地产业格局，做大做强煤炭企业。

在国家规划的三个大型煤炭基地内，按照"一个矿区原则上由一个主体开发，一个主体可以开发多个矿区"的原则，在企业自愿、市场主导的基础上，进一步推进煤炭企业的股份制改造、兼并和重组，晋北动力煤基地培育同煤集团和中煤平朔两个亿吨煤炭集团，晋中炼焦基地培育焦煤集团亿吨级煤炭企业，晋东无烟煤基地培育阳煤集团、潞安集团和晋煤集团三大煤炭集团向亿吨级企业迈进。优化矿井布局。在产能减量置换前提下，优先建设安全高效、资源利用高、抗风险能力强的千万吨级现代化大型矿井，提高全省煤炭规模化、集约化生产水平。在已有煤炭大集团整合重组基础上，突出动力煤、无烟煤、炼焦煤三大资源品牌优势，通过产业、产权、管理、文化等的深度融合，研究探索分基地、分煤种组建世界一流、国内引领的特大型煤炭集团公司。

（三）加快发展煤炭现代物流

积极发展现代化、专业化煤炭物流企业，形成集仓储、加工、配送、网上交易、融资服务等功能为一体的物流产业链和集铁路、公路港口、航运于一体的大物流服务体系，实现煤炭产业运行效率的大幅提升。按照发展煤炭现代物流集团的要求，对晋能集团、山煤国际等现有物流企业植入运煤铁路、公路、港口、船队等资产进行重组再造，形成一体化的大型煤炭物流集团，以煤炭交易中心为平台，联合五大集团的销售公司组建大型煤炭经营集团，统一全省的煤炭销售，增强山西煤炭市场话语权和竞争力。以华北、华东、华南三大片市场为重点，在水路枢纽点如山东日照、江苏连云港、河北秦皇岛等地建立大型特大型煤炭仓储基地；在山西西部北部与晋陕蒙交界县设立大型仓储企业，促进煤炭购销和洗选。站在全国能源安全的经济发展大局考虑，要把煤炭战略储备作为重要任务，在国家经济发展需要时，及时释放产能，保障生产和供应，加快探索建立包括煤炭资源储备、产能储备和现货储备等多种形式相连贯的战略储备体系，发挥季节调峰、价格调节和应急保障的作用。构建煤炭现代市场体系。充分发挥中国(太原)煤炭交易中心的职能和作用，建立与世界煤炭贸易接轨的现代化信息交易平台，不断扩大煤炭交易规模，发展煤炭期货交易市场。

七、推动煤炭产业技术创新政策

煤炭革命，科技先行，科技创新是煤炭能源革命核心与支撑。要充分发挥科技创新对煤炭生产革命和消费革命的先导、支撑和保障作用，推动煤炭行业发展由生产、销售原煤向销售商品煤、洁净煤转变，促进煤炭产品由燃料向原料与燃料并重转变。加快煤炭产业技术创新，用高新技术和先进适用技术改造提升传统产业，既可以改变过度消耗资源、污染环境的发展模式，又可以拉长煤炭产业链、增加煤炭附加值、提升煤炭产业竞争力，对于我省煤炭工业发展具有重要意义。

（一）增加科技研发投入

"十三五"期间，增加政府公共财政或年度预算对煤炭清洁高效、低碳绿色发展重大科研攻关的支出，设立煤炭科技重大专项，对涉及煤炭清洁高效、低碳绿色发展的重大关键技术，列入国家和省级科技计划予以重点支持和政策倾斜，提升煤炭开发利用的科技创新能力。设立政府煤炭清洁高效、低碳绿色发展专项引导基金，创建投融资服务平台，调动各方力量，切实增加资金投入，支持开展煤炭清洁高效利用的技术攻关，支持新技术和先进适用技术的推广普及。设立山西煤炭清洁利用投资基金。重点支持煤电一体化、现代煤化工、煤层气（瓦斯）抽采利用、碳交易及碳减排等项目。

（二）加快科技创新体系建设

推进实施重大科技专项，支持创新要素向企业集聚，使企业真正成为技术创新主体。坚持机制创新，鼓励企业增加投入，发挥煤炭科研机构和高校等协同创新的积极性。建立和完善煤炭科技创新体制机制，搭建创新平台，形成以企业为主体，大专院校、科研单位上下联合、横向互动，优势互补、深度合作、产学研用四位一体的创新体系。推广应用先进技术和装备，依托自身优势，组建一批特色鲜明国家级的煤炭技术中心、工程中心和重点实验室等基础设施建设，力争率先在煤炭清洁生产利用、现代煤化工等领域取得关键技术突破。构建利益与风险共担的产学研合作创新机制和风险投资机制，完善及改进产学研用互动过程中利益分配机制，通过政府和市场手段鼓励产学研用合作项目的实施，更大程度上促进可持续创新。加快建设山西科技创新城。引进一批国家级、省级重点实验室和工程技术研究中心等创新平台，引进一批高端研发机构和人才，引进一批优秀企业和标志性项目，将山西科技创新城打造成低碳发展的新高地。

（三）明确科技创新重点

紧跟煤炭清洁高效发展技术前沿，努力在煤炭开采方式、煤炭产品开发和产业链延伸等关键领域实现重大技术突破，提升煤炭产业自主创新能力、产业发展水平和经济社会效益。一是煤炭清洁利用领域，主要围绕大型火电厂、整体煤气化联合循环发电系统（IGCC）系统关键技术与装备研究和示范，煤清洁转化利用关键技术与装备研究及工程示范等开展联合攻关。二是煤炭低碳利用领域，主要围绕二氧化碳捕集与利用关键技术研究与示范，二氧化碳封存关键技术研究，高耗能高排放企业节能降耗关键技术及装备，煤层气／乏风气规模化开发利用技术研发及示范，工矿区生态修复技术研究与示范，大宗工业固废资源化高值利用技术研发及产业化示范，煤炭及煤化工废水处理及回用技术研发与工程示范等开展联合攻关。三是煤炭高效开采领域，主要围绕煤巷高效快速掘进关键技术及成套装备工程示范，矿井数字化技术及系统关键技术研究与工程示范，煤炭绿色开采技术与装备研究开发及示范等开展联合攻关。重点推广煤矿充填开采、保水开采、煤矿热能转换系统等绿色开采技术，开展大型煤矿成套装备、关键部件研发，加大薄煤层自动化采掘装备研制攻关，加快推进煤机装备国产化。实施煤基科技重大专项和重点研发计划。以煤炭的清洁、高效利用为重点，实施一批重大煤基低碳科技创新项目，力争在"十三五"期间有一批自主技术率先突破。围绕煤炭深加工产业链、创新链，构筑我省政产学研合作对接平台，带动和提升我省煤炭产业自主创新能力。

（四）促进技术推广应用

实施创新示范工程。在煤炭开采、洗选、运输、燃烧、转化、储存、利用等各个环节，从实际出发，因地制宜，率先启动实施一批带动性强、关联度大、集成度高的重点示范项目。积极推进以冀中能源集团和山东能源集团新汶矿业集团为代表的"矸石充填置换煤炭技术"绿色开采、生态矿山建设示范工程，有效解决煤炭开采过程中地表沉陷和矸石堆存问题，推进以宁东煤化工基地建设为代表的煤炭清洁生产利用示范工程，以榆林矿区为代表的煤矿保水开采示范工程，以大同塔山煤矿为代表的循环经济工业园区建设示范工程，以蒙东褐煤产区为代表的褐煤提质利用示范工程建设，通过示范工程建设逐步探索出一条符合煤炭清洁高效、低碳绿色发展的产业化发展道路，提升我省煤炭安全高效开发与清洁高效利用的水平。

建立科学合理的科技成果风险转化评估体系，加强对适用技术的比选和宣传，对通过示范和小范围内推广的技术产品进行政府层面的技术推介，也可通过专家论证、技术经济评价、工程示范评审等方式，向地方及国家相关部门推荐重点项目，为政府决策提供技术支持和配套服务，顺畅科研项目、新技术推广渠道。加大对已获得良好评价科研成果的推广，使煤炭清洁高效、低碳绿色发展技术尽快转化为市场生产力。

（五）加强煤炭产业创新人才培养

要从规划入手，做好煤炭行业人才发展数量、规模、结构、布局和人才需求预测，全方位、多渠道引进人才、培养人才。认真做好国家"千人计划"人才的选拔和引进工作，重点造就一批创新型领军人才。鼓励大专院校、科研单位、煤炭企业充分发挥各自优势和特色，建立不同层次的领导人才和技术人才培养基地，加大人才培养力度。健全科学合理的人才评价、激励和继续教育体系，完善人才激励和合作竞争机制，探索实现人才价值的职务晋升和薪酬激励机制，完善相关配套制度，营造有利于优秀人才脱颖而出的良好环境，着力培养一批煤炭科技领军人才。积极拓展人才评价渠道，分类建立人才评价标准，形成以能力和成果为导向的人才评价机制。

八、促进煤炭产业清洁高效利用政策

山西是煤炭大省，一次煤炭生产、煤炭外运、外调电量及外输焦炭均居全国前位，在"十三五"时期及今后我国工业化过程中仍然承担着供应全国煤电的重任。面对煤炭开发和生态环境保护的矛盾，山西要认清和把握国际能源发展大势和我国能源发展趋势，加快推进能源生产与消费革命，按照安全、绿色、集约、高效的原则，加快发展发展洁净煤技术、煤炭深加工技术以及实现对煤炭开采过程中的伴生物的高效利用，鼓励煤炭企业通过产业链的延伸和技术升级实现对产业结构的优化和调整，通过转变发展方式降低能源消耗，减少能源利用中对环境的污染，不断提高煤炭清洁高效开发利用水平，建立清洁高效、低碳绿色的现代煤炭产业体系，保障国家能源安全，最终实现煤炭产业的可持续发展。

（一）制定煤炭清洁利用标准体系

针对目前国内煤炭清洁高效、低碳绿色发展技术标准体系尚不健全且相对分散，现有标准指标亦不尽合理的情况，加快制订修订煤炭行业排放标准、开采规范、供热计量标准等，完善行业污染防治技术政策和清洁生产评价指标体系。

加快修订现有标准。研究制定国家商品煤质量标准，限制劣质煤生产和利用，严禁高硫、高灰煤直接燃烧，控制低热值褐煤的使用范围。参照民用无烟煤的相关指标要求，从挥发分、硫分、灰分、焦油含量等方面制定洁净煤（洁净型煤）的质量标准。据测算，每洗选 1 亿 t 原煤，可排除 1500 万—2000 万 t 矸石，减少 SO_2 排放 100 万—150 万 t，成本仅为烟气洗涤脱硫的 1/10 左右。在电力、建材等重点耗煤行业和重点地区、重点城市扩大优质煤使用，从源头上有效减轻煤炭作为燃料使用对生态环境造成的污染。

研究完善编制标准。针对不断涌现的新问题，及时研究和应对，发布一批具有自主知识产权的行业标准。就山西而言，迫切需要国家健全煤层气开发利用标准体系。目前，煤层气标准存在体系不完善、交叉重复、基础工作薄弱等方面的问题。建议国家应尽快研究出台煤层气勘探、钻井、压裂、开采、集输、利用等方面标准，加快构建煤层气标准化管理体系，促进山西煤层气产业健康发展。

（二）促进煤电基地清洁高效发展政策

严格限制开采高硫、高灰、低发热量煤炭。鼓励推广充填开采、保水开采、无煤柱开采等新技术。加快现代化矿井建设步伐，实施机械化、自动化改造，减少入井人数，提高劳动生产率，提高综采水平，实现减人增效。

清洁高效发展煤电。转变煤炭使用方式，着力提高煤炭集中高效发电比例。支持发展煤炭清洁发电技术研究与示范工程建设，积极推广 IGCC、水煤浆发电等清洁煤发电技术，控制燃煤电厂污染物排放。提高煤电机组准入标准，新建燃煤发电机组供电煤耗低于每千瓦时 300 克标准煤，污染物排放接近燃气机组排放水平。

推进煤电大基地大通道建设。依据区域水资源分布特点和生态环境承载能力，严格煤矿环保和安全准入标准，推广充填、保水等绿色开采技术，重点建设晋北、晋中、晋东三个亿吨级大型煤炭基地和千瓦级大型煤电基地。到 2020 年全省燃煤发电机组就地转化原煤 2 亿吨左右。把握电力体制改革试点带来的有利时机，推进煤电深度融合，加快外送电通道建设，鼓励煤电一体化企业延伸产业链，构建"煤—电—X"循环经济产业链。加快外送电通道规划建设，加大配电网建设与改造力度，提高外送输电能力，同时千方百计扩大省内用电需求。

提高煤炭清洁利用水平。加大煤炭洗选比重，鼓励煤矸石等低热值煤和劣质煤就地清洁转化利用。建立健全煤炭质量管理体系，加强对煤炭开发、加工转化和使用过程的监督管理。加强进口煤炭质量监管。大幅减少煤炭分散直接燃烧，鼓励农村地区使用洁净煤和型煤。

(三) 推动煤炭分级分质利用

根据技术发展状况、煤炭资源条件、市场承接能力、水资源承载力和生态环境容量等因素，研究制定煤炭分级分质利用发展规划和行动计划，明确煤炭分级分质利用的适宜区域、发展规模，加快制定煤炭分级分质利用技术和装备标准，研究建立煤炭分级分质利用技术和装备评价机制，及时向社会发布先进技术和装备目录。

加快推进煤炭分级分质利用系统性关键技术攻关和示范。鼓励并加快开展煤炭分级分质利用产业化示范和规模化利用，鼓励利用成熟的热解技术，在煤电基地建设一批煤炭分级分质利用示范项目，推进煤—化—电—热一体化发展。健全相关管理机制和财税支撑体系，鼓励和推广煤炭分级分质利用技术。加快完善有利于煤炭分级分质利用的资源管理、产业规划、政策标准、技术装备支撑等体系建设。制定煤炭分级分质利用相关财税政策，制定鼓励金融机构支持创新型、战略型企业的融资政策，尤其对具有革命性的煤炭低温热解分级分质清洁高效利用技术示范项目应给予低息、长周期的专项贷款。

(四) 制定控制散煤利用政策

近年来，大面积雾霾频频来袭，尽管目前关于霾源仍无一致性定论，但散煤污染显然是其中之一。1吨散煤燃烧的污染排放量是火电用煤的5—10倍，在极端气候的条件下，使用散煤所产生的污染可以达到污染总量的40%左右。一是要落实优质煤源，加强煤炭市场监管，禁止劣质散煤流通使用，减少原煤散烧。扩大城市"禁煤区"范围，"禁煤区"内禁止煤炭销售运输储存。结合城市改造和城镇化建设，因地制宜推行"煤改电""煤改气"及可再生能源等清洁能源替代散煤。农村地区综合推广使用天然气、生物质成型燃料、沼气、太阳能等清洁能源，减少散煤使用。

二是政府要从源头治理，规定利用散煤标准。家庭取暖主要以煤为主，相对来说没有污染物控制措施，在现有居民承受能力下，选择和推广利用兰炭是一个比较现实的选择，在提高效率，降低煤炭对环境影响至关重要。

三是制定节能环保型燃煤采暖炉具推广方案及扶持政策。鼓励居民燃用优质煤炭和洁净型煤，积极推广与之配套的节能环保型燃煤采暖炉具，加大对节能环保型燃煤采暖炉具补贴力度，发挥市场主导作用，加强监督管理；

四是宣传普及节能环保炉具知识，增强居民环保和健康意识；

五是推进炉具的规范安装、安全使用、提高运行效率。提高燃煤锅炉环保标准。有数据显示，燃煤锅炉对煤炭的使用量占到了煤炭使用总量的70%。所以，锅炉的环保标准对于煤炭的清洁高效利用意义重大，提高燃煤锅炉的环保标准同样是散煤治理的重要思路。

六是理顺管理体制。目前散煤有多个部门同时进行管理，并分别从煤场、推广、流通、产品质量和利用多个环节进行监管，但多头管理协调困难，效益低下。需要理顺相关的管理体制，提高多部门联合执法效率。

（五）制定加快煤层气综合利用政策

山西煤层气预测资源量为8.3万亿立方米，占全国煤层气资源量的近1/3。2015年，山西省煤层气开采量占全国90%。"十三五"山西建设两大煤层气基地。建设沁水、河东两大煤层气基地，推进河曲—保德、临县—兴县、三交—柳林、永和—大宁—吉县、沁南、沁北等6个煤层气片区勘探开发，实施煤矿瓦斯抽采全覆盖工程，到2020年，全省煤层气总产能力争达 400 亿立方米。为加快推进煤层气产业建设，山西出台了《关于加大用地政策支持力度促进煤层气产业发展的通知》《关于煤层气矿业权审批和监管的实施意见》《关于完善煤层气试采审批管理工作的通知》《关于印发山西省煤层气和煤炭矿业权重叠区争议解决办法（试行）的通知》等相关政策，与《关于委托山西省国土资源厅在山西省行政区域内实施部分煤层气勘查开采审批登记的决定》一起，构成了我省实施煤层气矿业权审批制度改革的主要政策体系。

从 2016 的年 4 月开始，国土资源部委托我省实施部分煤层气勘查开采审批登记，试点时间为 2 年。作为国家委托审批煤层气矿业权试点的唯一省份，我省按照"承接委托不走样、审批标准不降低、办事效率有提高、管理机制有创新、服务发展见成效"的基本思路，已办理了 8 宗探矿权延续登记，实施了全省榆社—武乡煤层气调查、山阴—怀仁煤层气页岩气预查和煤炭采空区煤层气资源调查评价等省级项目。

前出台的四项煤层气产业发展新政，通过"四个全面"，落实产业用地优先保障、规范产业用地具体范围、覆盖用地"批、供、用、补、查"各个阶段、保障土地权利人合法权益，解决了过去"政策不具体、企业不会报、政府不敢批、基层不会管"的问题；通过"四个统筹"，严格执行国土资源部和省政府部署，明确建立省级协调机制、统筹矿业权出让、关联审批事项和综合执法等，用好存量资源与优化增量配置，落实用地保障等激励机制和针对勘查开采的约束机制，为放大改革试点效应提供广阔空间；通过"四个率先"，明确申请试采控制面积和工程布置要求，建立试采许可证延期制度，实施专项评价提前启动机制，尝试设立专门公司销售试采回收气，解决了煤层气勘查持续进行和试采气资源充分利用等问题；通过"四个规范"，提出了解决矿业权重叠区争议的方式和解决渠道，即签署互保协议、合作勘查开采、调整跨界范围和自主协商、行政调解、行政裁决，进一步适应了建设煤层气支柱产业的新形势，把资源优势转化为产业优势、竞争优势、发展优势。

今后，加快煤层气勘探开发及配套管网建设，实现地面煤层气抽采全部利用。建设煤矿瓦斯抽采利用体系，重点搞好晋城、阳泉、潞安、西山和离柳5个瓦斯矿区的抽采利用，推广低浓度瓦斯脱氧及其他先进技术，大幅提高煤矿瓦斯抽采利用率。用好煤层气资源管理下放山西政策，统筹利用煤层气、过境天然气、焦炉煤气制天然气、煤制天然气等，努力形成六大煤层气勘探开发基地，构建五大瓦斯抽采利用园区。支持低浓度瓦斯发电、热电冷联供或浓缩利用，鼓励乏风瓦斯发电或供热等利用，提高瓦斯利用率。加大煤层气勘查开发利用技术和装备研发，提升科技创新能力和技术装备水平。逐步实现燃气在民用领域基本替代燃煤，在重点工业领域部分替代燃煤。

（六）稳步发展现代煤化工

近年来，发展以煤制油、煤制气为主的现代煤化工项目，是一些煤炭富集地区产业转型的主要方向。但因其高耗能、高耗水等问题，国内对煤化工争议不断，加之油价大幅下降又给煤化工带来冲击。因此，政府应该对煤化工的现状实地调研，认真分析，对煤化工的发展路径科学决策，做好顶层设计，推进煤炭由燃料向原料与燃料并重转变，有效替代油气资源。

稳妥实施煤制油、煤制气示范工程。按照清洁高效、量水而行、科学布局、突出示范、自主创新的原则，从技术战略储备角度出发，稳妥推进煤制油、煤制气技术研发和产业化升级示范工程，掌握核心技术，提高关键设备的自主研发和生产能力，提高技术和装置的可靠性和稳定性，严格控制能耗、水耗和污染物排放，形成适度规模的煤基燃料替代能力。

鼓励重点发展化工原料和高新材料。鼓励发展苯类中的甲苯、二甲苯，烯烃类的乙烯、丙烯，芳烃、烯烃、乙二醇等重要化工原料，对石油进行间接补充和替代，推进煤炭清洁高效转化的产业化发展。

推进低品质煤的提质利用。做好褐煤提质规划和利用，发展褐煤高效脱水、低温干馏多联产和高效脱灰技术，对灰分、水分大的褐煤进行提取化学组分做化工原料，再将提质后的褐煤作为发电等的燃料，最终达到优质煤优用，优质组分优用，分档用、分质用的目的。

（七）制定鼓励循环经济发展政策

大力发展煤炭循环经济。以大型煤炭企业集团为龙头，以煤炭工业园区为载体，建设一批重点循环经济园区，形成以园区为重点，企业与企业、产业与产业、区域与区域之间的循环网络体系，推进煤炭循环经济发展新模式。

鼓励以大型矿区、大型煤矿为依托，建设以煤炭资源开发为基础的循环经济产业园，延伸产业链条，提高煤炭和与煤共伴生资源（煤层气、矿井水、煤矸石和煤泥等）综合开发利用，有效控制污染物排放，实现资源开发、产业发展、环境保护与区域经济社会协调发展。

完善促进煤炭循环经济发展机制。坚持把符合循环经济要求作为煤炭产业准入的基本条件之一。完善政策引导和资金扶持机制，加大循环经济发展支持力度。落实粉煤灰、煤矸石等资源综合利用国产品税收优惠政策加快建立煤炭循环经济技术创新体系。建立完善煤炭循环经济统计评价制度，制定完善煤炭循环经济标准体系和产品资源消耗标识制度。

九、健全矿区生态环境修复补偿政策

加大采煤沉陷区治理力度。按照综合规划、全面推进、加快建设的原则，以解决采煤沉陷区人居环境突出问题为重点，全面实施搬迁安置、生态修复、土地复垦等综合治理，恢复和改善采煤沉陷区生态环境。重点改善采煤沉陷区群众的生产生活条件，鼓励创新创业，建设新型现代化小城镇或新社区。

（一）建立矿区生态修复补偿标准体系

在山西煤炭产业发展中，要把生态文明建设放在突出地位，建立矿区生态环境及水土保持恢复补偿机制。按照"谁开发、谁保护，谁污染、谁治理，谁破坏、谁恢复"的原则，在煤炭资源开发的同时加强矿区生态环境和水资源保护、废弃物和采煤沉陷区治理，鼓励循环利用和综合利用，减少污染物排放，建设资源节约型和环境友好型矿区，促进人与矿区和谐发展。

在深化产权制度改革，明确界定林权、矿山开采权、水权的基础上，加快建立生态修复服务价值评估核算体系，根据各领域、不同类型地区的特点，制定指标体系、完善测算方法，分别制定修复补偿标准，并逐步加大补偿力度。切实加强监测能力建设，健全重点生态功能区、跨省流域断面水量水质国家重点监控点位和自动监测网络，制定和完善监测评估指标体系，及时提供动态监测评估信息。逐步建立补偿统计信息发布制度，抓紧建立矿区生态修复补偿效益评估机制，积极培育生态服务评估机构。将矿区生态修复补偿机制建设工作成效

纳入地方政府的绩效考核。强化科技支撑，开展矿区生态补偿理论和实践重大课题研究。

(二) 建立矿山环境恢复治理补偿制度

2007 年以来，山西煤炭可持续发展基金试点工作成效显著。近几年面对煤炭市场下行的压力，山西省政府下发了《关于印发进一步促进全省煤炭经济转变发展方式实现可持续增长措施的通知》，《通知》规定暂停提取煤炭企业矿山环境恢复治理保证金和煤矿转产发展资金。建议在完善清费立税的基础上，新矿井建设恢复矿山环境恢复治理保证金制度。从制度上进一步明晰矿区居民享有的矿区生态环境的各种权利。根据实际治理需要，准确核算矿山企业开发资源生态损害成本，确定保证金提取标准；同时在环境治理方面对企业出台一定的税收优惠政策，对企业在环保投入方面的投入给予一定的政策扶持，提高企业主动修复的积极性。对于旧矿的环境恢复治理补偿，积极争取国家财政支持，努力将矿区生态环境修复列入中央预算列支项目。争取加大中央预算内采煤沉陷区综合治理专项支持力度，将重点采煤沉陷区纳入资源枯竭城市财力转移支付范围。

(三) 探索市场化生态补偿模式

充分应用经济手段和法律手段，探索多元化生态补偿方式。山西废弃旧矿区生态恢复治理面积大、任务重、投入多，仅靠政府资金难以解决。在市场经济手段不断完善的今天，废旧矿区生态修复模式，应该适应市场经济的要求，在完善政府行政手段的基础上，应采用一些市场机制的方式。比如，通过产权制度的激励，配置部分生态修复产权吸引社会资金投入矿区生态修复，加快矿区生态修复的步伐。可通过出让治理后部分产权吸引和引导社会资金投入，如何确定生态修复企业的部分废弃矿区生态修复收益权，是目前应该认真研究的问题。由于生态修复治理效益难以评价，配置的权利的收益应该是在保障恢复治理成本的基础上，让企业有利润，这个利润水平达到当地企业的平均利润。这个权利的实现可以有多种方式，配置小部分复垦土地的优先使用权、生态效益收费的权利、生态产品标志的权利等等。推行第三方治理模式。建立独立于政府的第三方监督与治理机制，代表政府行使监督与治理的职能，发现问题及时进行责任追究。

（四）出台《山西矿区生态修复补偿条例》

目前，生态环境补偿的立法已成为当务之急，亟须将补偿范围、对象、方式、标准等以法律形式确立下来。应尽快出台《山西矿区生态修复补偿条例》，建立权威、高效、规范的法律法规体系，促进矿区生态补偿工作走上法制化、规范化、制度化、科学化的轨道。根据山西省具体情况，应对矿产资源、大气环境、水流域以及重要矿区等几大生态系统，分别制定各领域生态修复实施办法，明确各领域的补偿主体、受益主体、补偿程序、监管措施等，确定相关利益主体间的权利义务，形成奖优罚劣的生态修复机制。根据环保、国土、煤炭等部门生态环境补偿的特殊性和已有的补偿基础，分领域、分部门实施推进。

（五）完善煤炭开发环保政策

煤炭持续高强度开发利用是山西省当前区域生态环境问题日渐加剧的重要原因。要实施节约优先的发展战略，加快资源综合利用，减少煤炭开采加工利用过程中的能源消耗与污染物排放。综合利用价格、财政、税收、金融等经济杠杆，同时科学结合总量控制、配额制等行政类政策工具，达到控煤减排等政策目标。鼓励支持回收呆滞煤炭资源，提高煤炭资源回收率和利用效率。建立和完善煤炭行业节能管理、

345

评价考核、节能减排和清洁生产奖惩制度。加强对火电、钢铁、现代煤化工、燃煤锅炉以及分散燃煤等能源领域重点污染源的治理，减少能源生产和利用过程中的大气污染物排放。

十、进一步完善煤炭安全政策

2017 年 1 月 12 日，国务院印发《安全生产"十三五"规划》，《规划》提出到 2020 年，煤矿百万吨死亡率要比 2015 年下降 15%。全力提升安全管理水平，进一步增强安全保障能力，要始终把安全生产放在首位，采取更加严格的措施，进一步增强安全保障能力。

（一）坚决遏制重特大事故

煤矿要依法推动高瓦斯、煤与瓦斯突出、水文地质条件复杂且不清、冲击地压等灾害严重的不安全矿井有序退出。完善基于区域特征、煤种煤质、安全生产条件、产能等因素的小煤矿淘汰退出机制。新建、改扩建、整合技改矿井全面实现采掘机械化。优化井下生产布局，减少井下作业人员。推进煤矿致灾因素排查治理。强化煤矿安全监测监控和瓦斯超限风险管控，优先推行瓦斯抽采、区域治理，促进煤矿瓦斯规模化抽采利用。构建水害防治工作体系，落实"防、堵、疏、排、截"五项综合治理措施，提升基础、技术、现场和应急管理水平。强化煤矿粉尘防控，推进煤矿粉尘"抑、减、捕"等源头治理。加强对爆炸性粉尘的管理和监测监控，严格对明火、自燃及机电设备等高温热源的排查管控，杜绝重大灾害隐患的牵引叠加。推动企业健全矿井风险防控技术体系，建立矿井重大灾害预警、设备故障诊断系统。

（二）严格落实煤炭企业主体责任

加强企业内生机制建设。企业要建立健全自我约束、持续改进的安全生产内生机制，实行最严格的全员安全生产责任制度，做到安全投入到位、安全培训到位、基础管理到位、应急救援到位。抓好矿长和总工程师两个关键，健全以矿长为首的安全生产管理团队、以总工程师为首的工程技术管理团队建设；强化企业技术管理机构的安全职能，落实主要技术负责人安全生产技术决策和指挥权；健全以区队长、班组长、安监员为主的现场管理团队，确保按章指挥、按章作业、真抓严管。

（三）进一步加强瓦斯和水害治理

要全面抓好煤矿瓦斯、煤尘、水、火、顶板和机械等六大灾害治理，更要针对全省实际突出抓好瓦斯和透水事故的防治。抓紧出台我省瓦斯、水害治理有关规定。对瓦斯、防治水等关键岗位人员实行严格准入，通过培训提升从业人员素质和责任意识，让职工熟练掌握安全基本知识、岗位技能和自救互救、紧急避险等技能，培育本质安全型员工、建设本质安全型企业。重点成立瓦斯、防治水专业化服务公司，实现以专业工程专业队伍施工、专业化的技能、专业化的素养来提高效率、降低成本、保障安全。加快灾害严重的煤矿实施矿井通风和防治瓦斯、煤尘、矿井火灾、水害、冲击地压等安全技术改造。

（四）提升科技对煤矿安全生产保障能力

加强对煤矿重大灾害风险判识及监控预警、超大规模矿山提升运输系统及自动化控制、粉尘爆炸事故防控、安全监管监察智能化等技术的研发，推动煤矿科技成果转化应用，重点推广大型矿山自动化开采、中小型矿山机械化开采、井下大型固定设施无人值守、矿山地压灾害监测与治理等安全生产工艺技术，在矿山、危险化学品等高危行业领域实施"机械化换人、自动化减人"，到2020年底，矿山、危险化学品等重点行业领域机械化程度达到 80％以上。

(五) 加强预警和防控能力建设

建设全省安全生产信息大数据平台。加强对煤矿开发过程中可能诱发灾害的调查、监测及预报预警。推动矿山等高危行业企业建设安全生产数据采集上报与信息管理系统，改造升级在线监测监控系统。推动企业安全生产标准化达标升级。推进煤矿安全技术改造；创建煤矿煤层气（瓦斯）高效抽采和梯级利用、粉尘治理，兼并重组煤矿水文地质普查，以及大中型煤矿机械化、自动化、信息化和智能化融合等示范企业；建设智慧矿山。实施以高危粉尘作业和高毒作业职业病危害为重点的专项治理。建设区域职业病危害防治平台。

十一、制定加强煤炭产业对外开放合作政策

实践证明，不断扩大对外开放，提高对外开放水平，以开放促改革、促转型、促发展，是山西振兴崛起、摆脱资源型经济桎梏的必由之路。习近平总书记视察山西时指出，山西是"一带一路"大商圈的重要组成部分，并提出山西"打造内陆地区对外开放新高地"的重大任务，为山西煤炭产业对外开放发展指明了道路。

(一) 煤炭产业要深度融入国家重大战略

山西要不断提升转型发展水平，必须大力提高全社会特别是领导干部的开放意识、开放素质和开放能力；树立全球视野，立足国际国内两个市场、两种资源，坚持引进来和走出去协同，引资和引技引智并举，把山西经济纳入国际国内市场大循环，开创对外开放新局面。

主动对接、积极参与"一带一路"、环渤海经济圈、京津冀协同发展和雄安新区建设。一构建连接"一带一路"大通道。完善物流基地、城市配送中心布局，打造一批具有多式联运功能的大型综合物流基地。在物流基地建设具有海关、检验检疫等功能的铁路口岸。在太原、大同建设全国性综合交通枢纽。争取中央对符合条件的山西省交通基础设施项目予以支持，将山西省列入普通公路重载交通建设试点。开展山西（阳泉）智能物联网应用基地试点建设。推动大同、运城、五台山机场航空口岸开放。积极支持山西省复制推广自由贸易试验区等成熟改革试点经验。二是统筹制定"一带一路"与国际产能合作的战略规划。山西煤炭、钢铁产能严重过剩，化解过剩产能任务艰巨。推动"一带一路"沿线国家间的产能合作，推动煤炭、矿山、交通等装备制造业优势产能"走出去"，可能是解决这一问题的现实选择。建议山西省统筹制定"一带一路"与国际产能合作的战略规划，推动山西优势产能融入"一带一路"，搭建一系列国际产能合作的新平台，推动山西煤炭、矿山、交通、纺机、汽车等装备制造业优势产能"走出去"，成为振兴山西经济的重要动力。三是以"一带一路"为契机，加快实施煤炭行业对外开放战略，鼓励积极参与煤炭等资源全球治理与国际合作，增强山西煤炭产业的综合竞争力和话语权。树立按国际规划办事、合作共赢的理念，国家要建立健全支持煤炭企业走出去的金融、外汇、基金、保险等政策，加强对企业社会责任、资信资质规范、专业化信息平台建设等方面的指导和服务，强化煤炭行业协会的协调、咨询与服务功能，加强信息、资金、标准、知识产权、法律、税收、人才和物流等专业性中介机构发展，进一步提升山西参与全球煤炭等资源治理和经济治理能力。四是加强与京津冀协同发展战略衔接。山西省与京津冀地区建立合作机制，实现联动发展。构筑京津冀生态屏障，完善区域环境污染联防联控机制，利用国家现有资金渠道对山西省符合条件的生态环保项目予以支持。增加山西省向京津冀地区的清洁能源供应，参与京津冀电力市场化交易。加强京津冀等地企业与山西省电力企业开展合作，扩大电力外送规模。

（二）煤炭产业要积极参与"东融南承西联北拓"战略

山西要克服资源型地区眼睛向内的习惯，眼睛向外，登高望远，以开放的心态推进转型发展。顺应时代潮流，与他省他国，互容互鉴、互联互通，不断把整个对外开放提高到新的水平。2017年，山西省政府工作报告中提出，山西要成为内陆地区对外开放高地，当前主要实施"东融南承西联北拓"战略，"向东"，融合京津冀和环渤海经济区；"向南"，承接国际市场以及长三角、珠三角、港澳台地区产业梯度转移；"向西"，连接西部的区域，着力于搭乘"丝绸之路经济带"发展快车；"向北"，拓展蒙晋冀长城金三角区域合作，主动融入中蒙俄经济走廊。山西位于内陆协作区，既是保障环渤海地区持续发展的战略空间和强力支撑，又是环渤海地区与中西部、东北地区联动发展的重要平台和联系纽带。我省煤炭产业可以充分发挥山西贯通东西、连接南北的区位优势和战略点作用，立足于环渤海经济圈西部门户的区域定位，做好陆上丝绸之路能源经济带与京津冀有效对接的桥梁纽带。着力加强对外开放与合作，积极引进先进技术，引导科技创新、市场延伸和产业转移，实现高碳产业低碳发展。特别是以转型综改试验区建设为统领，依托中国（山西）国际低碳发展高峰论坛、中国（太原）国际能源产业博览会、山西科技创新城、中国（太原）煤炭交易中心等平台，打造全球低碳环保经济开放高地、国际低碳技术科学研发高地和低碳经济国际合作高地。同时，支持山西加强世界煤炭产业合作，参加各种展会和博览会，构建全球煤炭产业城市联盟，提升太原在全球煤炭产业中的话语权和影响力。

（三）搭建煤炭企业对外开放合作的平台

山西煤炭产业正面临着一场大的变革，解决去产能去冗余问题迫在眉睫。山西作为全国煤炭生产大省，在采煤工艺技术、煤矿设备制造等方面具有较强的竞争优势，煤企走出去参与全国甚至全球化互动不失为当前解决煤炭产业诸多问题的一条有效途径。企业走出去的同时也会遇到各种各样的风险与挑战，需要政府为企业搭建各种对外开放和合作的平台。一是搭建对外交流平台。"一带一路"沿线国家大多有着丰富的石油天然气、煤炭、金属矿产等资源，面临着基础设施建设的巨大需求，而山西则在矿产勘探、开采技术、采掘装备、基础设施建设等方面优势明显，建议山西通过建设国际友好省州、友好城市、友好合作关系等途径，构建友好伙伴关系网、贸易投资促进联合体和企业家俱乐部等，服务"一带一路"沿线国家的产能合作。二是搭建口岸开放平台。推动山西企业走出去和国际产能合作，口岸是第一道关口，构建快速高效的立体通关体系是首要任务。建议山西加强与海关总署、国家质检总局等关检部门沟通与合作，整合各航空口岸、铁路口岸、海关口岸等资源，推动山西境内口岸与中国海关口岸、其他国家口岸之间的互联互通，为推动实现大通关提供各种政策支持和便利条件，打造畅通便利的出海口和通关网络。三是建立保税物流平台。保税物流是国际产能合作的基础和前提，便捷的物流不仅有利于增加合作机会，而且还会大大降低合作成本。建议山西在推动建设综合保税区、保税物流中心和园区的基础上，鼓励国际大型物流企业进入山西，并支持山西物流园区与"一带一路"沿线国家的物流园区建立合作关系，为国际物流合作提供便利。特别是大力发展跨境电子商务，借助跨境电子商务推动国际商贸物流和产能合作。四是搭建产业承接平台。如何推动企业走出去的项目落地，是一个棘手的问题，尤其是对那些没有国际投资经验的企业来说，更是如此。建议山西积极推动在其他国家建立产业承接平台，支持在东南亚国家建设采煤—焦化—发电一体化循环工业园区，打造参与海上丝绸之路建设的重要支点；依托晋非经贸合作区大力拓展非洲市场，打造企业开拓非洲市场的桥头堡。

附录

历年来山西省制定出台的煤炭产业政策

《山西省矿业开采管理暂行办法》，山西省人民政府，1950 年 4 月 1 日。

《关于执行山西省矿业开采管理暂行办法的指示》，山西省人民政府，1950 年 4 月 20 日。

《山西省小煤矿管理试行办法实施细则》，山西省人民政府，1980 年 3 月 14 日。

《关于加强地方煤矿安全整顿工作的通知》，山西省人民政府，1980 年 8 月 26 日。

《关于审批全省各类煤矿矿权资源有关事项的通知》，1984 年 1 月 24 日。

《关于进一步加快我省地方煤矿发展的暂行规定》，山西省人民政府，1984 年 8 月 17 日。

《山西省煤炭开发管理条例（试行）》，山西省第六届人民代表大会常务委员会第十四次会议通过，1985 年 9 月 10 日。

《山西省煤炭开发管理条例（试行）》实施细则，山西省人民政府，1986 年 4 月 26 日。

《山西省人民政府关于加强煤炭产、运、销管理的通知》，山西省人民政府，1986 年 5 月 5 日。

《山西省乡镇煤矿管理办法（试行）》，山西省人民政府，1986年9月1日。

《山西省人民政府关于全省地方煤矿整顿改造的决定》（晋政发〔1992〕23号），山西省人民政府，1992年2月26日。

《山西省人民政府关于提高和放开地方煤炭价格的通知》（晋政发〔1992〕64号），山西省人民政府，1992年7月28日。

《山西省人民政府关于全省地方煤炭运销系统管理体制的通知》（晋政发〔1992〕66号），山西省人民政府，1992年7月18日。

《山西省人民政府关于进一步加强煤炭产运销宏观管理的通知》（晋政发〔1994〕94号），山西省人民政府，1994年10月6日。

《山西省人民政府转发省煤炭厅（局）关于继续整顿小煤矿的实施意见的通知》（晋政发〔1995〕77号），山西省人民政府，1995年6月9日。

《山西省人民政府关于印发山西省整顿煤炭生产秩序方案的通知》（晋政发〔1997〕61号），山西省人民政府，1997年6月4日。

《山西省煤炭管理条例》，山西省第九届人民代表大会常务委员会第二十次会议2001年1月12日审议通过。

《山西省矿业权公开出让暂行规定》，山西省人民政府令第164号，2003年7月4日。

《山西省煤矿安全生产监督管理规定》，山西省人民政府令第171号，2004年02月20日。

《山西省人民政府关于继续深化煤矿安全整治的决定》（晋政发〔2004〕14号），山西省人民政府，2004年4月16日。

《山西省人民政府办公厅关于转发省煤炭局〈山西省煤矿井下职工意外伤害保险制度试行办法〉的通知》（晋政办发〔2004〕33号），

政府办公厅，2004 年 5 月 17 日。

《山西省人民政府办公厅关于印发〈山西省焦炭生产企业排污费计费生产量核定办法〉和〈山西省焦炭生产排污费核定征收监督办法〉的通知》（晋政办发〔2004〕90 号），山西省人民政府办公厅，2004 年 10 月 28 日。

《山西省人民政府印发关于落实煤矿安全责任预防重特大事故发生的规定的通知》（晋政发〔2004〕44 号），山西省人民政府，2004 年 11 月 30 日。

《山西省人民政府关于加快三大煤炭基地建设促进全省煤炭工业可持续发展的意见》（晋政发〔2004〕6 号），山西省人民政府，2005 年 1 月 23 日。

《关于采取有力措施切实搞好煤矿煤矿安全生产工作的通知》（晋政办电〔2005〕29 号），山西省人民政府办公厅，2005 年 3 月 25 日。

《关于印发山西省焦炭生产排污费征收使用管理办法（试行）的通知》（晋政发〔2005〕12 号），山西省人民政府，2005 年 4 月 15 日。

《山西省人民政府关于对全省焦化项目实施分类处置的通知》（晋政发〔2005〕13 号），山西省人民政府，2005 年 4 月 18 日。

《山西省人民政府办公厅关于进一步推进全省焦化行业专项清理整顿工作的通知》（晋政办发〔2005〕25 号），山西省人民政府办公厅，2005 年 4 月 18 日。

《关于推进煤炭企业资源整合和有偿使用的意见（试行）》（晋政发〔2005〕20 号），山西省人民政府，2005 年 6 月 27 日。

《关于将劳动用工管理纳入煤矿整顿验收工作的通知》（晋政办电〔2005〕74 号），山西省人民政府办公厅，2005 年 7 月 13 日。

《山西省人民政府关于严厉打击非法违法煤矿有效遏制重特大事故的决定》(晋政发〔2005〕30 号),山西省人民政府,2005 年 9 月 15 日。

《山西省人民政府关于印发〈山西省非法违法煤矿举报奖励制度(试行)〉的通知》（晋政发〔2005〕29 号），山西省人民政府，2005 年 9 月 18 日。

《山西省人民政府办公厅关于转发省统计局等部门关于加强全省煤炭产销统计工作的意见的通知》（晋政办发〔2005〕71 号），山西省人民政府办公厅，2005 年 9 月 21 日。

《山西省人民政府办公厅关于印发全省严厉打击非法违法煤矿专项行动工作方案的通知》（晋政办发〔2005〕74 号），山西省人民政府办公厅，2005 年 9 月 30 日。

《关于印发山西省全面整顿和规范矿产资源开发秩序实施方案的通知》（晋政发〔2005〕36 号），山西省人民政府，2005 年 12 月 20 日。

《山西省人民政府办公厅转发省安监局山西煤监局关于煤矿重大安全生产隐患排查治理报告和监管监察办法暨关于煤矿安全生产许可工作有关规定的通知》（晋政办发〔2005〕100 号），山西省人民政府办公厅，2005 年 12 月 28 日。

《山西省煤炭资源整合和有偿使用办法》，山西省人民政府令第 187 号，2006 年 2 月 28 日。

《山西省人民政府办公厅关于在全省煤矿建立煤炭产量监控系统的通知》（晋政办发〔2006〕18 号），山西省人民政府办公厅，2006 年 4 月 13 日。

《关于深化非煤矿山安全整治工作的决定》（晋政发〔2006〕24 号），山西省人民政府，2006 年 8 月 21 日。

《山西省人民政府办公厅关于做好整顿关闭煤矿矿井工作的通知》（晋政办发〔2006〕70号），山西省人民政府办公厅，2006年11月1日。

《山西省人民政府关于印发山西省循环经济发展规划的通知》（晋政发〔2006〕51号），山西省人民政府，2006年12月27日。

《关于加快发展循环经济的实施意见》（晋政发〔2006〕49号），山西省人民政府，2006年12月27日。

《山西省煤炭可持续发展基金征收管理办法》，山西省人民政府令第203号，2007年3月10日。

《山西省人民政府办公厅关于印发山西省加快培育和发展大型煤炭集团公司的实施方案的通知》（晋政办发〔2007〕35号），山西省人民政府办公厅，2007年3月31日。

《关于印发山西省焦炭生产排污费征收管理办法的通知》（晋政发〔2007〕11号），山西省人民政府，2007年4月19日。

《山西省印发山西省煤炭工业可持续发展政策措施试点工作总体实施方案的通知》（晋政发〔2007〕9号），山西省人民政府，2007年4月1日。

《山西省人民政府关于开展煤矿安全隐患排查治理专项行动的通知》（晋政发〔2007〕12号），山西省人民政府，2007年5月17日。

《山西省人民政府办公厅关于印发山西省煤炭工业"十一五"发展规划的通知》（晋政办发〔2007〕96号），山西省人民政府办公厅，2007年7月30日。

《关于印发山西省煤炭可持续发展基金分成入库与使用管理实施办法(试行)的通知》（晋政发〔2007〕39号），山西省人民政府，2007年10月31日。

《关于印发山西省煤矿转产发展资金提取使用管理办法（试行）的通知》（晋政发〔2007〕40号），山西省人民政府，2007年11月15日。

《关于印发山西省矿山环境恢复治理保证金提取使用管理办法（试行）的通知》（晋政发〔2007〕41号），山西省人民政府，2007年11月15日。

《山西省人民政府印发山西省煤炭企业办矿标准暂行规定的通知》（晋政发〔2007〕45号），山西省人民政府，2007年12月12日。

《关于开展非煤矿山企业资源整合和有偿使用工作的实施意见》（晋政发〔2007〕47号），山西省人民政府，2007年12月21日。

《山西省人民政府办公厅关于印发山西省煤炭可持续发展基金安排使用管理实施细则（试行）的通知》（晋政办发〔2008〕12号），山西省人民政府办公厅，2008年2月21日。

《山西省人民政府办公厅关于印发山西省煤炭专业人才培养规划的通知》（晋政办发〔2008〕15号），山西省人民政府办公厅，2008年2月25日。

《山西省人民政府办公厅关于进一步推进我省煤炭工业可持续发展政策措施试点工作的意见》（晋政办发〔2008〕35号），山西省人民政府办公厅，2008年8月12日。

《山西省人民政府办公厅关于在全省开展严厉打击非法开采煤炭专项行动的通知》（晋政办发〔2008〕60号），山西省人民政府办公厅，2008年8月12日。

《山西省人民政府办公厅转发省统计局省煤炭局关于加强煤炭产量统计工作的意见的通知》（晋政办发〔2008〕56号），山西省人民政府办公厅，2008年8月12日。

《山西省人民政府办公厅关于印发山西省煤炭企业转产煤炭城市转型政策试点实施方案的通知》（晋政办发〔2008〕77 号），山西省人民政府办公厅，2008 年 9 月 8 日。

《山西省人民政府办公厅转发省国土资源厅关于煤矿企业兼并重组所涉及资源采矿权价款处置办法的通知》（晋政办发〔2008〕83 号），山西省人民政府办公厅，2008 年 11 月 11 日。

《关于加快推进煤矿企业兼并重组的实施意见》（晋政发〔2008〕23 号），山西省人民政府，2008 年 11 月 11 日。

《山西省人民政府办公厅关于转发全省煤矿安全生产专项整治工作方案的通知》（晋政办发〔2009〕1 号），山西省人民政府办公厅，2009 年 1 月 13 日。

《山西省人民政府办公厅关于转发省煤炭局全省国有重点煤矿和地方骨干煤矿安全生产专项整治工作方案的通知》（晋政办发〔2009〕39 号），山西省人民政府办公厅，2009 年 4 月 3 日。

《关于印发山西省安全生产事故灾难应急预案的通知》（晋政办发〔2009〕47 号），山西省人民政府办公厅，2009 年 4 月 27 日。

《关于印发山西省焦化产业调整和振兴规划》（晋政发〔2009〕7 号），山西省人民政府，2009 年 4 月 27 日。

《关于进一步加快推进煤矿企业兼并重组整合有关问题的通知》（晋政发〔2009〕10 号），山西省人民政府，2009 年 4 月 27 日。

《关于印发山西省煤炭产业调整和振兴规划的通知》（晋政发〔2009〕18 号），山西省人民政府，2009 年 6 月 23 日。

《关于印发山西省电力产业调整和振兴规划的通知》（晋政发〔2009〕19 号），山西省人民政府，2009 年 6 月 23 日。

《关于印发山西省煤化工产业调整和振兴规划的通知》（晋政发〔2009〕14 号），山西省人民政府，2009 年 6 月 23 日。

《山西省人民政府办公厅关于集中办理兼并重组整合煤矿证照变更手续和简化项目审批程序有关问题的通知》（晋政办发〔2009〕100号），山西省人民政府办公厅，2009 年 9 月 15 日。

《山西省人民政府办公厅关于减轻我省焦化企业负担有关事项的通知》（晋政办发〔2009〕92 号），山西省人民政府办公厅，2009 年 9月 15 日。

《山西省人民政府办公厅关于印发山西省煤炭工业可持续发展政策措施试点工作情况的报告的通知》（晋政办发〔2009〕156 号），山西省人民政府办公厅，2009 年 10 月 23 日。

《山西省人民政府办公厅转发省地税局关于进一步做好煤矿企业兼并重组涉税服务意见的通知》（晋政办发〔2009〕171 号），山西省人民政府办公厅，2009 年 12 月 30 日。

《山西省人民政府办公厅关于加强煤矿建设项目安全管理的通知》（晋政办发〔2009〕172 号），山西省人民政府办公厅，2009 年 12 月30 日。

《关于在全省开展排污权有偿使用和交易工作的指导意见》（晋政发〔2009〕39 号），山西省人民政府，2010 年 2 月 8 日。

《关于印发山西省煤炭开采生态环境恢复治理规划的通知》（晋政发〔2009〕40 号），山西省人民政府，2010 年 2 月 8 日。

《山西省人民政府办公厅关于山西省分离国有重点煤炭企业办社会职能的指导意见》（晋政办发〔2009〕192 号），山西省人民政府办公厅，2010 年 2 月 8 日。

《山西省人民政府办公厅关于进一步做实做强煤炭主体企业有关事项的通知》（晋政办发〔2010〕5号），山西省人民政府办公厅，2010年3月19日。

《山西省人民政府办公厅转发省发展改革委关于市县级煤炭可持续发展基金安排使用及基金项目实施情况检查整改意见的通知》（晋政办发〔2010〕6号），山西省人民政府办公厅，2010年3月19日。

《山西省人民政府办公厅关于进一步明确煤矿安全监管职责的通知》（晋政办发〔2010〕8号），山西省人民政府办公厅，2010年3月19日。

《山西省人民政府办公厅转发省发展改革委关于进一步鼓励利用煤矸石粉煤灰等废渣生产新型墙体材料实施意见的通知》（晋政办发〔2010〕26号），山西省人民政府办公厅，2010年5月21日。

《山西省人民政府办公厅关于进一步加强全省煤矿建设安全"十不准两严格"的通知》（晋政办发〔2010〕47号），山西省人民政府办公厅，2010年9月14日。

《山西省人民政府办公厅关于进一步完善全省煤矿企业兼并重组整合采矿登记有关工作的通知》（晋政办发〔2010〕66号），山西省人民政府办公厅，2010年9月14日。

《山西省人民政府办公厅关于严厉打击非法违法开采矿产资源的通知》（晋政办发〔2011〕1号），山西省人民政府办公厅，2011年1月25日。

《山西省人民政府办公厅关于认真贯彻落实省领导重要批示精神确保圆满完成煤矿企业兼并重组整合工作的通知》（晋政办发〔2011〕12号），山西省人民政府办公厅，2011年3月22日。

《山西省人民政府办公厅关于规范全省煤炭销售管理有关事项的通知》（晋政办发〔2011〕35号），山西省人民政府办公厅，2011年6月21日。

《山西省人民政府办公厅关于进一步做好兼并重组整合煤矿企业工商登记注册的通知》，山西省人民政府办公厅，2011年8月5日。

《山西省人民政府办公厅转发省煤炭厅关于进一步加强煤矿防治水工作若干规定的通知》（晋政办发〔2011〕70号），山西省人民政府办公厅，2011年8月27日。

《山西省人民政府办公厅关于规范和完善市县两级煤炭可持续发展基金使用管理的通知》（晋政办发〔2011〕89号），山西省人民政府办公厅，2011年12月31日。

《山西省人民政府办公厅关于规范和加强矿山环境恢复治理保证金和煤矿转产发展资金提取使用管理的通知》（晋政办发〔2011〕99号），山西省人民政府办公厅，2011年12月31日。

《关于山西省焦化行业兼并重组的指导意见》（晋政发〔2011〕29号），山西省人民政府，2011年12月30日。

《关于印发山西省焦化行业兼并重组实施方案的通知》（晋政发〔2012〕15号），山西省人民政府，2012年6月25日。

《关于进一步加强全省煤炭行业科技创新工作的意见》，山西省煤炭工业厅，2012年4月。

《山西省人民政府办公厅关于印发进一步强化煤矿安全生产工作的规定的通知》（晋政办发〔2012〕34号），山西省人民政府办公厅，2012年6月25日。

《山西省促进煤炭电力企业协调发展实施方案》（晋政办发〔2012〕

51 号），山西省政府办公厅，2012 年 7 月 13 日。

《山西省人民政府办公厅关于规范露天煤矿开采有关问题的通知》
（晋政办发〔2012〕47 号），山西省人民政府办公厅，2012 年 7 月 18 日。

《山西省人民政府办公厅关于进一步采取有效措施巩固煤矿重组整
合成果的通知》（晋政办发〔2012〕48 号），山西省人民政府办公厅，
2012 年 7 月 18 日。

《山西省人民政府关于进一步推进现代化矿井建设的意见》（晋政
发〔2013〕14 号），山西省人民政府，2013 年 4 月 19 日。

《山西省人民政府办公厅关于印发山西省煤矿变招工为招生推进工
作方案的通知》（晋政办发〔2013〕74 号），山西省人民政府办公厅，
2013 年 7 月 10 日。

《山西省人民政府关于印发进一步促进全省煤炭经济转变发展方式
实现可持续增长措施的通知》（"煤炭 20 条"）（晋政发〔2013〕26
号），山西省人民政府，2013 年 7 月 25 日。

《山西省人民政府关于印发山西省核准低热值煤发电项目核准实施
方案的通知》（晋政发〔2013〕30 号），山西省人民政府，2013 年 8
月 7 日。

《山西省人民政府关于加快推进煤层气产业发展的若干意见》
（"煤层 20 条"）（晋政发〔2013〕31 号），山西省人民政府，2013 年
8 月 13 日。

《山西省人民政府印发关于围绕煤炭产业清洁安全低碳高效发展重
点安排的科技攻关项目指南的通知》（晋政发〔2014〕8 号），山西省
人民政府，2014 年 3 月 4 日。

《山西省人民政府印发进一步落实"煤炭 20 条"若干措施的通知》

（"煤炭17条"），山西省人民政府，2014年5月22日。

《山西省人民政府办公厅关于进一步加强煤矿安全生产工作的意见》（晋政办发〔2014〕26号），山西省人民政府办公厅，2014年5月7日。

《山西省人民政府印发涉煤收费清理规范工作方案的通知》（晋政发〔2014〕20号），山西省人民政府，2014年7月7日。

按照财政部、国家税务总局《关于全面清理涉及煤炭原油天然气收费基金有关问题的通知》（2014年74号），山西省人民政府制定《涉煤收费清理规范工作方案》，山西省人民政府，2014年6月19日。

山西省人民政府出台《山西省煤炭焦炭公路销售体制改革方案》（晋政发〔2014〕37号），山西省人民政府，2014年11月28日。

《山西省人民政府关于印发山西省煤炭行政审批制度改革方案的通知》（晋政发〔2015〕37号），山西省人民政府，2015年9月14日。

《山西省人民政府关于印发山西省煤炭资源矿业权出让转让管理办法的通知》（晋政发〔2015〕53号），山西省人民政府，2016年1月11日。

《山西省人民政府关于印发山西省国家资源型经济转型综合配套改革试验实施方案（2016—2020年）的通知》（晋政发〔2016〕9号），山西省人民政府，2016年4月8日。

《山西省人民政府办公厅关于印发山西省煤矿复产复建验收管理办法的通知》（晋政办发〔2016〕12号），山西省人民政府办公厅，2016年2月3日。

《山西省人民政府办公厅转发省煤炭厅等部门关于推进煤炭供给侧结构性改革工作第一批实施细则的通知》（晋政办发〔2016〕54号），

山西省人民政府办公厅，2016 年 5 月 18 日。

《山西省人民政府办公厅转发省煤炭厅等部门关于推进煤炭供给侧结构性改革工作第二批实施细则的通知》（晋政办发〔2016〕60 号），山西省人民政府办公厅，2016 年 5 月 18 日。

《山西省人民政府办公厅关于印发山西省遏制煤矿重特大事故工作方案的通知》（晋政办发〔2016〕80 号），山西省人民政府办公厅，2016 年 6 月 6 日。

《山西省人民政府办公厅关于加快推进煤炭行业化解过剩产能工作的通知》（晋政办发〔2016〕114 号），山西省人民政府办公厅，2016 年 8 月 16 日。

《山西省人民政府办公厅关于印发山西省煤层气和煤炭矿业权重叠区争议解决办法（试行）的通知》（晋政办发〔2016〕141 号），山西省人民政府办公厅，2016 年 10 月 17 日。

《山西省人民政府办公厅关于做好我省煤炭行业化解过剩产能验收工作的通知》（晋政办发电〔2016〕43 号），山西省人民政府办公厅，2016 年 10 月 17 日。

参考文献

1. 周叔莲，杨沐. 国外产业政策研究. 经济管理出版社，1988

2. 朱崇实，陈振明. 公共政策——转轨时期我国经济社会政策研究. 中国人民大学出版社，1999

3. 李伯溪，钱志深. 产业政策与各国经济. 上海科学技术出版社，1990

4. 江小涓. 经济转轨时期的产业政策——对中国经验的实证分析. 三联书店，1996

5. 史忠良. 产业经济学. 经济管理出版社，1998

6. 马海韵. 政策生命周期：决策中的前瞻性考量及其意义，管理学研究，2012（5）

7. （美）詹姆斯·P·莱斯特，小约瑟夫·斯图尔特. 公共政策导论，中国人民大学出版社，2004

8. 杨代福. 西方政策变迁研究：三十年回顾，新华文摘，2007（24）

9. 王骚，靳晓熙. 动态均衡视角下的政策变迁规律研究，公共管理学报，2005（2）

10. 杨龙. 西方新政治经济学的政治观，人民出版社，2004

11. 王雨田. 控制论、信息论、系统科学与哲学，中国人民大学出版社，1986

12. 山西省煤炭厅. 山西省煤炭工业"十一五"发展规划，山西煤炭工业"十二五"发展规划

13. 山西省地方志办公室编. 山西省志·煤炭志，中华书局，2016

14. 山西省 2006 年—2020 年煤炭生产开发规划，山西新闻网（太原），2007-10-31

15. 山西省环境保护"十二五"规划，山西省人民政府，2012-07-20

16. 2013 年山西省环境状况公报，山西省环保厅，2014

17. 杨冶. 产业经济学导论. 中国人民大学出版社，1985

18. 马海韵. 政策生命周期：决策中的前瞻性考量及其意义. 管理学研究，2012（5）

19. 刘亚琮. 当前我国煤炭产业政策及其影响评价，企业改革与管理，2014（12）

20. 刘冰. 产业政策演变、政策效力与产业发展——基于我国煤炭产业的实证分析，产业经济学研究，2008（5）

21. 李中元主编. 煤炭突围——山西煤炭资源整合的记忆与启示，山西人民出版社，2012

22. 董继斌主编. 山西煤炭大典. 山西人民出版社，2010

23. 《中国煤炭志》编纂委员会. 中国煤炭志·山西卷，煤炭工业出版社，1995

24. 山西统计局编. 2016 年山西统计年鉴，中国统计出版社，2016

25. 中华人民共和国国家统计局编. 2016 年中国统计年鉴，中国统计出版社，2016

26. 谭玲玲. 煤炭产业低碳发展机制及政策取向研究 [M]. 中国时代经济出版社，2015

27. 岳福斌，崔涛. 中国煤炭工业发展报告（2013）：完善煤炭产业政策 [M]. 社会科学文献出版社，2013

28. 肖志兴. 中国煤矿安全规制经济分析 [M]. 首都经贸大学出版社，2009

29. 何国家. 国外煤炭行业管理和政策对我国的启示 [J]. 中国煤炭，2007(1)

30. 纪成君，刘宏超. 中国煤炭产业市场结构分析与产业组织政策 [J]. 中国软科学，2002(1)

31. 胡文国，吴栋，李乐夫. 我国煤炭行业管理体制研究 [J]. 煤炭经济研究，2007(6)

32. 司坡森，刘文革. 《煤炭法》修订应当解决的若干主要问题 [J]. 中国煤炭，2005(11)

33. 张继武. 日本煤炭产业政策对发展我国煤炭工业的启示 [J]. 煤炭经济研究，1995(7)

34. 山西煤炭志编纂办公室. 山西煤炭志资料长卷，2011

35. 濮洪九等. 煤炭产业政策研究. 中国煤炭经济研究，2009

36. 仇兵奎. 山西煤炭产业政策演进研究，华中科技大学博士论文，2013

37. 国务院关于促进煤炭工业健康发展的若干意见（国发〔2005〕18 号）

38. 国务院关于同意在山西省开展煤炭工业可持续发展政策措施试点意见的批复（国函〔2006〕52 号）

39. 煤炭产业政策（国家发展和改革委员会公告 2007 年第 80 号）

40. 国土资源部等关于进一步推进矿产资源开发整合工作的通知（国土资发〔2009〕141 号）

41. 国务院关于进一步促进中小企业发展的若干意见（国发〔2009〕36 号）

42. 山西省人民政府关于加快三大煤炭基地建设，促进全省煤炭工业可持续发展的意见（晋政发〔2005〕6 号）

43. 山西省煤炭企业资源整合和有偿使用实施方案（晋国土资发〔2005〕247 号）

44. 山西省人民政府关于推进煤炭企业结构调整资源整合和有偿使用的意见（试行）（晋政发〔2005〕20 号）

45. 山西省煤炭资源整合和有偿使用办法（省人民政府令 187 号）

46. 山西省非法违法煤矿行政处罚规定（省人民政府令 183 号）

47. 山西省煤矿安全生产监督管理规定（省人民政府令第 171 号）

48. 山西省人民政府关于继续深化煤矿安全整治的决定（晋政发〔2004〕14 号）

49. 山西省人民政府关于严厉打击非法违法煤矿有效遏制重特大事故的决定（晋政发〔2005〕30 号）

50. 山西省人民政府关于加快推进煤矿企业兼并重组的实施意见（晋政发〔2008〕23 号）

51. 山西省人民政府关于进一步加快推进煤矿企业兼并重组整合有关问题的通知（晋政发〔2009〕10 号）

52. 关于集中办理兼并重组整合煤矿证照变更手续和简化项目审批程序有关问题的通知（晋政办发〔2009〕100 号）

后 记

《山西煤炭产业政策研究》是山西省社会科学院能源经济研究所专家和学者集体智慧的结晶，更是我院基础理论研究平台的重要成果。三年前，我院启动了基础理论研究项目，我们作为全国社科院系统唯一的能源经济研究所，依据前期研究成果，组织编写了《山西煤炭产业政策研究》一书。三年来，在院领导的指导下，在院职工的大力帮助下，经全所科研人员的共同努力，《山西煤炭产业政策研究》今天正式出版了，我们感到由衷高兴。

《山西煤炭产业政策研究》编写大纲由韩东娥、王云、李峰、刘晔共同设计。全书共分五章，第一章由韩芸执笔，第二章由郭永伟执笔，第三章由吴朝阳、曹海霞、夏冰执笔，第四章由韩东娥、李峰执笔，第五章由王云珠、刘晔、韩东娥执笔，附录由李峰整理，全书由韩东娥统稿并进行修改。

本书在编写过程中得到了省内有关单位和集团公司的大力支持和帮助。山西省煤炭厅提供了许多珍贵资料，山西同煤集团、山西晋煤集团、山西潞安集团为我们提供了便利的调研条件、山西人民出版社李建业编辑为本书的出版付出了很多努力。同时，我们参阅了大量的文献资料，吸收和引用了同行的部分研究成果。借此书付梓之机，对参加本书撰写的专家学者、对支持和帮助过我们的同志、对文献资料的作者、对所有为本书出版付出辛勤劳动的朋友们表示衷心感谢。

　　煤炭产业政策研究是一项长期、动态的研究项目，随着山西煤炭工业的发展，还有许多重大政策问题亟待进行深入研究，我们将为此继续努力。目前仅就此书就教于同行专家学者，诚恳希望给予批评指正。

韩东娥

2017 年 10 月 30 日